DOIS PAPAS

ANTHONY McCARTEN

DOIS PAPAS

Francisco, Bento e a decisão que abalou o mundo

Tradução de
CAROLINA SIMMER

1ª edição

Rio de Janeiro | 2019

CIP-BRASIL. CATALOGAÇÃO NA PUBLICAÇÃO
SINDICATO NACIONAL DOS EDITORES DE LIVROS, RJ

McCarten, Anthony, 1961-

M429d   Dois Papas: Francisco, Bento e a decisão que abalou o mundo / Anthony McCarten; tradução Carolina Simmer Cadei. – 1. ed. – Rio de Janeiro: Best Seller, 2019.

Tradução de: The Pope: Francis, Benedict, and the decision that shook the world
ISBN 9788576846048

1. Bento XVI, Papa, 1927-. 2. Bento XVI, Papa, 1927- Abdicação, 2013. 3. Francisco, Papa, 1936-. 4. Igreja Católica – História – Século XXI. 5. Papas – Abdicação. I. Simmer, Carolina. II. Título.

19-60180   CDD: 282.092
                                     CDU: 272-732.2

Meri Gleice Rodrigues de Souza – Bibliotecária CRB-7/6439

Título original:
The Pope: Francis, Benedict, and the decision that shook the world

Copyright © Anthony McCarten 2019

Copyright da tradução © 2019 Editora Best Seller Ltda.

Todos os direitos reservados. Proibida a reprodução, no todo ou em parte, sem autorização prévia por escrito da editora, sejam quais forem os meios empregados.

Direitos exclusivos de publicação em língua portuguesa para o Brasil adquiridos pela
EDITORA BEST SELLER LTDA.
Rua Argentina, 171, parte, São Cristóvão
Rio de Janeiro, RJ – 20921-380
que se reserva a propriedade literária desta tradução.

Impresso no Brasil

ISBN 978-85-7684-604-8

Seja um leitor preferencial Record.
Cadastre-se em www.record.com.br e receba informações sobre nossos lançamentos e nossas promoções.

Atendimento e venda direta ao leitor
mdireto@record.com.br

Para meus pais: minha mãe, cujo último desejo foi passear de moto pelo céu; meu pai, cujo último pedido para mim foi que eu "mantivesse a fé"; e para Eva, que me mostrou a vista de Roma da Villa Borghese.

SUMÁRIO

Prólogo   9

1. CONCLAVE   23
2. FRANCISCO   48
3. CONCLAVE   93
4. O PAPA RELUTANTE   129
5. A RENÚNCIA DE UM PAPA   144
6. CONCLAVE   157
7. UM SEGREDO COMPROMETEDOR   172
8. *HABEMUS PAPAM... ITERUM*   193
9. O PAPA ESTRELA   203

Epílogo   221
Agradecimentos   227
Notas   229

PRÓLOGO

No dia 11 de fevereiro de 2013, uma tradição de setecentos anos foi quebrada: o papa Bento XVI, antes protetor da doutrina católica e herdeiro leal do sofrido João Paulo II, o Grande, fez uma declaração surpreendente. Após oito anos no papado, devido à sua idade avançada, ele renunciava ao cargo, apesar de permanecer como "papa emérito" até o fim da vida.

Poucas semanas depois, as grandes portas da Capela Sistina, no Vaticano, foram fechadas, e os cardeais, reunidos no conclave pela segunda vez em menos de uma década, receberam a tarefa de escolher um novo líder espiritual para os 1,28 bilhão de fiéis da Igreja Católica. Quando as portas foram abertas novamente, o carismático argentino Jorge Bergoglio, assumindo o nome de Francisco, foi anunciado como o eleito. O mundo, pela primeira vez desde 1415, tinha dois papas vivos.

Os motivos para a derrocada de Bento se tornaram alvo de especulações. Era óbvio que os papas *deviam* trabalhar até o fim de seus dias. Essa não era uma parte fundamental da descrição do cargo? Não se tratava apenas de uma tradição, e sim quase de um dogma. Como o *The Washington Post*, citando um teólogo, explicou: "A maioria dos papas modernos acreditava que, com a exceção de casos de doenças debilitantes ou incuráveis, a renúncia seria inaceitável — que a paternidade, nas palavras de Paulo VI, não pode ser rescindida."

A renúncia do papa Bento XVI não foi completamente sem precedentes, assim como o dilema de dois papas vivos. Na longa história da Igreja, três papas renunciaram, enquanto outros 263 mantiveram a função até o fim da vida. O papa Gregório XII renunciou em 1415, em meio a uma disputa política entre a Itália e a França pelo controle da Igreja Católica. Mas precisamos voltar até 1294, para Celestino V, para encontrar um pontífice que decidiu abandonar o cargo por vontade própria — em nome do "anseio pela tranquilidade de sua vida anterior".

A bomba de Celestino foi recebida com indignação. Há uma passagem no terceiro canto do "Inferno", de A *divina comédia*, em que Virgílio guia Dante pelo Portal do Inferno. Antes de chegarem ao seu destino, os dois passam por uma antessala que ressoa com a cacofonia de gritos agonizantes das almas miseráveis que viveram "sem procurar fazer o bem e sem procurar fazer o mal"; no caso, pessoas piores que pecadores, que não tomaram atitude, não tiveram fé ou não cumpriram suas promessas. Dante encara os rostos amaldiçoados daqueles que passaram a vida em cima do muro, até que, em determinado momento, vê um homem e afirma: "Vi e reconheci a sombra daquele que se prestou, por covardia, à grande renúncia." Esse homem era, é claro, o papa Celestino V, cuja deserção deixou o grande poeta italiano tão horrorizado que chegou ao ponto de imortalizá-lo em sua *magnum opus*.

Então, estando ciente do ultraje que uma renúncia papal causaria, por que Bento XVI, o papa *mais* tradicional da era moderna, fez a coisa menos tradicional possível? Problemas de saúde não são considerados argumentos válidos; na verdade, doenças geralmente são vistas como *vantajosas* para um papa, uma forma de recriar — aos olhos de todos — o sofrimento de Cristo na cruz. Um mistério adicional precisa ser solucionado: como alguém tão conservador, protetor da fé e guardião dos dogmas, chegou ao ponto de cogitar sua renúncia quando sabia muito bem que entregaria a Cátedra de São Pedro para o radical Jorge Bergoglio, um homem tão diferente tanto em caráter quanto em opiniões?

Este livro conta a história de dois papas, ambos detentores de uma autoridade tremenda e inalienável, uma dupla que ninguém uniria e cujos destinos se convergiram e se influenciaram profundamente.

Falemos sobre Bento XVI primeiro, o ex-cardeal Joseph Ratzinger, um intelectual alemão que não gosta de piadas, um introvertido que aprecia luxos e tem preferência por roupas um pouco extravagantes — ele ressuscitou a tradição papal de usar chinelos de veludo vermelho e encomendou a um perfumista uma fragrância para seu uso exclusivo —, que acredita que a *resistência* da Igreja em ceder e mudar é sua maior força e, inclusive, o segredo para sua duração eterna. Apesar de sincero sobre seus deveres sagrados, é um homem completamente alheio à realidade do mundo. Um teólogo recluso, sem qualquer experiência prática. Parece não gostar de esportes. Até onde se sabe, nunca proferiu uma palavra romântica para qualquer outro ser humano.

Francisco — ou, como nos será apresentado inicialmente, o cardeal Bergoglio —, por outro lado, é um argentino carismático que gosta de se divertir, um homem aparentemente humilde, extrovertido, que se veste de forma simples (tendo passado vinte anos calçando o mesmo par de sapatos e ainda usa um relógio Swatch) e, às vezes, defende a teologia da libertação, um movimento católico que busca auxiliar os pobres e oprimidos por meio do envolvimento *direto* com questões políticas e cívicas. Ele sabe como as pessoas vivem. É um homem do povo. Chegou a ter uma namorada. Foi segurança de uma boate de tango. É fanático por futebol.

"Pecado" é um tema recorrente na vida de ambos, mais especificamente a virtude e a extrema sabedoria advindas de um pecador que é capaz de reconhecer seus defeitos e deixar seus pecados para trás. Como um futuro professor, curador e guia torna-se tão mais sábio e valioso quando compreende totalmente, em primeira mão, uma fraqueza, falha ou problema específico dos humanos, já tendo saído de tal momento sombrio e enxergado as reais dimensões de seu erro. Ao mesmo tempo que aquele que fracassa nesse sentido é bem menos valioso e muito mais perigoso.

Jorge Bergoglio admite, para quem quiser ouvir, que é um pecador, sempre esclarecendo que isso não é um eufemismo, não é uma forma de falar. Ele já pecou. E vai além, afirmando, controverso, que não basta encenar o ritual da confissão dos pecados com um padre. É preciso tomar atitudes práticas na vida cotidiana, promover mudanças reais e profundas para se redimir. O passado não se apaga depois de uma visita rápida ao confessionário. É preciso *agir*. Como ele disse: "O pecado é mais que uma mancha que pode ser removida após uma ida à lavanderia. É uma ferida que deve ser tratada, curada."

Essa lógica indica uma postura reformista de verdade, que, se levada a cabo, naturalmente alcançaria vários outros dogmas e crenças. Por que, por exemplo, um padre celibatário deve se sentir à vontade para passar sermões sobre questões sexuais? Parece óbvio que a Igreja deveria admitir, com a mesma franqueza, que ela não é a instituição mais qualificada para impor suas visões sobre o tema. Como homens celibatários, que renegam o sexo, podem julgar os fiéis sexualmente ativos de sua paróquia, cujas experiências de vida certamente são mais completas e variadas que as dos párocos? Como Frank Sinatra certa vez afirmou: "Vossa Santidade, se o senhor não brinca, não pode fazer as regras." Ou como, por exemplo, um seminarista celibatário seria capaz de entender do que está abrindo mão quando é pedido que renuncie ao sexo pelo resto da vida no dia em que é ordenado? Ele não sabe. Se esse homem ingênuo nunca explorou os próprios desejos sexuais, o que vai fazer quando esses anseios se manifestarem? Como muitos antes dele, será forçado a seguir uma vida dupla, que pode acarretar em consequências desastrosas e muitas vítimas inocentes. E o que capacita a Igreja a afirmar que apenas homens celibatários são instrumentos dignos para palestrar no púlpito do ministério de Deus? E também, se a história de Adão e Eva é apenas uma parábola, como já disse Francisco, e não deve ser interpretada como um fato, ocasionando um problema grave para o mito da criação do mundo em sete dias, que outros trechos das escrituras sagradas devem ser lidos como se fossem contos de fadas? Será que até a história de Cristo ressuscitando dos mortos e subindo aos céus em sua forma corpórea também é só uma parábola? Se o clima de franqueza de Francisco se estender a todas as áreas da fé e dos dogmas, até que ponto as mudanças vão chegar?

A história a seguir se passa, no geral, em um Vaticano em crise, atolado em escândalos, mas incapaz de seguir soluções simples, ciente da necessidade de mudar, porém temeroso das perdas que tais mudanças trarão, com um papa que — graças ao seu passado — sente não ter a autoridade moral, as habilidades e a força para lidar com tais escândalos, e um novo papa que — graças ao *seu* passado — baseia sua liderança espiritual sobre dois bilhões de seguidores na admissão de que é um pecador.

É um interlúdio crucial na jornada de uma instituição que já dura dois mil anos.

Um dilema interessante é causado pela existência de dois papas vivos e se refere ao conceito de infalibilidade papal.

Vamos tratar desse assunto por um instante.

Por dois milênios, a Igreja se esforçou para não ter dois papas vivos e quase sempre foi bem-sucedida. Alguns pontífices chegaram a ser envenenados para evitar essa situação. O motivo? Por que um papa não pode exercer o cargo por um mandato e depois ser substituído por um homem mais novo? *Infalibilidade*. A dádiva da infalibilidade. O dom da exatidão, o presente de Deus para aquele que ocupa a Cátedra de São Pedro, a dádiva de estar certo, indubitavelmente certo — no presente e, mais importante, no futuro, para todo o sempre, em todas as questões relacionadas à doutrina católica. Quando o papa faz declarações em *ex cathedra*, isto é, do Trono de São Pedro, falando como pontífice e não como indivíduo, suas palavras se tornam parte do Magistério, os dogmas oficiais da Igreja Católica, sustentados pelo poder e pela autoridade de Cristo. Como Ratzinger e Bergoglio podem coexistir e serem *ambos* infalíveis, ambos corretos, quando parecem discordar em tantos pontos? Na verdade, faz sentido presumir que, enquanto coexistirem, os dois continuarão sendo prova eterna de que papas são *falíveis*, já que, sempre que discordarem, um papa estará errado. E quando a mera existência de um gêmeo, de uma voz contrária, é prova de que um pontífice está equivocado, esse homem deixa de ser digno da posição que ocupa. Para cada pronunciamento papal existe um argumento contrário em carne e osso, uma refutação viva — que o invalida. Como ambos podem ser preenchidos por Deus e abençoados com o dom da sabedoria máxima... e discordarem?

Considerando que, no período em que este livro foi escrito, dois pontos de vista papais estão disponíveis, os católicos (e até alguns líderes da Igreja) agora podem escolher qual papa e qual posição lhes agrada mais, seja beneditina, seja franciscana, dando forma ao dilema prático de haver *dois* homens de branco. O cardeal americano Raymond Burke, extremamente conservador e crítico ferrenho de Francisco, declarou a um jornal católico em 2016: "Meu papa é Bento." Um ex-embaixador papal conservador nos Estados Unidos, o arcebispo Carlo Maria Viganó, chegou a afirmar que Francisco devia *renunciar*. Em uma declaração que muitos interpretaram como vingança por ter sido removido do cargo de núncio papal (uma provável punição por Viganó ter organizado uma reunião secreta com conservadores americanos que eram contra o casamento gay), o arcebispo alegou ter comunicado a Francisco sobre as ações do cardeal americano Theodore McCarrick, que praticava abusos sexuais, e que o papa só tomou atitudes pertinentes muito tempo depois. Independentemente de as declarações sem provas de Viganó serem verdadeiras ou não, nunca se viu um papa moderno ser tão atacado pelo próprio clero.

O próprio Bento XVI, no entanto, em uma rara carta divulgada pelo Vaticano em setembro de 2018, repreendeu aqueles que, como Burke, ainda declaram lealdade a ele, mostrando-se unido a Francisco e criticando amplamente aqueles que argumentam em favor da descontinuidade da teologia, chamando essa raiva antifranciscana de "preconceito tolo". Para retribuir o elogio, Francisco acolheu publicamente seu antecessor, sobre quem chegou a afirmar que "é como ter um avô sábio em casa". Os Burke e Viganó da Igreja ficaram satisfeitos e caíram em silêncio depois de receber essa bronca? De forma alguma. Longe disso.

Em um mundo onde deserdados e descontentes atacam os mais poderosos e com frequência acabam se autodestruindo, a Igreja Católica se meteu em uma situação bastante incomum e perigosa.

Joseph Ratzinger é um homem extremamente convicto. Este livro vai analisar seu passado para compreender sua crença profunda de que mudanças denotam mais fraqueza do que força.

Sua eleição como papa em 2005 com certeza foi uma escolha segura, considerando as circunstâncias. Ele *era* seguro. Depois das estripulias de João Paulo II, com seu alcance, suas viagens e mais viagens (será que sobrou alguma pista de aeroporto no mundo que não tenha sido beijada por seus lábios?), a Igreja-mãe precisava descansar, cuidar de assuntos internos. Bento, um teólogo iminente, reafirmaria, protegeria e fortaleceria a velha doutrina católica. Em resumo, garantiria que as reformas necessárias continuariam apenas no papel. Essa era sua vantagem e seu valor. Mesmo quando criança, seu quarto era impecavelmente arrumado. De acordo com todas as evidências, ele, que era filho de policial, acreditava que apenas a autoridade — as regras, a obediência às leis, aquilo que é indissolúvel — traria paz verdadeira para os fiéis.

A dúvida, a incerteza, a hesitação e a correção geram desafeto, desespero, cinismo e, finalmente, desprezo. A alma do povo, argumentaria ele, clama por certezas. Repetidas vezes, falou sobre o que considera a maior ameaça contra tais certezas: o espírito do relativismo. Ratzinger ficava desesperançado diante do excesso de vertentes da doutrina católica, de correntes ideológicas, das novas formas de pensamento que surgiram nas últimas décadas. Em um mundo assim, como saber quem fala a verdade? O que é verdade? O planeta é abalado por vozes rivais — marxistas, liberais, conservadores, ateus, agnósticos, místicos — e, no âmago de tudo, pelo grito universal: "Trago a verdade! Apenas eu!"

Não, diz Ratzinger, existe apenas uma verdade. Diz o Senhor: "Eu sou a verdade." O âmago dos ensinamentos de Ratzinger é que só um ponto de referência comum deve existir, um *axis mundi*, a fim de evitarmos o caos, o desastre e os conflitos. Uma verdade com base na qual todos podemos nos orientar — é possível comparar essa interpretação da doutrina católica a uma bússola, que aponta para todas as direções, mas precisa se guiar pelo norte verdadeiro. Só assim ela ajuda os viajantes a planejarem uma jornada e os direciona ao caminho certo. Ratzinger parece nos dizer que o mesmo vale para a moralidade humana. E qual *seria* o norte verdadeiro nesse caso? Deus. Sem Deus a humanidade não tem um ponto de referência comum, não tem um *axis mundi*. Qualquer opinião é tão válida quanto a outra. Se matarmos Deus, mataremos a esperança de encontrarmos uma verdade absoluta. Sua verdade passa a ser sua, a minha passa a ser minha, limitando cada indivíduo à própria interpretação pessoal de bom e ruim.

Esta é a grande crise da vida ocidental, na opinião de Ratzinger: a maldição do relativismo. E os estragos que isso causa? Segundo ele, era nítido que, pelo menos no mundo dos falantes da língua inglesa, cada vez menos pessoas usavam a chama acesa pela fé cristã de dois mil anos para abastecer seu fogo. Vejamos o exemplo dos Estados Unidos. Se ex-católicos fossem considerados um grupo religioso, eles seriam a quarta maior religião do país. Na Grã-Bretanha, mais de metade da população com menos de 40 anos afirma não ter religião. Por que, sem fazer alarde e de forma tão constante, tantas pessoas se afastaram das igrejas?

Quando Ratzinger se tornou papa, havia outras crises — tantas crises — mais urgentes esperando por ele. Crimes eram cometidos por homens de batina, por seus colegas, por sua equipe, por companheiros de trabalho na vinha do Senhor. Crimes que envolviam botões de roupa, e com frequência botões de roupas de *crianças*, zíperes, mãos, órgãos genitais, bocas; violações, traições, segredos, intimidações, mentiras, ameaças, traumas, desespero, vidas arruinadas; e tais atos de maldade aconteciam sob um clima santimonial, sob o aroma de incenso antigo. Cada escândalo, do seu jeito, abalaria Bento XVI e acabaria com sua crença de que ele era o homem capaz de resolvê-lo. Finalmente, ele chocou o mundo. Fez o impensável. Renunciou. E, com esse ato, ironicamente, o grande tradicionalista tirou da Igreja a certeza crucial com a qual seus fiéis remanescentes sempre contaram: um papa permanece papa pelo resto da vida.

No outro extremo, em muitos aspectos, está Jorge Bergoglio, o reformista. Assim que se tornou o 266º papa e adotou o nome Francisco, uma enxurrada surpreendente de comentários espontâneos teve início. Seu nome estava na boca de todo mundo, assim como o refrão universal "O papa disse *isso*?". Uma mudança positiva, com o carisma de um astro de rock e um toque de John Lennon (os dois foram capa da revista *Rolling Stone*), propenso a fazer comentários tão chocantes que até seus apoiadores mais fervorosos ficavam boquiabertos. Para competir com a declaração de Lennon sobre os Beatles serem "mais populares que Jesus", causando um frenesi de queima de discos por parte de fundamentalistas americanos, veio o anúncio chocante de Bergoglio de que até pagãos podem ir para o céu. *Pagãos?* Jura? Esses adoradores de deuses feitos com gravetos, que passam os domingos sendo preguiçosos, têm a mesma chance de ir para o céu que todo mundo? Então, de que adiantavam — perguntaram-se, com razão, muitos católicos — todas as inúmeras horas de joelhos rezando, todos os sermões e repreensões do púlpito, todas as visitas ao confessionário e suas subsequentes penitências, todas as repetições do terço, contando cada conta no cordão com o polegar e o indicador, todos os jejuns da Quaresma e toda a sublimação de desejos naturais, todo aquele amor que Deus exigia e, finalmente, toda a culpa, tanta *culpa*... para quê? Por quê, senão para ter a garantia de conquistar o suprassumo da recompensa celestial? Mas o novo papa confirmou: um pagão não tem culpa se nasceu em uma cultura pagã. Portanto, seria muito injusto se apenas os adoradores de Deus, pelo acaso de nascerem no lugar certo, fossem merecedores dos melhores e mais exclusivos quartos no hotel do Paraíso. Com esse tipo de declaração, o novo papa parecia determinado a ressuscitar o espírito da década de 1960.

Ele, todavia, ainda não havia acabado de surpreender as pessoas. Aos homossexuais, pediu desculpas, em *ex cathedra*. O papel da Igreja não é julgá-los, proclamou. De acordo com relatos, chegou até a dizer para um homem gay, Juan Carlos Cruz (que foi vítima de abuso sexual): "Deus o criou assim, Ele o ama assim, e eu não me importo. O papa o ama do jeito que você é." (Compare essa afirmação com as declarações de Bento, que dizia que a homossexualidade é "um mau intrínseco".) O papa Francisco também não desdenha da ideia de padres casados, dizendo que "é normal querer um pouco de tudo... naturalmente, as pessoas querem as vantagens da vida religiosa e da vida secular também". Ele não tem problema algum em admitir a hipocrisia da posição atual da Igreja, levando em consideração que existem padres casados nos cantos mais remotos do império católico, nas ramificações grega e russa. E admite que o próprio São Pedro teve filhos. Clemente IV e Adriano II foram casados antes de se ordenarem. Pio II teve pelo menos dois filhos ilegítimos. Dizem que João XII morreu no meio de uma transa. E vamos apenas dizer que todos os papas que adotaram o nome Inocêncio não fizeram jus a ele.

A verdade literal da Bíblia? Adão e Eva são "uma fábula". E o nascimento virginal, as enchentes planetárias, homens que literalmente viveram até os 800 anos, a abertura dos mares para travessias milagrosas pela terra — essas coisas todas? Francisco parece ter concluído que, em especial no Ocidente, ninguém precisa que os padres continuem repetindo histórias impossíveis, que todo mundo sabe que não aconteceram. E, mais do que isso, já deu indiretas de que a Igreja até perdeu espaço com essas alegações de verdade literal.

A cultura da Igreja Católica? Falando com a autoridade do Magistério, o papa a denominou "narcisista", egoísta, mais preocupada em sobreviver e enriquecer do que com as necessidades dos pobres. Ele usou termos como "Alzheimer espiritual" para descrever uma instituição que se esqueceu do exemplo de misericórdia de Cristo, criticando "a gana por poder de sacerdotes oportunistas". Declarou: "Como todo corpo, como todo corpo humano, a Igreja está exposta a doenças, problemas, enfermidades. Esses males devem ser tratados. Com remédios potentes."

Abuso sexual? Enquanto lidera uma instituição que o site bishopaccountability.org — pertencente um grupo ativista sem fins lucrativos que acompanha casos de abuso na Igreja — afirma já ter pagado três bilhões de dólares em acordos judiciais para vítimas no mundo inteiro, Francisco agora fala de "tolerância zero" tanto para casos de abuso quanto para tentativas de acobertá-los, o que é ainda mais fundamental, encarregando os bispos de denunciar incidentes para a polícia, sob pena de serem considerados cúmplices caso não o façam. Essas novas regras de transparência, exposição e consequências criminais já começaram a produzir uma queda extraordinária na quantidade de relatos de abuso, sugerindo que sempre foi *possível* reduzir atos de crimes sexuais cometidos por padres a quase zero com a imposição responsável de punições graves (como o cumprimento de penas na prisão) e a perda da proteção da Igreja para sacerdotes abusivos. A solução para esse problema pode acabar sendo surpreendentemente simples, contanto que a polícia receba acesso total aos arquivos da instituição e a Igreja mantenha um empenho igual ou maior ao das vítimas para fazer justiça. Afinal, a liderança católica tem todos os motivos do mundo para isso, pois sua sobrevivência está em jogo.

Capitalismo? O papa Francisco o considera um pecado, um sistema que faz os mais necessitados sofrerem. E foi acusado de cuspir no prato que comeu.

O meio ambiente? Ele criticou os governos do mundo pela proteção pecaminosa daqueles que ferem a Mãe-Terra, destruindo nosso lar coletivo. Em carta encíclica longa e cuidadosamente embasada, o pontífice desmantelou os argumentos daqueles que negam a existência do aquecimento global e de indústrias egoístas e gananciosas.

Em resumo, mostrou-se disposto a fazer inimigos poderosos. Alguns membros da Igreja já comentam que sentem falta das certezas mais simples do papa Bento XVI. Às vezes, Francisco parece representar apenas mudanças, e sempre foi mais difícil argumentar a favor das transformações do que da inércia. Ainda assim, seu discurso, quando simplificado e destilado, parece — pelo menos para mim — defender que a Igreja *insista* menos e *inclua* mais. Ela deve unificar de forma harmônica as belas lições ensinadas nos templos e nas escolas.

É nítido que Bergoglio escolheu se denominar *Francisco*, em homenagem a São Francisco de Assis, com um propósito específico: declarar suas intenções revolucionárias. Até onde ele vai chegar? Até onde *permitirão* que chegue?

O nome vem de Francesco Bernardone. Um dia, esse rapaz caminhava por uma floresta e encontrou uma capela caindo aos pedaços. Uma das paredes havia desmoronado. Ele entrou. O crucifixo continuava pendurado sobre o que um dia fora o altar. Depois, Francesco sempre diria que aquilo o "cativara por completo". Até falou com ele: "Francesco, reconstrua a minha Igreja." O rapaz era uma pessoa prática; interpretando a instrução de forma literal, ele disse que tudo bem, subiu até a pedreira no monte Subásio, quebrou rochas, levou-as para o pé da montanha e começou a reconstruir a parede desmoronada. Deus queria dar a ele uma missão muito maior, mas Sua declaração foi mal-interpretada. A moral da história? Até a jornada mais gloriosa pode começar... com um erro.

Vou concluir este prólogo com uma observação pessoal.

Sou católico. Pelo menos fui criado na religião, e sou prova viva de que o que dizem é verdade: é impossível fugir de suas raízes.

Cresci ouvindo a história de Jesus Cristo, aquele jovem judeu radical que nasceu em Nazaré dois mil anos atrás e alegava ser o "Filho do Homem" ou, até mais audacioso, o "Messias" e o "Rei dos Judeus", enviado pelo Pai com a missão divina de livrar a humanidade do pecado original que a assolava desde o Éden. Ele foi preso e crucificado, e então ressuscitou dos mortos dois dias depois, quando seu corpo subiu aos céus, onde ficará até o dia indefinido em que voltará para anunciar o fim do experimento humano. Essa era minha religião. Um relato absurdo, sem dúvida, mas com a lógica insolente da verdade. Tácito chamou o cristianismo de "aquela superstição de extrema malícia", e o escritor Jorge Luis Borges a denominava como "uma vertente da literatura fantástica". Mesmo assim, essa era a crença da minha casa.

Sou o segundo filho mais novo de uma família grande, tão católica que duas das minhas irmãs acabariam se casando — e sendo muito felizes — com ex-padres. Recebíamos sacerdotes para o jantar, um ou outro bispo, e até, uma vez, um cardeal. Além de frequentarmos a igreja, nosso lar recebia uma imagem enorme da Virgem Maria uma vez por mês, que passava por uma procissão solene pela paróquia, obrigando que eu, meus irmãos e minhas irmãs entoássemos, sob a inspeção de mamãe, declamações do rosário (que eu achava muito tedioso) e hinos de louvor à santa, pedindo ajuda, ajuda, ajuda divina. A vida era mesmo difícil em nossa cidadezinha. O dinheiro era tão escasso quanto boas oportunidades de emprego, portanto não custava manter um bom relacionamento com a Mãe de Deus. Não discuta, apenas ajoelhe, e tudo vai dar certo, porque temos o Senhor do nosso lado — era assim que as coisas funcionavam. Obedecíamos, comportados, enfiando o rosto no sofá enquanto murmurávamos os velhos cânticos sem parar: "Rogai por nós, pecadores, agora e na hora de nossa morte..."

Amém.

Se você quiser saber a opinião dos meus pais sobre métodos contraceptivos, digo que sou um dos oito filhos dele (mais *coito* do que *interrompido*). Primeiro educado por freiras, progredi para freis; fui bem-atendido por duas escolas católicas de qualidade. Durante toda a infância, fui coroinha durante as missas, fazendo minha última aparição na túnica vermelha e branca com a vergonhosa idade avançada de 16 anos, com uma barba fina no queixo e a veste dois tamanhos menores que o meu, levando ao padre a galheta de água e vinho, depois as hóstias inocentes e brancas que aquele homem conectado com os céus, aquele mago local, transformaria no corpo de Cristo. Um milagre diário, bem diante dos seus olhos. O *corpo* de Cristo, abracadabra. Acredite ou não.

Éramos católicos, ou, mais especificamente, "católicos irlandeses" (apesar de nossa família ter chegado de navio à Nova Zelândia quatro gerações antes de mim). A chama de nossa identidade nacional era mantida acesa em uma ilha remota por parentes que faziam negócios e que mantinham "o negócio" apenas com o círculo limitado daqueles que seguiam nossa fé e cultura. Isso nos moldou. E minha vida hoje, uma vida de escritor, tem suas raízes na beleza animadora da liturgia, escutada desde minha juventude, uma arte moldada pela linguagem figurada que fazia todos pensarem em múltiplas dimensões, atravessando tempo e espaço, sem jamais contemplar a vida antes de refletir sobre a morte. Os fatos estavam sempre atrelados à ficção, e jamais devíamos tentar distinguir um do outro. E daí se era impossível provar que algo era verdade? Como aquilo fazia você se *sentir*? Suas emoções eram seu guia. Em nossa pequena igreja, os fiéis choravam abertamente. As mãos em oração eram tão apertadas que as juntas dos dedos embranqueciam. A crença era tão necessária para aquelas pessoas quanto um salário. Para enfrentar os dias você *precisava* acreditar. A igreja da cidade, hexagonal e sem torre, era o centro geográfico e psicológico de nossas vidas. Se eu duvidava disso, minha mãe me corrigia. Se eu questionava algum aspecto de nossas crenças, alguma alegação exagerada feita no púlpito ou por escrito, recebia sua resposta padrão: "Anthony, pouco conhecimento é uma coisa perigosa." O fato de aquela mulher, que abandonara os estudos aos 14 anos, citar o poeta Alexander Pope com tanta facilidade (ou citar um pouco errado, porque o termo fundamental é *aprendizado*, não *conhecimento*) é, para mim, uma prova de que, na falta de escolaridade, a igreja servia como universidade, enquanto o padre ocupava o lugar do professor.

Este livro e o filme de mesmo nome que o acompanha (Netflix, 2019, estrelando *sir* Anthony Hopkins e Jonathan Pryce e dirigido por Fernando Meirelles) surgiram com o falecimento repentino de uma prima. A morte de Pauline fez minha irmã mais velha, católica devota, me mandar uma mensagem pedindo que eu acendesse uma vela caso houvesse alguma igreja por perto. Havia. Eu estava em Roma. Então, com Eva, minha companheira, fui à Basílica de São Pedro, no Vaticano, e encontrei a famosa praça lotada de milhares de pessoas, todas reunidas para assistir ao novo papa celebrar uma missa a céu aberto. O rosto enorme de Francisco, projetado em uma tela gigante, transmitia seu carisma extremo. E enquanto eu estava lá, escutando seu suave discurso em italiano, perguntei a Eva se ela sabia onde estava o *outro* papa, Bento XVI, aquele que renunciara, que desaparecera do radar internacional. Eva sabia. Seu pai, em Munique, trabalhara sob o comando dele (então arcebispo Ratzinger) como vice-chanceler da Universidade Católica da cidade. Ela me contou que o segundo pontífice, que mantinha o título de papa e, talvez, muitos de seus poderes, vivia discretamente em um monastério a alguns metros atrás do palco que o papa Francisco ocupava, isolado pelas paredes do Vaticano, silencioso, obediente, velho. Então, dois papas, um praticamente ao lado do outro. Perguntei a Eva se ela sabia quando fora a última vez que o mundo tivera dois pontífices vivos. Procuramos no Google. E a resposta que surgiu na tela do smartphone inspirou tanto o livro quanto o filme.

1

CONCLAVE

"Deixai-me ir à casa do Pai."

Essas palavras foram sussurradas em polonês, às três e meia da tarde do dia 2 de abril de 2005. Pouco mais de seis horas depois, a Igreja Católica entrava em um rumo totalmente novo.

O papa João Paulo II se fora. Desde 1991, o Vaticano mantinha sua doença em segredo, admitindo apenas em 2003, por meio de uma declaração feita na véspera de seu aniversário de 83 anos, o que já estava claro para os então 1,1 bilhão de católicos no mundo. Fazia tempo que era angustiante testemunhar a lenta e dolorosa deterioração do pontífice pela doença de Parkinson.

Roma estava em polvorosa com as especulações e os boatos desde o dia 1º de fevereiro, quando o papa fora levado às pressas para sua ala particular na Policlínica Gemelli para tratar sintomas de "inflamação aguda e espasmos na laringe" causados por uma gripe recente. Como era esperado, a imprensa fez plantão para noticiar sua morte.

Nos dois meses seguintes, entretanto, João Paulo II exibiu a mesma resiliência que caracterizara seus muitos anos de doença. Afinal, em seus 26 anos de pontificado ele sobrevivera não apenas a uma, mas a duas tentativas de assassinato; recuperara-se dos quatro tiros que tomara em 1981 e de um ataque com um punhal no ano seguinte. Agora, apesar de várias idas e vindas do hospital e de uma traqueostomia, continuava a aparecer nas janelas e nas varandas do Vaticano para abençoar as multidões na praça de São Pedro. Sua voz era quase inaudível. Pela primeira vez desde que fora eleito papa, não foi à missa do Domingo de Ramos, mas, extremamente dedicado, surgiu em uma cadeira de rodas no Domingo de Páscoa, no dia 27 de março, e tentou fazer seu tradicional discurso. Ele foi descrito como "[parecendo] estar em uma agonia imensa, abrindo e fechando a boca, fazendo caretas de frustração ou dor, várias vezes erguendo uma ou as duas mãos à cabeça". Aquilo foi demais para os estimados oitenta mil católicos devotos presentes na praça, que choravam copiosamente. O papa conseguiu fazer um breve sinal da cruz antes de ser levado para trás das cortinas de seu quarto.

Nos seis dias seguintes, o Vaticano lançou comunicados frequentes sobre a condição do pontífice, que só piorava, e aqueles que torciam para a recuperação total do papa começaram a aceitar que sua morte era apenas questão de tempo. Na manhã de 1º de abril, uma declaração pública alertava: "A situação do Santo Padre é muito grave." Às sete e dezessete da noite anterior, ele "recebera a extrema-unção". O amigo mais próximo e secretário pessoal de João Paulo, o arcebispo Stanislaw Dziwisz, administrou os sacramentos para prepará-lo para a jornada final, absolvendo-o de todos os pecados e o ungindo com os óleos sagrados na testa e nas costas das mãos, como é feito apenas com sacerdotes. (Os fiéis não ordenados são ungidos na palma das mãos.) Especialista no Vaticano e biógrafo do papa Bento XVI, John L. Allen Jr. testemunhou esse comunicado à imprensa e descreveu como "o maior sinal da verdadeira gravidade da situação o final do anúncio, quando [o porta-voz do Vaticano, Joaquín Navarro-Valls] segurou as lágrimas ao sair da plataforma em que falara com os jornalistas".

Cercado por aqueles que o amaram e o estimaram por muitos anos, João Paulo II recobrou a consciência várias vezes durante suas últimas 24 horas, e foi descrito por seu médico pessoal, Dr. Renato Buzzonetti, como "sereno e lúcido". De acordo com a tradição polonesa, "uma pequena vela acesa iluminava a escuridão do quarto em que o papa se esvaía". Quando ouviu a multidão clamar seu nome na vigília lá embaixo, ele murmurou palavras que os oficiais do Vaticano decifraram como: "Eu vos procurei. Agora que viestes até mim, eu vos agradeço."

O Dr. Buzzonetti passou vinte minutos executando um eletrocardiograma para verificar a morte do papa João Paulo II. Depois disso, os rituais centenários do Vaticano começaram, com elementos que chegam a datar de 1059, quando o papa Nicolau II reformou radicalmente o processo das eleições papais, em uma tentativa de prevenir a instalação de mais papas controlados por forças imperiais e nobres, por meio do decreto que determina que apenas os cardeais são responsáveis pela escolha dos sucessores da Cátedra de São Pedro.

O cardeal Eduardo Martínez Somalo fora designado camerlengo pelo falecido papa, ficando encarregado de administrar a Igreja durante o período do interregno (que significa "entre reinos" e ocorre entre a morte do papa e a eleição de seu substituto), e se aproximava para chamar João Paulo três vezes por seu nome de batismo polonês, Karol. Quando não se ouviu resposta, bateu com um martelinho de prata em sua cabeça, uma indicação final de sua morte. Então, usou um martelo para destruir o Anel do Pescador, ou *Annelo Pescatorio* (anel feito para cada papa desde o século XIII), para simbolizar o fim do reinado.

Assim, a morte de João Paulo foi anunciada ao mundo. A efusão de tristeza do público foi arrebatadora, e muitas pessoas logo começaram a se referir a ele pela alcunha prestigiosa (apesar de não oficial) de "o Grande", antes usada apenas para os papas-santos Leão I (governou entre 440-461), Gregório I (590-604) e Nicolau I (858-867).

Seu corpo foi vestido em trajes vermelho-sangue e levado ao Palácio Apostólico, para que os membros das instituições administrativas papais e órgãos da Igreja Católica, conhecidos como Cúria Romana, se despedissem. No dia seguinte foi transferido para a Basílica de São Pedro, quando teve início o período oficial de luto de nove dias, conhecido como *novemdiales*, tradição que data do *novemdiale sacrum*, um antigo rito romano de purificação que ocorre no nono e último dia de um período de celebração. Estima-se que quatro milhões de peregrinos e três milhões de moradores de Roma tenham ido agradecer e rezar por aquele homem tão amado, números surpreendentes quando comparados ao registro anterior de setecentas e cinquenta mil pessoas que visitaram o corpo do papa Paulo VI, em agosto de 1978. João Paulo deixara instruções para que, caso não estivesse vivo para declamá-lo, seu último discurso fosse lido pelo substituto para os Assuntos Gerais da Secretaria de Estado do Vaticano, Leonardo Sandri. Durante a missa do Domingo da Divina Misericórdia, ministrada na praça de São Pedro no dia 3 de abril, Sandri leu a última mensagem de paz, perdão e amor de João Paulo, que dizia: "Como presente à humanidade, que muitas vezes parece perdida e dominada pelas forças do mal, do egoísmo e do medo, o Senhor Ressuscitado oferece seu amor, que perdoa, reconcilia e faz ressurgir o ânimo à esperança. É um amor que converte corações e traz paz."

Seria difícil substituí-lo.

E não havia tempo a perder. A tradição do interregno exigia que o funeral acontecesse entre quatro a seis dias após a morte do papa. Portanto, foi marcado para sexta-feira, 8 de abril. Da mesma forma, o conclave para eleger o sucessor deveria ocorrer no mínimo quinze e no máximo vinte dias após a morte. Foi anunciado que ele se iniciaria no dia 18.

O Vaticano começou a organizar o funeral com precisão militar. A responsabilidade de tomar as decisões sobre os eventos ficou por conta de Joseph Ratzinger, como decano do Colégio dos Cardeais — que, apesar de não ter qualquer autoridade sobre seus irmãos cardeais, "é considerado um primeiro entre iguais" e, por acaso, foi o braço direito de João Paulo por 24 anos. Apelidado de o papa peregrino por conta de suas visitas a 129 países ao redor do mundo, João Paulo II viajara mais quilômetros do que todos os papas anteriores juntos, em um total de dois mil anos de história da Igreja, garantindo que chefes de Estado, membros da realeza e emissários estariam juntos com as multidões de fiéis católicos. Seria difícil reunir grupos tão diversos em qualquer outra ocasião, mas muitas nações rivais se uniram por respeito mútuo pelo falecido pontífice. O príncipe Charles adiou o casamento com Camilla Parker-Bowles para participar do evento, junto com o primeiro-ministro britânico, Tony Blair, e o arcebispo de Canterbury, Rowan Williams. George W. Bush, presidente americano na época, foi visto se inclinando para apertar a mão de Jacques Chirac, presidente da França e ferrenho opositor à guerra do Iraque, enquanto o secretário-geral da ONU, Kofi Anan, observava ao lado dos ex-presidentes Bill Clinton e George H. W. Bush. O presidente israelense, Moshe Katsav, conversou e trocou um aperto de mãos com Bashar al-Assad, líder da Síria, e com o presidente do Irã, Mohammed Khatami, apesar de, em um momento posterior, este ter negado o encontro com veemência. Aquele seria o maior funeral de um papa na história da Igreja Católica, e estima-se que dois bilhões de pessoas no mundo inteiro tenham assistido ao evento pela televisão, um milhão delas pelos telões erguidos pela cidade de Roma especialmente para esse fim.

A cerimônia começou com uma missa de réquiem particular dentro da Basílica de São Pedro, assistida por membros do Colégio dos Cardeais e pelos nove Patriarcas das Igrejas Católicas Orientais que, apesar de ministrarem liturgias diferentes e terem as próprias estruturas de governo, estão em comunhão total com o papa. Seu corpo foi depositado em um caixão de madeira de cipreste, uma tradição de muitos séculos que simboliza sua humanidade entre os homens, e depois inserido em um caixão de chumbo e outro de olmo, que simbolizam, respectivamente, sua morte e sua dignidade. Lá dentro, também são colocados um documento lacrado que encerra oficialmente seu trabalho vitalício como papa e "três sacos contendo uma moeda de ouro, prata ou cobre para cada ano do reinado do papa João Paulo II", antes de um véu de seda branca ser posicionado sobre seu rosto e suas mãos. Após a conclusão dessa cerimônia, o caixão fechado foi carregado por 12 cavalheiros papais — antes conhecidos como camareiros secretos, são leigos de famílias romanas nobres que há séculos servem os papas como assistentes da Casa Pontifícia — e acompanhado por uma procissão lenta que cantava hinos de louvor, entrando na praça de São Pedro para começar o funeral público.

Muitos chegariam à conclusão de que foi a postura do cardeal Ratzinger durante esse espetáculo de três horas que lhe rendeu o papado. Em sua homilia, entre interrupções constantes de aplausos pela multidão, ele fez um longo discurso em "termos humanos, não metafísicos" sobre a vida de João Paulo, desde sua infância na Polônia até seus últimos dias em Roma. Ao se recordar de uma das últimas aparições públicas do papa, a voz do alemão, geralmente impassível e tão formal, falhou enquanto ele tentava segurar as lágrimas. Foi uma performance magnífica e surpreendente para todos que a testemunharam.

Enquanto a cerimônia chegava ao fim e as caravanas e os helicópteros dos dignitários começavam a partir, a multidão permaneceu onde estava, gritando "Santo subito!" [Santo já!]. Por fim, a exaustão tomou conta da cidade, e algumas pessoas, cansadas demais para tentar voltar para casa, caíram no sono na rua mesmo. No Vaticano e na imprensa internacional, o foco passou a ser a escolha do sucessor do papa enterrado na "terra pura" da cripta abaixo da Basílica de São Pedro, de acordo com seu desejo.

QUESTÕES ENFRENTADAS PELOS CARDEAIS ELEITORES

Restando apenas dez dias para que os 115 cardeais, já reunidos em Roma para o funeral, se fechassem no conclave que escolheria o próximo papa, chegara o momento de iniciar conversas discretas para promover os candidatos favoritos — campanhas explícitas são estritamente proibidas. Era uma situação delicada, e o processo precisava ser executado com cuidado para evitar o temido Princípio Pignedoli. Essa respeitada teoria, concebida por George Weigel, do Centro de Ética e Políticas Públicas de Washington D.C., leva o nome do cardeal Sergio Pignedoli, anunciado em demasia pela imprensa como o preferido durante o processo do conclave de 1978, que terminou por eleger o papa João Paulo II. O princípio afirma que "as chances de um homem se tornar papa diminuem na proporção da quantidade de vezes em que é descrito como *papabile* [termo não oficial usado para se referir a cardeais com o potencial de se tornarem futuros papas] pela imprensa". Tecnicamente, todos os cardeais que participam do conclave são candidatos elegíveis; no entanto, essa fachada de simplicidade esconde uma variedade de perspectivas teológicas e políticas que fazem com que a eleição do sucessor ao Trono de São Pedro seja um processo nada simples, da mesma forma que ocorre há 729 anos, desde o primeiro conclave, em 1276.

Após um impasse que resultou em um interregno de quase três anos, o papa Gregório X foi eleito em 1271 e se dedicou a desenvolver um método para facilitar o processo, no qual os cardeais precisariam permanecer no conclave até tomarem uma decisão, inclusive tendo que reduzir sua alimentação a apenas pão, água e vinho após cinco dias ou mais de impasse. Infelizmente, apesar dos esforços para implementar essas mudanças após o falecimento de Gregório, no dia 10 de janeiro de 1276, desavenças políticas e brigas internas acabariam causando a eleição de quatro papas diferentes nos quatro anos seguintes, e outros três interregnos que duraram mais de dois anos, em 1292-1294, 1314-1316 e 1415-1417. Seriam necessários mais alguns séculos antes de os conclaves começarem a durar menos de uma semana, na eleição do papa Pio VIII, em 1831. Todas as reuniões, com uma única exceção, ocorreram em Roma — o que talvez tenha influenciado o predomínio total de italianos no cargo no período entre 1523 e 1978, quando o polonês João Paulo II foi eleito —, e foram escolhidos apenas europeus até a entrada do papa Francisco, em 2013.

O carinho e o afeto dos milhões de enlutados por João Paulo quase poderiam fazer alguém acreditar que a Igreja Católica estivesse no auge. Mas a triste realidade era que a instituição nadava cada vez mais contra a maré da sociedade moderna, parecendo incapaz de acompanhar e muito menos guiar as vidas de seus adeptos. O mandato de João Paulo emocionara os fiéis como nenhum outro, porém a quantidade cada vez menor de pessoas frequentando missas ao redor do mundo deixava claro que isso não fora o suficiente para manter a posição da Igreja. Michael J. Lacey, coautor de *Crisis of Authority in Catholic Modernity* [Crise de autoridade na modernidade católica, em tradução livre], descreveu o catolicismo como uma instituição que sofre de "uma crise de autoridade básica... os leigos parecem estar aprendendo a viver de acordo com suas preferências, sem ter muitas expectativas de Roma ou de seus sacerdotes locais...". O que a Igreja deveria fazer para combater esses problemas?

Os problemas se tornaram mais intensos com a crise de abusos sexuais que abalou a instituição em 2002 e que continua a abalá-la até hoje. O Vaticano defendeu com veemência a postura de João Paulo sobre os casos relatados à Igreja, alegando, em 2014, que ele não compreendia a gravidade do "câncer", já que a "pureza" de sua mente e de seus pensamentos fazia com que a situação lhe parecesse "inacreditável". Mas a crise era uma questão proeminente na cabeça dos cardeais reunidos, e, como o respeitado autor e jornalista católico David Gibson descreveu, "a raiva sobre o escândalo ia muito além da indignação pelos crimes em si; era focada principalmente no abuso de autoridade que permitira que tais transgressões se perpetuassem por anos, até décadas. Nesse sentido, os escândalos de natureza sexual eram sintomáticos da crise maior que afetava a Igreja, centrada na forma como a autoridade — e o poder conferido a ela — era exercida na Igreja de João Paulo II".

Junto com essas questões principais, os cardeais acrescentavam problemas regionais à discussão, entre eles "o secularismo na Europa Ocidental, o crescimento do islamismo no mundo, o aumento das disparidades entre ricos e pobres nos hemisférios e o equilíbrio adequado no governo eclesiástico entre o centro e a periferia".

Graças à atenção positiva que a imprensa dera ao funeral, seria fácil presumir que a onda de boa vontade do público oferecia a oportunidade perfeita para a Igreja se reorganizar e resolver suas falhas institucionais. Porém, internamente, a opinião geral era bem contrária a isso. Acreditava-se que a Igreja tinha problemas tão grandes a solucionar que, naquela altura do campeonato, mudanças radicais não seriam capazes de solucionar as questões divergentes entre os cardeais do Ocidente e de nações em desenvolvimento, ao mesmo tempo que dessem continuidade ao legado de João Paulo como um inspirador e carismático homem do povo. Seria uma tarefa complicada demais, e a maioria dos cardeais decidiu que, para evitar danos irreparáveis à Igreja, seria melhor optar por um substituto cauteloso e uma transição discreta. A única pergunta que restava era: quem seria esse substituto?

OS CANDIDATOS

Conforme a pressão aumentava, o Vaticano tomou a decisão inédita de não passar informações à imprensa entre o dia 8 de abril e o início do conclave. Deixando de lado a ironia da ideia, considerando que o processo de votação em si é secreto, a situação foi considerada por muitos uma interferência frustrante de ninguém menos do que o famoso fiscal das regras e dos dogmas, o prefeito da Congregação para a Doutrina da Fé, o cardeal Ratzinger. Na verdade, era uma tentativa de colocar em pé de igualdade os cardeais de países que não falavam italiano ou inglês, especialmente os da África, da América do Sul e da Ásia, que acreditavam estar em desvantagem quando comparados aos cardeais europeus e americanos, que tinham muito mais oportunidade de expor suas opiniões sobre as questões enfrentadas pela Igreja.

Mesmo com a falta de contato com a imprensa, as fofocas chegaram aos jornais, o que não foi surpresa alguma. Mas muitos cardeais permaneceram diplomáticos, insistindo que não havia favoritos antes da abertura do conclave. Na realidade, havia muita especulação sobre vários candidatos de ideologias tanto conservadoras quanto progressistas. No entanto, praticamente todos concordavam que, após o papado de 26 anos de João Paulo, era pouco provável que o novo papa fosse jovem, de forma a garantir um mandato bem menor do que o de seu antecessor — mas certamente poucos imaginavam quão curto ele seria. Como o escritor Paul Collins observa, "um pontífice fraco ou até senil, incapaz de renunciar, poderia causar um grande dilema constitucional. Sob as regras atuais, ninguém pode demitir um papa". A personalização do papado de João Paulo resultara num reinado semelhante a uma autocracia centralizada, na qual bispos individuais ou líderes de ordens religiosas tinham pouca liberdade de ação. Como consequência, havia uma correlação direta entre a deterioração da saúde do papa e a capacidade reduzida da Igreja de tomar atitudes sobre problemas urgentes. A instituição ficara num limbo, incapaz de tomar grandes decisões, "forçada a deixar o tempo passar sem lidar com questões importantes, enquanto [esperava pelo] falecimento do papa".

Distribuição dos 115 cardeais eleitores no conclave de 2005

Europa Ocidental	26 (23%)	Europa Oriental	12 (10%)
Itália	20 (17%)	África	11 (10%)
América Latina	20 (17%)	Oriente Médio e Ásia	10 (9%)
América do Norte	14 (12%)	Austrália e Nova Zelândia	2 (2%)

João Paulo II nomeou mais cardeais do que qualquer outro pontífice (231) e bateu o recorde do maior número de nomeações ao mesmo tempo, quando apontou 44 sacerdotes em fevereiro de 2001, um gesto interpretado por muitos como uma forma de garantir seu legado, escolhendo homens que compartilhavam de suas ideologias teológicas sobre a direção que a Igreja deveria seguir após sua morte. Logo depois, outros trinta foram nomeados, em 2003. No total, 113 cardeais jovens o suficiente para votar no conclave — depois dos 80 anos, eles se tornam inelegíveis — foram escolhidos por João Paulo. Apesar de nem todos seguirem seu molde de conservador ortodoxo com uma paixão por ajudar pobres e oprimidos, esse número impressionante garantiu que, durante a votação, o falecido papa permanecesse no pensamento de todos.

As nove reuniões — chamadas de consistórios — em que João Paulo nomeou seus 231 cardeais aconteceram num período de 24 anos, o que permitiu a evolução de muitas opiniões diferentes, formando, em termos mais simplistas, dois campos opostos dentro da Igreja moderna.

OS CONSERVADORES

Esse grupo de cardeais foi nomeado exatamente por sua extrema convicção nos ensinamentos de João Paulo, numa igreja centrada na figura do papa e na esperança de continuar seu trabalho depois que ele partisse. Eles acreditavam que "o catolicismo deve, cada vez mais, se posicionar contra a cultura pós-moderna prevalecente" e que "[havia] um perigo real de que muitos católicos, incluindo padres e teólogos, se [tornassem] completamente distraídos pelo secularismo e pelo relativismo". Em resumo, todos os candidatos conservadores acreditavam piamente que a doutrina católica não deveria ser modificada para integrar a Igreja às mudanças da sociedade.

Cardeal Joseph Ratzinger, da Alemanha (78 anos)
Tendo passado muitos anos como braço direito de João Paulo II e considerado por muitos a escolha óbvia, o cardeal Joseph Ratzinger estava na dianteira desde o começo.

Dos 115 cardeais que poderiam votar no conclave, Ratzinger era um dos dois únicos não nomeados por João Paulo II. No entanto, os dois homens tinham se tornado amigos próximos na época em que ambos eram cardeais. Como o próprio Ratzinger descreveu: "Assim que se tornou papa, ele decidiu me convocar a Roma para me nomear prefeito da Congregação para a Doutrina da Fé (CDF). Depositou uma confiança enorme, muito cordial e profunda, em mim. Para garantir, por assim dizer, que seguiríamos o caminho correto da fé." No exercício do cargo desde 1981, Ratzinger era o cão de guarda dos dogmas da Igreja de João Paulo; a imprensa se referia a ele como o "rottweiler de Deus", enquanto seus colegas sacerdotes o chamavam de "cardeal *panzer*" — e um dos homens mais poderosos no Vaticano. Os dois amigos compartilhavam e seguiam crenças conservadoras inflexíveis, atenuadas por uma consciência social em favor dos mais humildes e pobres.

O papel oficial da CDF, fundada em 1542 e talvez mais conhecida por seu nome original, Congregação da Sacra, Romana e Universal Inquisição do Santo Ofício, era "promover e defender a doutrina da fé e suas tradições em todo o mundo católico". A sociedade tinha mudado um pouco desde os dias das heresias e da Inquisição do século XVI. O Concílio Vaticano mais recente, de 1962 a 1965 — mais conhecido como Vaticano II —, conseguira "[arrancar] a Igreja Católica, em parte com muita resistência, do começo do século XIX e levá-la para o século XX, [e abriu] a Igreja ao mundo moderno [...] para iniciar um diálogo sério, porém crítico, com ele". Mas logo se tornou óbvio para muitos que as conclusões do concílio estavam, na verdade, totalmente abertas a interpretações. Como consequência, quando João Paulo II se tornou papa, grande parte daqueles que acreditaram na eleição de um candidato liberal e progressista ficou surpresa com a rapidez com que ele reinterpretou o Vaticano II de forma muito mais conservadora.

No seu departamento na CDF, Ratzinger era visto como aquele que dava a última palavra sobre a execução da interpretação do papa sobre o Vaticano II, assim como questões disciplinares dentro da Igreja — incluindo, mais recentemente, os famosos casos de abuso sexual. Ratzinger expressou sua preocupação com o futuro da Igreja num discurso na véspera da morte de João Paulo, declarando que a América do Norte e a Europa "desenvolveram uma cultura que exclui Deus da consciência pública, seja renegando-O completamente ou julgando que a ausência de provas sobre Sua existência faz com que ela seja incerta e, portanto, de certa forma irrelevante".

Assim como seu papel fundamental na CDF, Ratzinger também exercia o cargo de decano do Colégio dos Cardeais. No conclave, ele novamente se viu presidindo os procedimentos. Era o homem ideal para isso, já que conhecia todos os cardeais pelo nome e, além disso, falava dez idiomas. Seu empenho ao lidar com os eventos antes e após a morte de João Paulo II fez com que ele, que era desmerecido, considerado um teólogo tranquilo mas polêmico e um intelectual pouco carismático, conseguisse que muitas opiniões se voltassem a seu favor.

Não foi apenas sua performance imponente na homilia do funeral que chamou atenção de muitos cardeais. Na Sexta-Feira Santa, dia 25 de março de 2005, Ratzinger discursara no lugar do papa, que estava debilitado, durante a tradicional procissão da Via-Sacra. Quando foi às estações da cruz, seus colegas ficaram admirados ao ouvi-lo dizer: "Quanta sujeira existe na Igreja, mesmo entre aqueles que, no sacerdócio, deveriam pertencer apenas a Ele!" E, rezando para Deus, afirmou: "Senhor, Vossa Igreja parece um barco prestes a afundar, um barco sendo tomado por água por todos os lados."

É difícil ler essas palavras e não as interpretar como um ataque levemente velado aos envolvidos na crise de abusos sexuais que prejudicava a reputação do catolicismo. Não seria aquele o discurso de um homem capaz de desafiar publicamente e com firmeza a podridão da Igreja? Mas será que Ratzinger pretendia fazer isso enquanto braço direito de outro pontífice, ou seria essa recriminação chocante dos fracassos da instituição uma forma de se *expor* como candidato?

O passado do cardeal, para aqueles que o estudaram, sugeria o contrário. Em várias ocasiões ele resistira a promoções para cargos influentes, preferindo devotar-se a uma vida discreta, escrevendo tratados teológicos. Mas só o futuro mostraria se Ratzinger de fato queria ser papa. Se quisesse, a completa ausência de experiência paroquial, a idade avançada e os problemas de saúde — ele sofrera um derrame em 1991 — poderiam levar alguns cardeais a achar que era fraco e despreparado demais para a tarefa.

Cardeal Francis Arinze, da Nigéria (72 anos)
Convertido ao catolicismo aos 9 anos, Arinze nasceu na tribo Ibo, na Nigéria, e se tornou um astro em ascensão entre os católicos africanos ao ser consagrado bispo com apenas 33 anos. A ideia de um papa originário de um país em desenvolvimento seria recebida com entusiasmo pelas regiões vizinhas, mas as opiniões ultraconservadoras de Arinze, expressadas abertamente por ele, pesavam contra suas chances de ser eleito.

Cardeal Camillo Ruini, de Roma (73 anos)
Descrito como "nota dez na administração, nota zero no carisma", Ruini também era um aliado próximo de João Paulo II e um rosto conhecido da imprensa italiana. Apesar de ser considerado "o cardeal italiano mais poderoso", a cirurgia de ponte de safena feita em 2000 e suas críticas ferrenhas a políticas do governo italiano sobre, entre outras coisas, eutanásia, casamento entre pessoas do mesmo sexo e inseminação artificial dividiam as opiniões sobre ele.

OS REFORMISTAS

O grupo oposto de cardeais vinha, no geral, de sociedades plurais em que valores tradicionais da Igreja sobre assuntos controversos como divórcio, aborto e homossexualidade sempre eram debatidos entre fiéis e sacerdotes. Esses homens, apesar de nomeados por João Paulo II, só agora, como cardeais, tinham liberdade para expressar opiniões divergentes sobre a doutrina ortodoxa e uma Igreja centralizada sem temer consequências em suas carreiras. Eles respeitavam e reconheciam os vários avanços diplomáticos para a paz mundial de João Paulo, assim como sua paixão por maior igualdade social, apesar de muitos "se incomodarem com sua visão sobre a posição da Igreja em questões ligadas a moral, doutrina, reprodução e assuntos internos da Igreja".

Cardeal Carlo Maria Martini, da Itália (78 anos)
Ao contrário da maioria dos colegas italianos, o cardeal Martini expressava abertamente suas opiniões de centro-esquerda e tinha experiência paroquial e administrativa. Teólogo jesuíta extremamente respeitado e solícito, foi uma nomeação surpreendente do conservador João Paulo, sendo descrito por John Allen Jr. como "a grande esperança da ala liberal do catolicismo por mais de duas décadas".

No entanto, suas chances de se tornar papa tinham diminuído um pouco nos últimos anos. A Cátedra de São Pedro jamais fora ocupada por um jesuíta. E havia outro obstáculo: ele, assim como João Paulo, fora diagnosticado com a doença de Parkinson e, aos 78 anos, era um dos homens mais velhos na disputa. Em 2002, o papa aceitara a renúncia de

Martini como arcebispo de Milão, e o jesuíta se mudara para Jerusalém a fim de aproveitar a aposentadoria numa paz intelectual — é difícil acreditar que um homem que deseja assumir a maior responsabilidade de sua vida tomaria tal atitude.

Cardeal Cláudio Hummes, de São Paulo (71 anos)
Conhecido por suas habilidades exemplares como pároco e defensor dos marginalizados, o arcebispo de São Paulo "ganhou *status* mítico em suas batalhas contra os generais da ditadura brasileira" no fim da década de 1970 e no começo da década de 1980, quando era um jovem bispo. Seu radicalismo foi um pouco atenuado com a idade, e, em 2002, ele recebeu um convite para pregar para João Paulo II e outros membros superiores do clero no Vaticano, fato que muitos consideraram indicar uma forte aprovação por parte do papa. Como uma das principais vozes a favor da reforma, Dom Cláudio acreditava que a Igreja estava preocupada demais com o Ocidente e deveria acomodar as nações em desenvolvimento em patamar de igualdade. Como 42% dos católicos do mundo viviam na América Latina, sua eleição certamente seria recebida com entusiasmo.

OS MODERADOS

Num meio-termo entre os conservadores e os reformadores, os moderados não eram unidos por uma visão comum sobre o futuro da Igreja — como era o caso dos dois campos opostos — e, consequentemente, eram vistos por ambos os lados como opções mais maleáveis caso fossem eleitos. Por outro lado, eles tinham o potencial de abalar as chances de qualquer candidato conservador ou progressista, caso o lado que estivesse perdendo preferisse dar os votos para um candidato moderado a fim de criar um empate.

Cardeal Dionigi Tettamanzi, de Milão (71 anos)
Apropriadamente descrito como "rechonchudo e simpático" e "baixo, robusto e sorridente", o cardeal Tettamanzi também era um conservador com consciência social muito próximo de João Paulo. Com ampla experiência em estudos da teologia, ajudara o papa com sua encíclica

Evangelium Vitae [O evangelho da vida], que reafirmou as visões da Igreja Católica sobre a santidade da vida em questões como aborto, eutanásia, métodos contraceptivos e pena de morte. Mas, de acordo com Sandro Magister, respeitado comentarista sobre questões do Vaticano, "agora que esses assuntos se tornaram mais importantes do que nunca nos Estados Unidos, na Europa e na Itália, tanto dentro quanto fora da Igreja, uma 'questão memorável' na opinião de Ratzinger e Ruini, ele não fala mais disso". Tettamanzi era um defensor ferrenho dos direitos de populações menos privilegiadas. Apoiou os protestos contra a globalização na reunião do G8 em Genebra, em 2001, declarando: "Uma única criança africana sofrendo de Aids é mais importante que o Universo inteiro."

Tudo isso o tornava um dos favoritos da imprensa italiana, sempre um pouco míope, mas Tettamanzi não falava inglês, e o fraco domínio de idiomas seria uma barreira importante para qualquer candidato a papa.

Cardeal Jorge Mario Bergoglio, de Buenos Aires (68 anos)

Outro jesuíta, o cardeal Jorge Bergoglio era conhecido como o "bispo das favelas" pelo trabalho misericordioso que fazia com os pobres da Argentina, mas tinha opiniões mais conservadoras-liberais do que liberais-conservadoras — era forte defensor da doutrina católica tradicionalista e se opusera a reformas sobre casamento entre pessoas do mesmo gênero, adoção por casais gays e aborto. Aos 68 anos, era o candidato mais jovem. Também se destacava por ter se tornado cardeal apenas quatro anos antes, em 2001.

Bergoglio era conhecido por ser um homem piedoso, humilde e espiritual, que rejeitava a pompa e a circunstância do cargo e preferia viver entre seus paroquianos num apartamento modesto, andando de ônibus e metrô por Buenos Aires, em vez de usar uma limusine dirigida por chofer. Ele ficou conhecido pelo público em 1998, quando apareceu em várias manchetes por lavar e beijar os pés de portadores de Aids/HIV num hospital da capital argentina. Também chamou a atenção da Igreja quando, em outubro de 2001, João Paulo II o nomeou como relator do Sínodo dos Bispos, responsável por resumir as informações na conferência, substituindo Edward Egan, o arcebispo de Nova York, que permanecera na cidade americana após os ataques do 11 de Setembro.

Na época do conclave, os católicos da América Latina representavam 40% dos 1,1 bilhão de fiéis da Igreja; era improvável, mas a ideia de um papa originário de um país em desenvolvimento não devia ser descartada com tanta facilidade. Como um cardeal de um país em desenvolvimento afirma em *The Rise of Benedict XVI* [A ascensão de Bento XVI, em tradução livre], livro de John Allen: "Se elegermos um papa de Honduras ou da Nigéria, haveria uma base muito dinâmica e animada por trás dele, assim como ocorreu com João Paulo II e a Polônia. Se escolhermos alguém da Bélgica ou da Holanda, dá para imaginar os belgas ou os holandeses ficando animados? Ele simplesmente não teria a mesma receptividade."

Bergoglio reunira bastante apoio de membros importantes, que acreditavam na sua capacidade de diminuir as muralhas do Vaticano e abrir a Igreja para o mundo exterior, ao mesmo tempo que mantinha "um comprometimento inabalável com os dogmas mais tradicionais". No entanto, era discutível se ele aceitaria o pontificado caso ganhasse a eleição, em razão de sua preferência por um estilo de vida mais humilde e do juramento que os jesuítas fazem sobre não almejar o poder.

Cardeal Angelo Sodano, secretário de Estado do Vaticano (77 anos)
Quarto e último italiano em destaque, o cardeal Sodano ocupou muitos cargos importantes na Igreja antes de se tornar secretário de Estado do Vaticano, em 1991. Acompanhou João Paulo II em diversas missões diplomáticas no exterior e formou uma amizade controversa com o ditador chileno Augusto Pinochet, chegando até, em 1999, a fazer campanha por sua liberação da detenção no Reino Unido. Ele mantinha fortes conexões com a América Latina e era um teólogo respeitado, mas sua idade avançada e boatos de problemas de saúde tornavam improvável sua escolha como sucessor de João Paulo.

O CONCLAVE SE APROXIMA

Durante um *conclave* ("com chave"), os cardeais são literalmente trancados na Capela Sistina, com a Guarda Suíça Pontifícia vigiando as portas, até chegarem a um consenso sobre quem será o próximo papa.

João Paulo II deixara instruções rígidas sobre como manter a reunião sigilosa: o sinal de wi-fi foi bloqueado na cidade santa até o término dos procedimentos, a Capela Sistina foi fechada para turistas e inspecionada em busca de aparelhos de escuta e equipamentos sofisticados de interferência eletrônica foram instalados no Palácio Apostólico para prevenir o vazamento de informações. Dentro da capela, passarelas de madeira foram especialmente posicionadas para preservar o piso antigo e mesas compridas foram armadas para os cardeais eleitores, cobertas com toalhas vermelho-escuras, acrescentando ainda mais cor ao salão cujas paredes e teto já são adornados com pinturas de quinhentos anos.

Seria fácil presumir que, durante a eleição de um papa, os homens trancados dentro da capela debatem os vários méritos dos candidatos e a importância dos problemas enfrentados pela Igreja, assim como todas as democracias fazem pelo mundo. Mas não. Um conclave é um período sereno de preces solenes e reflexões, enquanto os cardeais buscam orientação do Espírito Santo em sua eleição de um novo pontífice. Mais tarde, o cardeal Jorge Bergoglio descreveu "um clima de reminiscência — quase místico — presente nessas sessões. Todos estávamos conscientes de que éramos apenas instrumentos para servir a divina providência na escolha de um sucessor adequado para João Paulo II".

Antes do começo do conclave, durante o *sede vacante* — o período em que o Trono de São Pedro fica vago —, todos os cardeais se encontraram numa congregação geral presidida pelo cardeal Ratzinger, como decano, e em grupos menores de apenas quatro cardeais, chamados congregações particulares. Nessas reuniões, eles precisavam tomar decisões sobre questões urgentes do Vaticano que não podiam esperar até que o novo papa fosse escolhido, assim como revisar a constituição apostólica de catorze mil palavras de João Paulo, *Universi Dominici Gregis* [O pastor do rebanho do Senhor], na qual ele explicava as regras atualizadas para a condução do conclave, aprimorando as mudanças anteriores decretadas pelo papa Paulo VI, em 1975. O cardeal Ratzinger insistiu que a constituição fosse lida em voz alta, linha por linha.

Assim como fizera no funeral, Ratzinger surpreendeu os colegas com uma demonstração fascinante de autoridade, imparcialidade e diplomacia. Não apenas ele sabia o nome de todos os cardeais — façanha que João Paulo nunca alcançara —, mas sua facilidade com idiomas permitia que conseguisse se dirigir e ser compreendido pelos vários sacerdotes que não falavam italiano, que dirá latim. No entanto, não foram apenas sua memória e sua facilidade com idiomas que impressionaram os colegas; os cardeais acharam que ele realmente estava interessado no que tinham a dizer. Em vários momentos durante o evento, foi relatado que Ratzinger "interveio para pedir a opinião daqueles que ainda não haviam falado", e "quando precisava resumir uma discussão, sempre parecia tratar de forma justa todos os pontos de vista expressos". Alguns até saíram do encontro acreditando que o alemão fora mais habilidoso que o falecido e grande pontífice, declarando que "ele os escutou de um jeito que João Paulo II nem sempre conseguia".

TENSÕES E TÁTICAS DE DIFAMAÇÃO

É justo sugerir que, no geral, as congregações eram conduzidas de forma amigável e que os cardeais deixaram suas diferenças de lado para o bem maior da Igreja. Porém, às vezes, as discussões se tornavam mais acaloradas, e, pior ainda, histórias difamatórias começavam a aparecer na imprensa sobre cada um dos homens considerados *papabile*, apesar da recusa do Vaticano de falar com a mídia.

As notícias ruins mais comuns se referiam aos problemas de saúde dos candidatos, e matérias sobre doenças que iam desde diabetes até depressão pipocaram em jornais e canais de televisão. Contudo, a forma mais agressiva de sabotagem ocorreu três dias antes do início do conclave, quando um dossiê extremamente comprometedor "foi enviado por um e-mail anônimo para os cardeais com cargos mais importantes reunidos em Roma". A mensagem continha detalhes de uma denúncia de Marcelo Parrilli, advogado argentino de direitos humanos, que acusava o cardeal Jorge Bergoglio de "cumplicidade no sequestro de dois padres jesuítas, cujo trabalho numa favela de Buenos Aires fora considerado subversivo pelos esquadrões da morte dos militares argentinos em 1976". Bergoglio havia dispensado os padres de seus serviços na semana anterior ao seu desaparecimento, e Parrilli alegava que essa dispensa contribuíra para que fossem torturados e aprisionados por cinco meses, acorrentados e encapuzados.

Não havia muito tempo para contestar essas alegações em grande escala, menos ainda para descobrir quem enviara o e-mail — vamos voltar a este capítulo da vida de Bergoglio mais adiante —, mas logo ficou claro que sua candidatura era considerada uma ameaça grave a certas facções da Igreja, e havia quem estivesse preparado para tomar medidas desesperadas para acabar com sua reputação. Os partidários de Bergoglio negavam veementemente as acusações em conversas discretas pelos corredores de mármore do Vaticano e em jantares organizados pelos "negociantes do poder do conclave" contra Ratzinger. Um deles chegou a declarar: "Desde a Última Ceia, a Igreja toma suas decisões mais importantes na mesa de jantar." Porém, enquanto as congregações se encerravam e o começo do conclave se aproximava, era difícil determinar se a campanha contra Bergoglio dera certo.

"EXTRA OMNES!"

Então, era chegada a hora.

Pontualmente às quatro e meia da tarde de segunda-feira, 18 de abril, os 115 cardeais, resplandecentes em seus tradicionais "vestidos de coro" vermelhos, com suas mangas largas de renda branca, deram os passos finais da procissão que saíra da Sala Régia — tradicionalmente, os cardeais começam a procissão na Capela Paolina, mas ela passou por reformas entre 2002 e 2009 — e chegavam à Capela Sistina, cantando a "Ladainha de Todos os Santos", do século IX, enquanto caminhavam. Pela primeira vez na história, esse espetáculo fascinante era exibido ao vivo na televisão, e católicos do mundo inteiro tiveram um vislumbre do antigo ritual enquanto os cardeais se acomodavam em seus devidos assentos, organizados por ordem de precedência, e então faziam um juramento de sigilo, primeiro em conjunto, depois individualmente.

Após o último cardeal depositar a mão sobre as Escrituras e declarar que "prometo, me comprometo e juro, que Deus me ajude, e também estes Santos Evangelhos que agora toco com as minhas mãos", as transmissões foram interrompidas, e às cinco e vinte e quatro da tarde o arcebispo Piero Marini, mestre de celebrações litúrgicas do sumo pontífice, declarou "Extra omnes!" — Todo mundo para fora! Quando só restavam os cardeais eleitores, a Guarda Suíça, a serviço durante todo o processo, trancou as portas da Capela Sistina do lado de fora e a votação começou.

A PRIMEIRA VOTAÇÃO

A tradição determina que ninguém além dos cardeais eleitores permaneça na capela durante a votação. Como consequência, os sacerdotes precisam arregaçar aquelas belas mangas e se alternar na execução de serviços fundamentais. Nove nomes são sorteados a cada manhã para os seguintes papéis:

- *Escrutinadores* — Esses três homens ficam em destaque, sentados à mesa diante do altar, sob a imponente pintura do Último Julgamento de Michelangelo, para contar os votos.
- *Infirmarii* — Apesar de o conclave de 2005 não ter precisado de nenhum, três homens são designados para coletar os votos de qualquer cardeal eleitor que esteja doente demais para ir até a Capela Sistina.
- *Revisores* — Mais três cardeais são encarregados de verificar o trabalho dos escrutinadores, garantindo que a contagem dos nomes e dos votos esteja correta. Se estiverem, os revisores devolvem os votos para os escrutinadores, que leem cada nome em voz alta antes de furar com um alfinete a palavra *Eligo* em cada papel, guardando-os para serem queimados no forno especial da capela ao final da contagem.

Durante cada rodada, os cardeais eleitores recebem um papel retangular com as palavras *Eligo in Summum Pontificem* [Elejo como sumo pontífice] e devem escrever, de acordo com as orientações levemente cômicas de João Paulo, "na medida do possível, usando uma caligrafia que não possa ser identificada como sua", o nome do homem que escolhem como papa (excluindo, naturalmente, a si mesmos). Após dobrar o papel no meio, os cardeais se aproximam do altar, ajoelham para recitar uma prece e fazem outro juramento antes de depositar o voto numa patena ou bandeja de ouro, para todos verem, e a inclinarem para o papel cair dentro de um vaso especialmente projetado para esse momento.

Nunca aconteceu de um papa ser eleito depois da primeira rodada, e os votos costumam ser muito variados. Depois disso, os números começam a se alinhar entre os candidatos preferidos, até que se chegue a um consenso. No livro *The Rule of Benedict* [O reinado de Bento, em tradução livre], David Gibson observa que é comum que os cardeais dediquem seu primeiro voto "a um amigo ou para honrar alguém que nunca será papa, mas que pelo menos pode ter a honra de receber um voto no conclave"; até se brinca que eles "votam em quem querem na primeira rodada e depois se permitem ser guiados pelo Espírito Santo". Nos oito conclaves que ocorreram no século XX, o maior número de rodadas numa eleição foi catorze (papa Pio XI, 1922), e o menor foi três (papa Pio XII, 1939); a média é de oito rodadas por conclave, levando cerca de três dias e meio.

O número de cardeais eleitores havia aumentado bastante desde 1903, quando apenas 64 participaram, em comparação com os 111 que elegeram João Paulo II. Com o recorde de 115 em 2005, o processo de votação era bem demorado. Porém, pouco depois das oito da noite de 18 de abril, a multidão de quarenta mil pessoas na praça de São Pedro ficou um pouco confusa quando um rastro fraco de uma fumaça cinza-claro começou a sair da chaminé da Capela Sistina. A infeliz coincidência de a primeira votação ser queimada junto com as batidas dos sinos da Basílica de São Pedro, que soavam a cada hora, fez com que muitos gritassem de alegria e aplaudissem. No entanto, o milagre — um papa eleito na primeira votação — logo foi desmentido pela visão de um rastro mais intenso de fumaça cinza-escuro.

O Vaticano só começara a usar o sinal da fumaça branca para indicar a eleição do pontífice em 1914, mas sua consistente inconsistência já se tornara piada. Nos anos recentes, inúmeras horas e uma quantidade exorbitante de dinheiro foram gastas em melhorias para o sistema, que falhou novamente na primeira tentativa.

Como muitos esperavam, o conclave não terminou no primeiro dia. O que foi inesperado, no entanto, foi o fato de, em setembro de 2005, um cardeal anônimo quebrar os votos de sigilo que fizera a Deus, no altar da Capela Sistina, e publicar a contagem dos votos do conclave na *Limes*, uma revista italiana sobre relações internacionais.

Resultado da primeira votação do conclave papal, 2005

Cardeal Joseph Ratzinger	Alemanha	47 votos
Cardeal Jorge Mario Bergoglio	Argentina	10 votos
Cardeal Carlo Maria Martini	Itália	9 votos
Cardeal Camillo Ruini	Itália	6 votos
Cardeal Angelo Sodano	Itália	4 votos
Cardeal Oscar Rodríguez Maradiaga	Honduras	3 votos
Cardeal Dionigi Tettamanzi	Itália	2 votos
Outros candidatos		34 votos

Graças à decisão desse cardeal anônimo de quebrar seu juramento, sabemos agora que a maioria das previsões iniciais sobre o conclave estava certa: Ratzinger estava disparado na frente de todos os outros candidatos, mas ainda não ganhara a corrida. Para garantir o papado, um cardeal teria de receber 77 votos, o equivalente a dois terços do total, portanto, outras trinta cabeças precisariam virar a seu favor.

Entre os rivais mais noticiados de Ratzinger, Tettamanzi teve os piores resultados, conseguindo apenas dois votos, e os parcos nove votos em Martini pareciam mais uma demonstração de respeito — como observou Gibson sobre a primeira rodada de votos — por tantos anos sendo *papabile*, e não uma tentativa séria de eleger um homem aposentado com doença de Parkinson.

A maior surpresa da primeira votação foi o total de dez votos para Jorge Bergoglio. Ele não era considerado "um verdadeiro candidato da 'esquerda'" para o correspondente secreto, mas, na impossibilidade de eleger Martini, se tornou a escolha dos liberais contra Ratzinger. Mesmo assim, ainda precisaria receber uma quantidade expressiva de votos para vencer o cardeal *panzer*, que provavelmente receberia os de Ruini e Sodano, aliados de João Paulo, na próxima rodada.

No fim do primeiro dia, os cardeais saíram da Capela Sistina e entraram nos micro-ônibus que esperavam para levá-los de volta aos seus luxuosos aposentos — nos quais o Vaticano investira modestos vinte milhões — para jantar, deliberar e debater, numa transgressão discreta, porém proposital, das regras, em preparação para o próximo dia de votação. Isolados do mundo exterior, as conversas vararam a noite, e as especulações sobre Bergoglio como potencial sucessor de João Paulo II pairavam no ar.

Nosso correspondente italiano secreto suspeitava que "o objetivo realista da minoria que deseja apoiar Bergoglio era criar um impasse, que então causaria a remoção da candidatura de Ratzinger". Ele também não sabia se o argentino aceitaria o papado após observá-lo depositando seu voto sob a pintura avultante de Cristo: "Seu olhar estava fixado na imagem de Jesus, que julgava as almas no fim dos tempos. Seu rosto exibia uma expressão sofrida, como se implorasse: 'Deus, por favor, não faça isso comigo.'"

A SEGUNDA E A TERCEIRA VOTAÇÕES

Na manhã de terça, 19 de abril, os cardeais foram acordados às seis e meia da manhã, assistiram à missa das sete e meia e começaram a segunda rodada de votos às nove e meia. Quando os resultados foram contados, ficou claro que as discussões da noite anterior haviam sido persuasivas e que alianças fortes estavam sendo firmadas.

Resultado da segunda votação do conclave papal, 2005

Cardeal Joseph Ratzinger	Alemanha	65 votos	+ 18
Cardeal Jorge Mario Bergoglio	Argentina	35 votos	+ 25
Cardeal Angelo Sodano	Itália	4 votos	+ 0
Cardeal Dionigi Tettamanzi	Itália	2 votos	+ 0
Outros candidatos		9 votos	- 25

O cardeal Ratzinger continuava na dianteira, ganhando 18 votos — 6 de Ruini e 12 de outros candidatos não mencionados —, mas ainda faltavam 12 para ganhar. Os quatro partidários de Sodano ainda não queriam ceder, assim como os dois de Tettamanzi. O maior aumento foi de Bergoglio, com surpreendentes 25 votos a mais — 9 de Martini, 3 de Maradiaga e 13 de cardeais diferentes —, somando um total de 35.

Apesar do salto impressionante, a posição de Ratzinger ainda era forte o suficiente para tornar impossível a vitória de outro candidato, a menos que fosse abandonado por muitos apoiadores. Mas só faltavam quatro votos para concretizar a previsão do cardeal anônimo sobre a oposição de Ratzinger criar um impasse. Seria necessário que Bergoglio recebesse um terço dos votos mais um, totalizando 39 na próxima rodada. Por mais empolgante que essa ideia parecesse, era muito improvável que os cardeais deixassem a situação chegar a esse ponto, por medo de prejudicar a reputação da Igreja com um conclave empacado.

Para não perder o ritmo, era costume prosseguirem imediatamente para outra votação antes de anunciarem os resultados, de modo que os cardeais votaram pela terceira vez às onze horas. Uma fumaça cinza ambígua saiu da chaminé pouco depois do meio-dia, mas nenhum sino soou, e a multidão entendeu que o papa ainda não fora escolhido.

Resultado da terceira votação do conclave papal, 2005

Cardeal Joseph Ratzinger	Alemanha	72 votos	+ 7
Cardeal Jorge Mario Bergoglio	Argentina	40 votos	+ 5
Outros candidatos		3 votos	- 7

Os resultados da terceira votação mostravam que, naquela altura da disputa, havia apenas dois candidatos no páreo. O aumento de sete votos para Ratzinger significava que ele só precisava de mais cinco para assumir a Cátedra de São Pedro. Mas, com apenas três votos em aberto e o aumento de cinco em Bergoglio, seria impossível consegui-los sem que os partidários do argentino mudassem de opinião.

O intervalo para o almoço não podia ter acontecido em momento mais decisivo. Enquanto o mundo esperava, os cardeais voltaram de ônibus para o hotel, a fim de discutir discretamente o resultado em seu local favorito para reuniões: a mesa. Ratzinger foi descrito como "a imagem da tranquilidade", enquanto seus colegas lutavam para conseguir os votos necessários para garantir sua eleição. De acordo com o correspondente, o cardeal Martini especulava que, se o impasse continuasse, uma troca de candidatos seria inevitável no dia seguinte, e teriam que recomeçar o processo. Aquela era uma ideia que agradaria a poucos além dele.

A QUARTA VOTAÇÃO

Encerrado o intervalo para conversas e campanha, os cardeais voltaram para a Capela Sistina. Quando a votação da tarde começou, os jornais já especulavam que Ratzinger estava lutando para conquistar a quantidade necessária de votos. Porém, para os eleitores dentro da capela, a sensação era de que a eleição finalmente estava garantida.

Às cinco e meia, quase 24 horas exatas desde o começo do conclave — tornando-o um dos mais rápidos da história —, os votos foram contados e lidos em voz alta. Apesar de a maioria dos cardeais, incluindo Ratzinger, estar fazendo a contagem por conta própria, o cardeal Cormac Murphy-O'Connor depois lembraria que, quando o árduo 77º voto foi alcançado, "ouviram-se sons de surpresa pelo salão e todos bateram palmas".

Lágrimas de felicidade escorriam pelo rosto dos partidários de Ratzinger.

E o homem mais feliz de todos? O cardeal Jorge Mario Bergoglio.

Nos dias que se seguiram, enquanto Bento XVI se ajustava ao novo cargo, os cardeais que moravam fora da cidade partiram de Roma e voltaram para suas respectivas dioceses. Muitos estavam surpresos com a rapidez do conclave e outros ficaram extremamente aliviados com a agilidade do processo, mas ninguém mais do que o cardeal Bergoglio. Ele mal podia esperar para sair daquele caos inesperado e voltar para as ruas familiares de Buenos Aires.

Aos 68 anos, o argentino poderia se aposentar dali a seis e já havia decidido onde gostaria de passar o fim da vida: no humilde presbitério em que morara durante seus cinco anos como vigário-geral da paróquia de Flores, em Buenos Aires, entre 1993 e 1998. Tudo de que precisava era de um quarto simples, de preferência no térreo, já que não "queria estar acima de ninguém".

2

FRANCISCO

Depois da eleição do papa Bento XVI, em abril de 2005, uma biografia do cardeal Bergoglio teria sido levemente interessante para aqueles que testemunharam o conclave. Quem era o argentino misterioso que quase vencera o favorito ao título de papa? Mas não havia nada. Católicos insistentes talvez encontrassem uma cópia solitária de *Meditaciones para religiosos* [Meditações para religiosos, em tradução livre] (1982), *Reflexiones de esperanza* [Reflexões de esperança, em tradução livre] (1992), ou *Ponerse la patria al hombro* [Carregando a pátria nos ombros, em tradução livre] (2003) numa biblioteca muito bem-abastecida, mas eram livros escritos *pelo* homem, não sobre ele. Bergoglio nunca trabalhara em Roma, portanto as tradicionais fontes de fofoca do Vaticano eram inúteis; também não vinha de um país com forte representação no debate católico global. Então, quem era ele?

Nascido no bairro central de Flores, Buenos Aires, em 17 de dezembro de 1936, Jorge Mario Bergoglio era o mais velho dos cinco filhos de Regina María Sívori (1911-1981) e Mario José Bergoglio (1908-1961). Regina era filha de um casal de imigrantes de Gênova-Piemonte, e Mario viera com os pais de Piemonte para a Argentina em 1929. Os dois se conheceram na missa, em 1934, e se casaram no ano seguinte. Mais tarde, Jorge lembraria: "Minha memória mais vívida da infância é do tempo dividido entre a casa dos meus pais e a dos meus avós. Passei a primeira parte da minha vida, a partir de 1 ano, com minha avó." Ele se referia à mãe de Mario, *nonna* Rosa. O biógrafo Austen Ivereigh, que conduziu uma entrevista extensiva com Francisco após sua eleição como papa, a descreveu como "a maior influência de sua infância" e "uma mulher formidável, profundamente devota e política, com quem ele passou boa parte dos primeiros cinco anos de vida".

Rosa e o marido, Giovanni, após decidirem abandonar seu lar numa Itália empobrecida, controlada pelo governo totalitário de Benito Mussolini, compraram passagens para a família toda rumo à Argentina no ilustre *Principessa Mafalda*, em 1927. Mas eles não eram os únicos na região a temer o fascismo e planejando uma fuga. O número de emigrantes esperançosos era tão grande que o mercado imobiliário de Piemonte entrou em crise e os preços despencaram, fazendo com que o casal não conseguisse vender suas propriedades e os forçando a esperar a situação melhorar. Mal sabiam a sorte que deram. No dia 11 de outubro de 1927, a embarcação, no passado tão grandiosa, partiu de Gênova a caminho de Buenos Aires. Após nove anos de travessias, o navio decadente afundou na costa do Brasil. Foi um caos. Pelos relatos, a tripulação entrou primeiro nos poucos barcos salva-vidas navegáveis, deixando os passageiros apavorados lutando pelos restantes enquanto as embarcações de resgate observavam ao longe, com medo de o navio explodir. Mil duzentos e cinquenta e dois passageiros foram salvos, mas 314 morreram no mar repleto de tubarões.

Gratos por terem miraculosamente escapado, Giovanni e Rosa conseguiram vender seus bens e chegaram à Argentina 14 meses depois. De acordo com a biografia *Pope Francis: Untying the Knots* [Papa Francisco: desvendando os mistérios, em tradução livre], de Paul Vallely, "reza a lenda da família que, numa manhã abafada, [Rosa] desceu a prancha do navio a vapor *Giulio Cesare* usando um longo casaco de pele de raposa, não porque ignorasse o fato de que chegava ao hemisfério sul no auge do verão, em janeiro, mas porque dentro do forro fora costurado todo o dinheiro que a família ganhara com a venda da casa e da cafeteria em Piemonte". Esse gesto perspicaz permitiu que Rosa e Giovanni se sustentassem durante a subsequente quebra econômica de 1929 e o golpe militar que encerraria setenta anos de governo constitucional civil, em 1930.

Quando Jorge nasceu, a vida em Buenos Aires era difícil para todos, mas a natureza imperturbável de sua avó Rosa trazia riqueza em meio à pobreza. Ela o ensinou a rezar, contou-lhe histórias sobre Jesus, a Virgem Maria e os santos, imbuindo-lhe tolerância religiosa. Seus pais haviam desenvolvido uma postura mais puritana. Mais tarde, Bergoglio lembraria: "Se alguém próximo da família se divorciasse ou se separasse, não podia mais entrar na nossa casa, e eles acreditavam que todos os protestantes iriam para o inferno." Rosa, por outro lado, lhe ensinou "a sabedoria da verdadeira religião", que dizia que Deus amava pessoas que não eram católicas, mas praticavam o bem. Ela testemunhara em primeira mão a toxicidade da intolerância na Itália da década de 1920 e fora defensora ferrenha da Ação Católica, um movimento europeu que lutava contra a oposição ao catolicismo no século XIX e começo do XX. Era comum que Rosa subisse em caixotes na rua para protestar contra Mussolini — que era conhecido como *mangiaprete*, ou "devorador de padres", na juventude — e a perseguição e as limitações do seu governo contra a Igreja Católica.

Ela acreditava no poder da educação e encorajara o filho Mario a estudar contabilidade na Itália. Porém, seu diploma não era reconhecido na Argentina, e ele só conseguiu encontrar um emprego malremunerado como contador de uma fábrica. Então, enquanto Regina cuidava dos filhos mais novos e Mario trabalhava, o jovem Jorge deu início à sua própria educação. Durante os dias que passava com a avó, ele aprendia italiano — Rosa e Giovanni ainda conversavam no dialeto piemontês, enquanto o filho e a nora falavam espanhol em casa — e foi apresentado à poesia e à literatura. Posteriormente, diria que os avós "amavam todos os meus irmãos, mas eu tinha o privilégio de compreender o idioma de suas memórias", o que aumentou sua perspectiva para imaginar um mundo além do seu.

Os Bergoglio trabalhavam duro para oferecer um lar estável e amoroso aos cinco filhos, e era comum que Mario aceitasse vários trabalhos para manter as contas em dia. Apesar das dificuldades, as lembranças daquela época são felizes. María Elena, a irmã caçula de Jorge, sentia que eles "eram pobres, mas tinham dignidade", e descreveu o pai como "um homem animado... Ele nunca se irritava. E nunca bateu nos filhos... Era apaixonado por mamãe e sempre lhe trazia presentes". A família também era unida pela fé, e era Mario quem fazia as orações à mesa toda noite, quando voltava do trabalho. Os fins de semana funcionavam da seguinte maneira: nas manhãs de sábado, todos jogavam cartas em casa até as duas da tarde em ponto, quando se reuniam em torno da vitrola para ouvir as amadas óperas italianas dos pais; aos domingos, a família ia à missa. Depois do nascimento do quinto e último bebê, Regina passou vários anos parcialmente paralisada, mas Bergoglio lembra que, mesmo assim, "quando chegávamos da escola, ela estava sentada, descascando batatas, com todos os ingredientes separados. Então nos dizia como deveríamos misturá-los e cozinhá-los, porque não tínhamos a menor ideia do que fazer. 'Agora coloque isso na panela, agora coloque aquilo...', orientava. Foi assim que aprendemos a cozinhar".

Fora de casa, Jorge jogava futebol com os amigos da vizinhança e herdou a paixão do pai pelo time local, San Lorenzo, que carrega até hoje. Seguindo a tradição argentina, gostava de tango e tinha a reputação de dançar muito bem. Porém, a maioria dos amigos da época se lembra dele como um garoto muito estudioso, "sempre com a cara enfiada nos livros". O jovem Bergoglio se saiu bem no primário e parece não ter sido afetado pela política turbulenta do país e dos desastres globais da Segunda Guerra Mundial. Assim como na Primeira Guerra, a Argentina permaneceu neutra e resistiu à insistência americana de se unir aos Aliados, mantendo simpatia pelas Potências do Eixo, em parte devido à grande população que imigrara da Alemanha. Quando o governo parecia prestes a ceder à pressão do isolamento internacional dos Aliados, uma facção rebelde do Exército — que incluía o coronel Juan Domingo Perón, ferrenho nacionalista — interferiu e tirou o presidente do poder.

Em 1945, Perón, junto com sua futura segunda esposa, a atriz e radialista Eva "Evita" Duarte, de 26 anos, exercia os cargos de vice-presidente, secretário da Guerra e, talvez mais importante, ministro do Trabalho. Seu apoio aos sindicatos e a introdução do primeiro sistema de segurança nacional o tornaram extremamente popular entre a população marginalizada. Tão popular que, quando a guerra acabou, foi preso por colegas que temiam o intenso apoio que recebia. No entanto, protestos em massa pelas ruas forçaram sua liberação. O povo havia se pronunciado. Cinco meses depois, no dia 24 de janeiro de 1946, Perón foi eleito presidente.

Em 1949, com Regina ainda paralisada e Rosa cuidando dos netos mais jovens, Alberto e María Elena, foi decidido que Jorge, então com 12 anos, e seus irmãos do meio, Marta e Oscar, iriam para o colégio interno, a fim de aliviar a pressão que a mãe sofria. Dom Enrico Pozzoli, o padre da família, encontrou vagas para os meninos, Jorge e Oscar, numa escola salesiana chamada Wilfrid Barón de los Santos Ángeles. A congregação dos salesianos foi fundada em 1859 por São João Bosco, com a simples missão de "ser amiga de jovens pobres, abandonados ou em situações de risco, sendo, portanto, amiga de Cristo". Em carta datada de 20 de outubro de 1990, o padre Bergoglio descreveu como foi moldado pelo ano passado na escola:

Lá, aprendi a estudar. As horas de leitura, em silêncio, criaram um hábito de concentração, um forte controle contra a dispersão. Os esportes eram uma parte essencial da vida. Jogávamos bem e fazíamos de tudo. Nos estudos, assim como nas atividades físicas, a competição tinha certa importância: aprendemos a competir como cristãos. Algo que aumentou dentro de mim nos anos após ao que passei na escola foi minha capacidade de me sentir bem, e percebi que a base disso foi meu tempo no internato. Lá, eles incentivavam meu sentimento. Não me refiro a "sentimentalismo", mas a "sentimento", como um valor do coração. A não ter medo e ser sincero comigo mesmo a respeito do que sinto.

Todas essas coisas configuravam uma cultura católica. Eles me prepararam bem para a escola secundária e para a vida. Nunca, até onde lembro, houve concessões sobre a verdade. O caso mais típico era o pecado. O senso de pecado faz parte da cultura católica. O que levei comigo nesse sentido foi reforçado, criou raízes. Você podia até bancar o rebelde, o ateu, mas no fundo havia aquela sensação de pecado — uma verdade que não poderia ser abandonada para tornar as coisas mais fáceis.

Quando esse ano formativo chegou ao fim, Jorge foi passar as férias de verão em casa antes de se matricular na Escuela Nacional de Educación Técnica, com o objetivo de se tornar técnico em química. Feliz, reencontrou os velhos amigos da vizinhança, e logo ficou claro que um relacionamento específico começara a mudar de forma.

Seguindo seu estilo humilde, Jorge Mario Bergoglio se apaixonou pela vizinha. Ela morava quatro casas depois da sua, e foi um romance tão inocente quanto poderia se esperar de um homem que se tornaria papa muitos anos depois. Amalia Damonte e Jorge Bergoglio, ambos filhos de imigrantes piemonteses, cresceram juntos, e, naquele verão, de acordo com as lembranças dela, os dois "brincavam nas calçadas e nos parques do bairro" e logo "começaram a passar todas as nossas tardes juntos". Jorge, recordou ela mais tarde, "sempre gostou de fazer piadas", mas era um "cavalheiro". Mas havia uma complicação. O fato de aquele impactante ano escolar com os salesianos parecer ter coincidido com as primeiras alusões a Jorge sobre o sacerdócio foi revelado de forma um pouco incomum. Em carta a Amalia, ele desenhou uma casa branca com telhado vermelho, explicando que aquela era a casa que compraria quando se casassem. No entanto, para não parecer confiante demais e mostrar que tinha outras opções, Jorge esclareceu: "Se você não casar comigo, viro padre."

Infelizmente, quando os pais horrorizados de Amalia encontraram a carta, a moça levou uma surra por ter "ousado trocar mensagens com um menino". Os Damonte eram católicos tradicionais, com aquilo que a filha descreveria como "bons princípios", os quais ditavam que crianças "ainda eram jovens demais para amar". Mais tarde, Amalia diria: "Nunca mais o vi — meus pais me mantinham longe dele e fizeram todo o possível para nos separar."

Assim, o namoro acabou. E, é claro, Jorge Bergoglio se tornou padre.

No fim do verão, ele começou a se preparar para a escola técnica com o coração partido. Após esse primeiro contato com o amor, Jorge se direcionou com firmeza para uma vida de maiores responsabilidades. Mario informou ao filho que, já que suas aulas iam de duas da tarde às oito da noite, chegara a hora de arrumar um emprego. Conseguira para ele uma vaga de faxineiro na fábrica de meias onde trabalhava, das sete da manhã até uma da tarde. Jorge, obediente, concordou, deixando suas ambições ao sacerdócio de lado. Ele passou os dois anos seguintes limpando a fábrica todos os dias antes da escola; no próximo ano, passou a cuidar de tarefas administrativas, e depois conseguiu emprego num laboratório de química alimentar.

Numa biografia de 2010 intitulada *El Jesuita*, Bergoglio disse aos entrevistadores: "Sou muito grato ao meu pai por me incentivar a trabalhar. Foi uma das melhores coisas que já fiz na vida. No laboratório, em especial, vi o lado bom e o lado ruim da capacidade humana." Foi lá que ele encontrou outra mulher forte que se tornaria um exemplo de vida e teria um impacto considerável na sua forma de encarar o mundo. A morte trágica dela, vários anos depois, também deixou uma marca profunda.

Descrita como "uma chefe extraordinária", Esther Ballestrino de Careaga, de 32 anos, era excepcionalmente brilhante. Nascida no Uruguai, passou a juventude no Paraguai. Depois de terminar seu doutorado em bioquímica, tornou-se uma das fundadoras do primeiro movimento feminista do país, mas suas tendências abertamente comunistas se tornaram perigosas sob o regime militar local, obrigando-a a fugir para a segurança da Argentina em 1947.

No laboratório, ela ensinou a Jorge a dedicação, a paciência e a minúcia necessárias para a realização de experimentos científicos, além da "seriedade do trabalho duro", como ele mesmo descreveu, mas com bom humor e algumas broncas gentis.

A tristeza de Bergoglio pela morte de Ballestrino se conecta com muitos aspectos da vida dele. Não apenas ela lhe ensinou a base de um bom trabalho e da ciência, mas também o educou sobre a política fora da religião. Seguindo o exemplo que recebera de outra mulher forte em sua vida, *nonna* Rosa, ele aceitava as opiniões da chefe sem julgá-las.

Durante os anos que passaram trabalhando juntos no laboratório, Esther lia trechos dos textos do Partido Comunista para Bergoglio, dava-lhe livros para ler. Mais tarde, ele diria que aprender sobre o comunismo "por intermédio de uma pessoa corajosa e honesta foi muito útil. Entendi algumas coisas, aspectos da vida social, que depois encontrei na doutrina social da Igreja". O entusiasmo de Esther estimulou no jovem um interesse por ampliar seus horizontes por meio de outras leituras, e Bergoglio descreveu como "houve uma época em que eu esperava ansiosamente pelo jornal *La Vanguardia*, que não podia ser vendido junto com os outros e nos era entregue por militantes socialistas".

As lembranças carinhosas e felizes de Bergoglio daquela época, todavia, foram marcadas por um fim brutal. Após fugir de uma ditadura militar no Paraguai, Ballestrino sobreviveu a outras três nos 32 anos que passou na Argentina. Mas o quarto golpe, de 1976, se mostraria o mais cruel da história do país. Os críticos mais obstinados começaram a sumir, e logo receberiam a classificação sombria de "Desaparecidos". Após o sequestro e a tortura de sua filha de 16 anos grávida e do genro, Esther se uniu a outros e fundou um grupo de protesto chamado Mães da Praça de Maio. Apesar da proibição de reuniões públicas com mais de três pessoas, as mulheres se encontravam todas as quintas-feiras diante do palácio presidencial na praça de Maio, em Buenos Aires, para exigir informações sobre seus parentes desaparecidos. Seus pedidos eram ignorados.

Apesar da libertação da filha quatro meses depois, em setembro de 1977, Esther continuou a fazer campanha pelas Mães. Porém, sem que elas soubessem, o grupo fora infiltrado por Alfredo Astiz, de 25 anos, um capitão da inteligência naval apelidado de "Anjo Louro da Morte" — graças ao cabelo claro e à disposição assassina — que fingia ser irmão de um rapaz desaparecido. No dia 8 de dezembro de 1977, as Mães da Praça de Maio publicaram um anúncio no jornal com uma lista dos nomes dos filhos "desaparecidos", numa tentativa de pressionar o governo a lhes dar respostas. Sua coragem foi extraordinária, mas esse tipo de rebeldia não era tolerado. Naquela noite, Astiz tomou providências para que Ballestrino, junto com outras duas fundadoras das Mães e duas freiras franciscanas que as apoiavam, fossem sequestradas e levadas para a Escola de Mecânica da Armada, que o governo usava como centro de detenção. Não se sabe por quantos dias as mulheres foram brutalmente torturadas, mas, no dia 20 de dezembro de 1977, o corpo de Esther Ballestrino, junto com o de suas duas amigas, surgiu na praia de Santa Teresita, ao sul de Buenos Aires, carregado pelo mar. As mulheres haviam sido presas no que era chamado de "voo da morte" (mãos e pés atados para garantir que não lutassem ou nadassem), drogadas e jogadas da porta traseira de um avião de carga, bem acima do mar. Esther tinha 59 anos.

Foram quase três décadas para os antropólogos forenses começarem a exumar os corpos daqueles assassinados e enterrados em valas comuns durante a violenta ditadura militar argentina, conhecida como a Guerra Suja (1976-1983). Quando exames de DNA confirmaram a identidade das mulheres, em 2005, a família de Esther pediu permissão ao então cardeal Bergoglio para enterrar seus restos mortais nos jardins da igreja Santa Cruz, porque, como a filha dela lhe explicou, "foi o último lugar que frequentaram como pessoas livres". Já fazia quase trinta anos, mas ele ficou trêmulo e emocionado ao descobrir o destino de sua amiga e mentora.

A última vez em que Bergoglio viu Esther foi numa noite pouco antes de seu desaparecimento. Em entrevista para o jornalista argentino Uki Goni, a filha dela, Ana María, descreveu como a mãe ligou para o velho amigo e pediu que fosse à sua casa, para administrar a extrema-unção a um parente moribundo. Era um pedido estranho, considerando que a família não era religiosa. Ao chegar lá, Bergoglio descobriu que ninguém estava morrendo, mas a família temia que seus telefones tivessem sido grampeados e que sua casa fosse vasculhada. Caso alguém descobrisse suas estantes abarrotadas de livros sobre filosofia e marxismo, seria uma sentença de morte, de modo que pediram ao padre Bergoglio para levá-los embora e guardá-los num lugar seguro. O risco de ser descoberto era enorme, mas ele aceitou.

"ESTAVAM ESPERANDO POR MIM"

Dias longos de trabalho pela manhã e estudos durante a tarde significaram que o tempo na escola técnica passou rápido para Jorge Bergoglio. O menino estudioso se tornara um rapaz extremamente inteligente, que surpreendia os amigos com sua capacidade impressionante de aprender e absorver informações assim que as ouvia. O amigo e colega de classe Hugo Morelli recorda como "sua inteligência realmente invejável era, sem dúvida, superior à nossa. Ele sempre estava muitos passos à nossa frente". Mas nunca foi arrogante, conta Oscar Crespo, outro contemporâneo de Bergoglio: "Ele sempre nos ajudava quando não entendíamos uma matéria; sempre se oferecia para nos explicar."

Talvez, relembrando, a característica de Bergoglio que mais se destacava fosse sua fé profunda e inabalável, que se intensificou durante a época. Um velho amigo o descreveu como "um militante da religião". Na verdade, seu primeiro momento de despertar para Deus aconteceu de repente, enquanto estava a caminho da comemoração do Dia do Estudante na escola.

Era 21 de setembro de 1953, o primeiro dia da primavera. A manhã estava fria e escura, mesmo às nove. Jorge, naquela época com quase 17 anos, passou diante da igreja da família, San José de Flores, e teve uma vontade súbita de se confessar. Mais tarde, quando tentou descrever o momento na biografia que Austen Ivereigh escreveu sobre ele, Bergoglio ainda teve dificuldade para explicar seus sentimentos, mas disse:

Entrei, sentindo que precisava fazer aquilo — foi uma dessas sensações que você não entende. Vi um padre andando, mas não o conhecia, não fazia parte da paróquia. E ele sentou num dos confessionários. Não sei bem o que aconteceu depois; parecia que alguém havia me puxado e me levado ao confessionário. É óbvio que falei sobre minha vida, me confessei, mas não sei o que aconteceu.

Quando terminei, perguntei ao padre de onde era, porque não o conhecia, e ele respondeu: "Sou de Corrientes e estou morando aqui perto, no presbitério. Venho celebrar a missa de vez em quando." Ele tinha câncer — leucemia — e faleceu no ano seguinte.

Naquele instante, eu soube que queria ser padre; tive certeza absoluta. Em vez de sair com meus amigos, fiquei tão abalado que voltei para casa. Depois, segui com a escola e com a minha vida, mas sabia o caminho que iria trilhar.

Naquele momento, Bergoglio se sentiu pego de surpresa. Sim, ele brincara com a ideia, como muitos jovens católicos devotos fazem em algum momento. Mas em outra entrevista, agora com os biógrafos Sergio Rubin e Francesca Ambrogetti, explicou: "Foi a surpresa, o choque de um encontro inesperado. Percebi que estavam esperando por mim. A experiência religiosa é assim: o choque de encontrar alguém que estava esperando por você o tempo todo. Depois disso, para mim, Deus era Aquele que *te primerea* — "pega-o no susto". Você busca por Ele, mas Ele busca por você primeiro. Você quer encontrá-Lo, mas Ele o encontra antes."

Apesar de Bergoglio ter encontrado algo que nem imaginava estar buscando, a magnitude do chamado causou um longo período daquilo que ele próprio chamou de "solidão passiva". Um ano se passou antes que contasse seus planos a outra pessoa. Com o curso técnico quase concluído e seus colegas empolgados com planos de carreira como médicos e cientistas, ele finalmente revelou a Óscar Crespo, com quem trabalhava no laboratório, o que pretendia fazer: "Vou terminar meus estudos com vocês, mas não trabalharei como químico. Serei padre. Mas não vou ser padre numa basílica. Quero ser um jesuíta, para andar pelas vizinhanças, pelas *villas*, estar com as pessoas."

A Companhia de Jesus, ou os jesuítas, como são mais conhecidos, foi fundada por Inácio de Loyola, em 1534, e é atualmente a maior ordem religiosa masculina da Igreja Católica. Seus membros, com frequência considerados soldados ou guerreiros de Deus, fazem votos solenes de pobreza, obediência e castidade totais, dedicando-se à propagação da fé ao pregar e ministrar a palavra de Deus e por meio de trabalhos de caridade, especialmente ensinando jovens sem instrução e dando auxílio espiritual para suas almas. Apesar de serem conhecidos por seu evangelismo e obediência, o compromisso dos jesuítas com a justiça social recentemente os posicionou com firmeza na ala liberal da Igreja, e seus membros muitas vezes expressam opiniões mais rebeldes do que o esperado por sua história.

Esse desejo de se dedicar à justiça social, junto com sua forte consciência política, fez com que Bergoglio tivesse muito o que contemplar. Ele tinha 17 anos, e seus pensamentos, como o próprio explicou, "não estavam focados apenas em questões religiosas. Eu também tinha preocupações políticas. Tinha uma inquietação política". Nos últimos anos do segundo mandato de Perón (1951-1955), a Argentina sofria uma crise econômica progressiva, que Austen Ivereigh alega ter deixado Perón "na defensiva e paranoico", acabando por "cair na loucura autoritária que costuma afligir governos populistas-nacionalistas na América Latina, de direita ou esquerda". O relacionamento entre a Igreja e o Estado se deteriorou, e o Vaticano se tornou mais categórico em sua oposição a Perón, instigando mais envolvimento político do que nunca.

No dia 10 de novembro de 1954, após a criação do Partido Democrata Cristão em julho do mesmo ano, as tensões se intensificaram quando Perón lançou um duro ataque contra as interferências da Igreja sobre os sindicatos trabalhistas e na política. Vários padres classificados como subversivos acabaram presos, e o governo começou a criar leis "com o objetivo de limitar a Igreja e menosprezar suas preocupações morais, legalizando o divórcio e a prostituição, banindo aulas de religião das escolas e abolindo as isenções de imposto para instituições religiosas". Os católicos ficaram indignados, e Jorge Bergoglio, assim como *nonna* Rosa antes dele, resolveu se juntar à Ação Católica e defender a posição da Igreja na sociedade argentina. Após a lei de Perón que proibia aulas e ícones religiosos nas escolas públicas entrar em vigor, em abril de 1955, e a expulsão de dois padres críticos do seu governo para Roma, os ânimos se afloraram, e o povo foi às ruas. No dia 11 de junho, a tradicional procissão de Corpus Christi se tornou um espetáculo rebelde de protestos, contando com a presença de 250 mil pessoas, incluindo Bergoglio, caminhando em silêncio atrás das bandeiras do papa e da Argentina.

O Vaticano excomungou Perón em 16 de junho, e os partidários do governo fizeram protestos na praça de Maio para denunciar a suposta queima da bandeira nacional durante a procissão de Corpus Christi, cinco dias antes. Enquanto a Igreja e o Estado brigavam publicamente pelas ruas e em decretos oficiais, o Exército fez uma tentativa de golpe frustrada, e seus bombardeios mataram 364 civis, ferindo mais de oitocentos. Perón sobreviveu, e seus aliados revidaram ao incendiarem 16 igrejas pela cidade. Os militares bateram em retirada para lamber as feridas antes de se reagruparem sob a liderança do general Eduardo Lonardi, um católico devoto, que conseguiu depor Perón três meses depois, na Revolución Libertadora. Nos dois meses seguintes, Perón e seus partidários foram forçados ao exílio, e a ordem foi restaurada.

Engajado na confusão política da época, Bergoglio deixou seus planos de sacerdócio de lado e expressou interesse em seguir carreira médica, para a alegria dos pais. Regina, em especial, ficou empolgadíssima com a ideia de ter um médico na família e, após a formatura do filho, em 1955, esvaziou o sótão para dar a ele um lugar tranquilo para trabalhar. Achando que as horas que Jorge passava lá em cima fossem dedicadas a questões relacionadas à medicina, ela ficou chocada ao descobrir que a maioria de seus livros estava escrita em latim e que todos tratavam de teologia.

Ao ser confrontado com a surpresa da mãe — "Você disse que estava estudando medicina" —, Bergoglio apenas respondeu: "Não menti. Estou estudando medicina, mas a medicina da alma." Essa resposta não serviu para aliviar os medos de Regina, que insistiu que o filho continuasse na faculdade e se formasse antes de tomar uma decisão sobre o futuro. Mais tarde, Bergoglio lembraria: "Como percebi a direção que aquele conflito tomaria, fui conversar com o padre Pozzoli e lhe contei tudo. Ele analisou minha vocação. Disse que eu deveria rezar, deixar tudo nas mãos de Deus, e me deu a benção de Nossa Senhora do Perpétuo Socorro." Jorge pensou no conselho do padre e decidiu debater o assunto com Mario. "Eu sabia que meu pai me entenderia melhor. Sua mãe era muito religiosa e um exemplo de vida, e ele herdara essa religiosidade, essa firmeza, assim como a grande dor de perder suas raízes", contou. As intenções de Bergoglio eram sinceras, mas aquele também era um gesto tático. Sabendo muito bem que os pais pediriam conselho ao seu padre — que batizara o filho mais velho 19 anos antes —, ele esperou até o dia do vigésimo aniversário de casamento dos dois, quando a família daria uma festa depois da missa comemorativa que Dom Enrico Pozzoli celebraria em homenagem ao casal. "Podemos conversar com o padre Pozzoli", sugeriu Mario. Bergoglio conta: "E eu, esforçando-me ao máximo para me manter sério, concordei. Ainda me lembro da cena. Era 12 de dezembro de 1955."

Quando alguém finalmente tocou no assunto do seu desejo de entrar para o seminário, Dom Enrico tratou a questão com sensibilidade: "O padre Pozzoli disse que sim, seria bom ter um diploma universitário, mas é preciso seguir os planos de Deus. Começou a falar sobre diferentes vocações, sem tomar partido, até chegar à sua. Contou como um padre sugerira que ele entrasse para o sacerdócio e como, em poucos anos, se tornara subdiácono, depois diácono e padre. Bem, nessa altura do campeonato, meus pais já haviam amolecido. É claro que o padre Pozzoli não lhes disse para me mandar para o seminário nem exigiu uma decisão. Apenas mostrou que deveriam ser menos rígidos com a ideia, coisa que os dois fizeram. O restante aconteceu naturalmente. Isso era típico dele."

* * *

Regina, no entanto, concordou com relutância. Ela achava que tudo estava acontecendo rápido demais, e que uma decisão daquela magnitude exigia mais tempo e reflexão. Depois, Bergoglio admitiria que a mãe ficou "extremamente chateada" por seu filho mais velho abandonar a família, considerando-se "roubada". Ela se incomodou tanto que se "recusou" a acompanhá-lo no primeiro dia no seminário San Miguel, em março do ano seguinte.

É interessante observar que, em todas as entrevistas que Jorge Bergoglio deu ao longo da vida, ele adora contar a biógrafos e jornalistas histórias sobre sua boa e amorosa avó Rosa, que, ao ficar sabendo da novidade, exclamou com alegria: "Bem, se Deus lhe chamou, abençoado seja!" Sempre fala com muito respeito e gratidão de sua corajosa e entusiasmada mentora, Esther: "Eu a amava muito." Mas não há relatos equivalentes sobre sua mãe. A falta de apoio dela no momento mais importante de sua vida lançou uma sombra sobre o que deveria ter sido um anúncio alegre, especialmente porque o ressentimento não foi embora depois que ele começou a vida no seminário.

Passaram-se quatro longos anos antes de Regina visitar o filho, que então já era noviço jesuíta em Córdoba, Argentina, a cidade colonial espanhola a setecentos quilômetros de Buenos Aires. Bergoglio só sentiria ter recebido a total aprovação da mãe quando ela se ajoelhou diante dele e pediu por sua benção logo após sua ordenação como padre, em 13 de dezembro de 1969. Fazia 14 anos e um dia desde a conversa com o padre Pozzoli.

A ENTRADA NA COMPANHIA DE JESUS

A vida no Seminário Diocesano de Villa Devoto, em San Miguel, era ótima para Bergoglio. Seus amigos lhe deram o apelido carinhoso de El Gringo, devido à sua aparência pouco latina, e o descreviam como "um cara normal, de bem com a vida". Mais uma vez, ele se destacou nas aulas e impressionou os colegas de classe com sua inteligência e dedicação para aprender. Seus dias eram preenchidos com uma série de atividades, que iam de aulas a missas, orações em grupo e momentos de lazer que basicamente se resumiam a futebol.

É fácil criar a imagem de um rapaz que finalmente encontrara sua vocação e estava contente com a decisão de se tornar padre. Mas, numa entrevista concedida em 2010 ao rabino Abraham Skorka para o livro *Sobre o céu e a terra*, ele admitiu que essa nem sempre foi uma escolha simples. Bergoglio era um jovem que cogitava seguir um estilo de vida que exigia que abrisse mão de todas as formas de interação física, num momento em que seria natural começar a explorá-las: "Somos tão fracos que sempre existe a tentação de sermos contraditórios. É normal querer um pouco de tudo. As pessoas querem as vantagens da vida religiosa *e* da vida secular. Antes de entrar no seminário, eu estava nesse caminho."

Ele também começou tarde, por assim dizer, entrando no seminário apenas aos 21 anos, e admitiu que sua determinação sofreu fortes desafios em certos momentos: "Quando eu era seminarista, encantei-me por uma moça no casamento do meu tio. Fiquei fascinado com sua beleza, com a clareza de seu intelecto e, bem, pensei no assunto por um tempo. Depois da festa, quando voltei ao seminário, passei uma semana inteira sem conseguir rezar porque, quando me preparava para isso, a mulher aparecia na minha cabeça. Tive que refletir sobre o que estava fazendo ali. Eu ainda era livre, porque era apenas seminarista, e podia muito bem ter voltado para casa e dito *adeus*. Precisei refletir mais uma vez sobre minha escolha. E, mais uma vez, escolhi — ou me permiti ser escolhido — pelo caminho religioso. Seria estranho se esse tipo de coisa não acontecesse. Quando acontece, porém, você precisa redescobrir seu lugar."

Depois de começar o segundo ano, todavia, Bergoglio já tomara sua decisão, explicando que "quando você cultiva a escolha pela vida religiosa, encontra forças para seguir nessa direção". Impulsionado pela convicção de que escolhera o caminho certo, também cumpriu a promessa que fizera a Oscar Crespo no laboratório, quatro anos antes, e se inscreveu na Companhia de Jesus. Mais tarde, quando perguntado por que se tornara um padre jesuíta, Bergoglio explicou: "Para dizer a verdade, eu não sabia que rumo seguir. O que estava claro era minha vocação religiosa. No fim, entrei para a Companhia de Jesus porque fiquei atraído por sua posição, para colocar as coisas em termos militares, no front da Igreja, fundamentada na obediência e na disciplina. E também por seu foco em trabalhos missionários."

Em agosto de 1957, antes de se juntar aos jesuítas, Bergoglio sofreu uma infecção. Delirante de febre e com dificuldade para respirar, levaram-no às pressas para o hospital. Os médicos diagnosticaram uma pneumonia grave e imediatamente o operaram para remover três cistos no pulmão e a parte superior do pulmão direito. Dois dos seminaristas que o acompanharam lhe doaram sangue em transfusões diretas. O reitor do seminário, padre Humberto Bellone, ficou ao seu lado o tempo todo e depois lembraria: "Quando ele adoeceu, ficou tão mal que achei que fosse morrer."

Felizmente, a cirurgia foi um sucesso. Após passar vários dias recebendo oxigênio, um tubo foi inserido no peito de Bergoglio — não se esqueça de que o ano era 1957 —, e "todos os dias uma solução salina era inserida no seu corpo para limpar a pleura e facilitar a cicatrização". Era um sofrimento. Amigos e parentes o visitavam todos os dias, oferecendo as garantias de sempre sobre como ele se recuperaria logo e como tudo seria maravilhoso quando voltasse para casa, mas nada amenizava sua dor. Até que, um dia, a irmã Dolores, a freira que o preparara para sua primeira comunhão, "disse algo que realmente me marcou e me trouxe paz: 'Você está imitando Cristo'".

Essas palavras lhe deram uma nova perspectiva sobre a dor, a vida e a fé. Anos depois, Bergoglio explicou que "a dor em si não é uma virtude, mas a maneira como você a tolera pode ser virtuosa. A vocação de nossa vida é nos sentirmos realizados e felizes, e a dor limita essa busca. Qualquer tentativa de aguentar a dor trará apenas resultados parciais se a tentativa não for baseada na transcendência. É um presente compreender e conseguir conviver de verdade com a dor. Mais do que isso: viver uma vida realizada é um presente".

Abençoado com esses "presentes" e mais determinado do que nunca, Jorge Mario Bergoglio entrou para a Companhia de Jesus no dia 11 de março de 1958.

Tradicionalmente, são necessários 15 anos para alguém se tornar jesuíta. Bergoglio completou o processo em 13: "Dois anos de noviciado, um de juniorado (formação de nível universitário na área de ciências humanas), três de filosofia, três lecionando, três de teologia e um de terceira provação." Como membro de uma ordem conhecida por seu zelo missionário e presença global, que requer que os escolásticos se mudem para outros lugares durante os estudos, Bergoglio se destacava por nunca ter gostado muito de viajar. Assumidamente "caseiro", confessou: "Amo meu lar, amo Buenos Aires. Depois de um tempo [no exterior], eu sempre queria voltar." Com exceção do juniorado, feito no Chile, e da terceira provação, concluída na Espanha, ele passou o restante do treinamento, ou "formação", nas cidades argentinas de Córdoba, Santa Fé e Buenos Aires.

Bergoglio foi considerado pronto para fazer os votos jesuítas de pobreza, castidade e obediência no dia 12 de março de 1960. Na época, fora transferido para a Casa Loyola, a escola jesuíta nos arredores de Santiago, a capital chilena, onde passou um ano completando seu juniorado. A estrutura era menos rígida do que fora nos seus dois anos de noviciado, e o terreno onde ficava a Casa Loyola tinha uma paisagem opulenta, cercado por enormes pomares antigos, plantações, vinhedos e hortas. Mas a vida dos jovens escolásticos permanecia simples e monástica, obedecendo a seus votos. Os quartos eram simples, jornais e rádio eram proibidos, e banhos de água quente só eram permitidos duas vezes por semana. No entanto, era incentivado que ouvissem música clássica, e a bela paisagem oferecia inúmeras oportunidades para relaxar no ar fresco da montanha. Bergoglio, que ainda não havia se recuperado completamente da operação nos pulmões, não conseguia participar de competições esportivas nem fazer caminhadas ou acampar, mas adorava nadar nos rios e nos lagos próximos durante os breves períodos de tempo livre que tinha.

Seus dias eram cheios. Depois de acordar às seis da manhã, os escolásticos passavam uma hora em oração meditativa, seguida pela missa às sete e meia, café da manhã às oito e trabalhos domésticos até o começo das aulas, às nove. Concentrando-se principalmente num estudo intenso de ciências humanas, elas duravam até uma da tarde, quando tinham um intervalo para o almoço — no geral, as refeições eram feitas em silêncio; todos serviam o próprio prato e lavavam a própria louça. As aulas recomeçavam às duas e meia e só terminavam às oito da noite. A reputação de Bergoglio como um rapaz tranquilo, intelectual e atencioso permaneceu igual, mas, para ele, a maior recompensa vinha nos fins de semana, quando ia com os colegas até os vilarejos vizinhos para ensinar e ajudar os pobres. Já tendo citado seu desejo de "andar pelas vizinhanças, pelas *villas*, estar com as pessoas" quando discutira sua vocação com Óscar Crespo, Bergoglio ficava extremamente comovido com a pobreza do povo chileno. Em carta para a irmã de 11 anos, María Elena, no dia 5 de maio de 1960, escreveu:

> *Os meninos e as meninas são muito pobres, alguns chegam a vir descalços para a escola, quase nunca têm o que comer, e no inverno sentem frio. Você não sabe como é viver assim, porque nunca lhe faltou comida e, quando está com frio, basta sentar diante do aquecedor. Mas, enquanto você vive feliz, muitas crianças choram. Quando você senta à mesa, muitos não têm nada além de um pedaço de pão para comer. Quando chove e o tempo esfria, seus barracos têm paredes finas, e eles não têm nada com que se cobrir.*

Esse tipo de pobreza era chocante para Bergoglio, então com 23 anos, que nunca saíra de Buenos Aires, e a experiência só serviu para aumentar seu desejo de dedicar a vida à justiça social.

Após completar seu ano de juniorado, em março de 1961, ele voltou para a Argentina e começou a estudar filosofia no prestigioso Colegio Máximo de San José, em San Miguel, uma cidade ao noroeste da província de Buenos Aires. Na sua ausência, o período de três anos do governo esquerdista de Arturo Frondizi, eleito democraticamente, começava a dar sinais de problemas. A contínua repressão do peronismo, junto com o sequestro do fugitivo nazista Adolf Eichmann no país, em maio de 1960, causou a aparição de grupos de guerrilha direitistas ligados a outros nazistas exilados, que começaram um movimento de violência antissemita e bombardeios por toda a Argentina.

Para Bergoglio, contudo, os problemas políticos eram insignificantes diante do turbilhão pelo qual passaria sua vida pessoal. No dia 24 de setembro de 1961, seu pai, Mario Bergoglio, assistia a um jogo do seu amado San Lorenzo no estádio, em Flores, com o filho mais novo, Alberto, quando sofreu um ataque cardíaco e faleceu. Ele tinha só 51 anos. Apesar de todo o seu treinamento, Jorge Bergoglio se viu completamente incapaz de lidar com a tristeza e a perda. Em carta enviada ao padre Cayetano Bruno 29 anos depois, descreveu um momento de grande vergonha que carregou por toda a vida: "O padre Pozzoli foi ao funeral e queria tirar uma foto de papai com os cinco filhos. Fiquei envergonhado e, com todo o esnobe orgulho de um rapaz, não deixei que isso acontecesse. Acho que o padre Pozzoli percebeu minha resistência, mas não disse nada."

O desconforto dessa ocasião foi agravado por uma tragédia pouco menos de um mês depois, quando o próprio padre Pozzoli faleceu. Agora, Bergoglio também perdera seu pai espiritual. O homem que o batizara, que escutara suas confissões, que apoiara e ajudara a realizar seu desejo de seguir o sacerdócio. Mais uma vez, ele ficou sem chão. Quando ficou sabendo que Pozzoli estava internado, muito doente, foi visitá-lo, mas o encontrou dormindo: "Eu não quis acordá-lo (no fundo, sentia-me mal e não sabia o que dizer). Saí do quarto e parei para conversar com um padre que estava ali. Depois de um tempo, outro padre saiu do quarto, disse-me que o padre Pozzoli havia acordado, que lhe contaram da minha visita, e ele pedira que eu entrasse se ainda estivesse no hospital. Pedi que dissessem que eu já havia ido embora. Não sei o que aconteceu, se fiquei tímido ou... Eu tinha 25 anos e já estava no primeiro ano de filosofia, mas garanto que, se pudesse voltar no tempo e mudar as coisas, eu o faria. Quantas vezes me senti culpado e triste por essa 'mentira' para o padre Pozzoli enquanto ele morria! Há momentos na vida (talvez muitos) que gostaríamos de poder repetir e agir de forma diferente."

MUDANDO A IGREJA

A força que Bergoglio descobrira durante sua própria doença foi de grande ajuda quando a culpa e a vergonha o assolavam. Essas perdas foram devastadoras, mas ele conseguiu seguir em frente e concluir os estudos em filosofia em 1963. Assim como o restante do mundo, a Igreja Católica também passava por um período de mudanças sociais. No ano anterior, o papa João XXIII (1958-1963) convocara o Segundo

Concílio Ecumênico da Igreja Católica (Vaticano II) para discutir o futuro da Igreja no mundo moderno. Descrito pelo historiador John W. O'Malley, padre jesuíta, como "o evento religioso mais importante do século XX", ele havia deixado claras as crescentes diferenças entre os que queriam uma reforma e os que se opunham a ela com fervor. Para os jovens seminaristas que desejavam fazer a diferença no mundo, como Bergoglio, aquela era uma época extremamente emocionante.

Em quatro sessões do concílio ao longo de três anos, mais de 2.800 bispos do mundo todo foram a Roma. O grupo argentino era o décimo maior. A Igreja Católica da Argentina permanecia leal aos ensinamentos do Vaticano e lutava intensamente contra quaisquer tentativas de separar Igreja e Estado que prejudicassem sua posição na sociedade. Bergoglio e seus colegas de classe, de acordo com o amigo Fernando Montes, estavam firmemente "do lado daqueles que desejavam uma Igreja mais aberta, que não resistisse ao mundo". Essa visão, e também análises filosóficas, dominaram suas conversas durante os três anos de deliberações do concílio.

Em 1964, Bergoglio, então com 28 anos, solicitou ao padre Pedro Arrupe, o primeiro missionário jesuíta no Japão, que vivia em Hiroshima quando a primeira bomba atômica foi jogada, em agosto de 1945, para completar a fase do magistério de sua formação numa missão japonesa. Mas foi reprovado por conta do seu problema nos pulmões e acabou sendo enviado para o Colegio de la Inmaculada Concepción, em Santa Fé, para dar aulas de literatura, arte e psicologia. Era um trabalho que destoava de seu trabalho humanitário no Chile — aquele era um internato caro para crianças de famílias ricas, desejosas de que a prole seguisse os passos dos ilustres ex-alunos da instituição.

A formação científica de Bergoglio, entretanto, não se mostrou obstáculo para que lecionasse artes, e a rotina rigorosa das instituições jesuítas combinava com a natureza metódica dele. No seu primeiro ano na escola, deu aulas de literatura espanhola para os pupilos, e no ano seguinte focou nas obras argentinas. Dando mais ênfase à literatura gauchesca, introduziu a classe a um dos seus poemas favoritos, *Martín Fierro*, o épico escrito por José Hernández em 1872 — uma saga comparada por muitos com *Dom Quixote* e *A divina comédia* —, e até organizou uma visita e uma palestra do lendário autor Jorge Luis Borges para falar sobre a importância desse movimento na literatura. Os estudantes ficavam fascinados com suas aulas variadas e envolventes. Como Germán de Carolis, um ex-aluno, lembrou: "[Bergoglio] tinha uma personalidade séria, mas era jovial e tinha senso de humor. Sabia se impor, era respeitado e popular com os alunos. Tinha muito conhecimento sobre as matérias que ensinava, e suas aulas de literatura nos deixavam fascinados. Era nítido que ele gostava de lecionar e que estava totalmente convicto de sua vocação sacerdotal. Seria impossível duvidar disso."

No dia 8 de dezembro de 1965, os sinos da Basílica de São Pedro anunciaram o fim do Segundo Concílio do Vaticano e o começo de uma nova era de mudanças na Igreja Católica. Durante três anos de intensos debates, o mundo também tinha mudado: 17 golpes derrubaram governos em países em desenvolvimento no mundo todo; as tensões da Guerra Fria haviam se amenizado um pouco depois da crise dos mísseis de Cuba, em 1962; a intensa batalha por direitos civis e progresso social nos Estados Unidos levara ao famoso discurso "Eu tenho um sonho", de Martin Luther King Jr., em 1963, e aos assassinatos do presidente John F. Kennedy (1963) e de Malcolm X (1965); no fim de 1965, a guerra do Vietnã rapidamente se agravou após a mobilização de duzentos mil soldados americanos.

A sociedade como um todo estava desesperada por mudanças. Numa série de 16 documentos publicados, o Vaticano respondeu a esses apelos, baixando a ponte levadiça e abrindo a Igreja não só para os fiéis, mas também para o restante do mundo e outras religiões. Aquela tentativa de humanizar a Igreja seria um divisor de águas.

As missas se tornariam mais inclusivas, substituindo a arcaica liturgia em latim pelo louvor nos respectivos idiomas nativos. Referências antissemitas foram removidas dos escritos católicos; a condenação do ateísmo, antes tão fervorosa, foi atenuada; e se condenou a discriminação em todas as formas "contra os homens, além de qualquer tormento em nome de raça, cor de pele, condição de vida ou religião". Enquanto a infalibilidade papal não seria abolida de forma alguma, a colegialidade também foi enfatizada, o que significava que os bispos, até aqueles de países em desenvolvimento, agora participariam mais do processo de tomada de decisões, diluindo os poderes antes formidáveis da Cúria Romana. Porém, mais importante para Bergoglio e outros católicos da América Latina era o foco na justiça social e na paz. Havia a proeminência de um desejo, como expressado pelo papa João XXIII na abertura do concílio, de fazer com que a instituição como um todo voltasse a ser uma "Igreja para os pobres".

Era uma mensagem clara de reforma, mas os problemas surgiram quando reformistas e conservadores, que passaram três anos lutando entre si, escolheram interpretar as resoluções do concílio de formas extremamente diferentes. A interpretação radical mais notável do Vaticano II ocorreu na América Latina, onde os bispos que retornavam da Itália começaram a reavaliar como ajudariam pobres e marginalizados do continente. Na Argentina, os padres que haviam ido para as chamadas *villas miserias* — literalmente, vilarejos da miséria — para lutar contra a pobreza e proteger os direitos dos pobres nas comunidades se uniram para formar o Movimento de Sacerdotes para o Terceiro Mundo (MSTM).

Graças ao seu apoio à população menos favorecida e aos direitos dos trabalhadores, o movimento acabou desenvolvendo relações próximas com os sindicatos, que tinham posições políticas predominantemente peronistas e socialistas, mas ainda eram desorganizados, e sua mensagem permaneceu confusa até que Rubem Alves, teólogo brasileiro, publicou, em 1968, sua notória tese intitulada *Towards a Theology of Liberation*,[1] unindo os esforços do MSTM com os dos movimentos pelo continente sob um ideal: a teologia da libertação.

Apesar de não apoiar diretamente o MSTM, o Conselho Episcopal Latino-Americano (Celam) concordava com muitas das teorias apresentadas pelo movimento durante o encontro em Medellín, na Colômbia, em 1968, para discutir a interpretação do Vaticano II que seria seguida pelo continente. No entanto, numa época em que revoluções e revoltas explodiam pelo mundo e a ameaça do comunismo ainda assombrava as mentes das democracias ocidentais, as sugestões marxistas da teologia da libertação eram consideradas perigosas para a Igreja como instituição. Como consequência, as conclusões alcançadas em Medellín faziam alertas enfáticos contra sistemas marxistas e

---

[1] "Seguindo para a teologia da libertação", em tradução livre. No Brasil, foi publicada em 1987, sob o título *Da esperança*. [N. da T.]

liberalistas que se opunham à dignidade humana e, citando as palavras do papa Paulo VI, denunciavam revoluções violentas que "arriscam o surgimento de novas injustiças, a introdução de novas desigualdades e a ocorrência de novos desastres. As situações maléficas, pois certamente são causadas pelo mal, não podem ser encaradas de forma que criem resultados ainda piores".

Não obstante suas intenções unificadoras, as reformas do Vaticano II não conseguiram diminuir as diferenças entre os padres do povo e o alto escalão da Igreja. De acordo com Paul Vallely, antes da reunião do Celam, "1.500 padres do Movimento de Sacerdotes para o Terceiro Mundo assinaram uma carta para Paulo VI em que condenavam a 'violência da alta classe' e a 'violência do Estado' como o primeiro ato de agressão. Diante disso, argumentavam eles, a violência dos pobres era uma reação compreensível". Os bispos argentinos, tendo sofrido outro golpe militar em 1966 e reconhecendo que muitos na Igreja haviam sido "seduzidos pelo marxismo", emitiram sua própria interpretação do Celam na Declaração de San Miguel, em 1969, reforçando a condenação do marxismo, do protesto social e dos desafios contra a autoridade, mas promovendo a ideia de que as pessoas deveriam ser agentes ativos da própria história, declarando que "a atividade da Igreja não apenas deve ser orientada para as pessoas, mas também *vir* delas".

Essa declaração teve um impacto tão profundo no futuro padre que Bergoglio continuaria a se referir a ela durante toda a sua vida espiritual, como nesta declaração de 2010. Com o tempo, ele a usaria como a base de sua postura papal: "A opção pelos pobres vem dos primeiros séculos do cristianismo. Está no Evangelho. Ao ler os sermões dos primeiros padres da Igreja, dos séculos II e III, sobre como devemos tratar os pobres, alguém diria se tratar de escritos maoistas ou trotskistas. A Igreja sempre teve a honra de dar preferência aos pobres. Os pobres sempre foram considerados nosso tesouro. No Segundo Concílio do Vaticano, a Igreja foi redefinida como o Povo de Deus, e essa ideia realmente foi aplicada a partir da segunda conferência de bispos latino-americanos em Medellín."

UMA VOCAÇÃO REALIZADA

No dia 13 de dezembro de 1969, cinco dias antes do seu aniversário de 33 anos, diante da mãe, da avó Rosa e de seus irmãos, Bergoglio entrou na capela do Colegio Máximo e foi ordenado pelo arcebispo Ramón José Castellano.

O ano marcara o começo de um período de violência sangrenta na Argentina, que acabaria se intensificando no conflito civil brutalmente opressivo e homicida conhecido como a Guerra Suja (1976-1983). A instabilidade após o golpe de 1966 resultara em rebeliões civis e protestos em massa, conhecidos como os levantes de Rosariazo e Cordobazo, entre maio e setembro de 1969. Catorze alunos e manifestantes foram mortos pela polícia, resultando no surgimento de novos grupos esquerdistas de guerrilha que eventualmente conseguiriam levar Juan Perón de volta ao poder após vinte anos no exílio.

Enquanto as fronteiras entre religião, política e violência se tornavam cada vez mais difusas — e com 10% do clero argentino oficialmente apoiando o peronismo e a teologia da libertação, além de muitos outros simpatizantes da causas —, Bergoglio encontrou um país muito diferente ao retornar de sua terceira provação na Universidad de Alcalá de Henares, na Espanha. Em 11 de março de 1973, ocorreram as primeiras eleições nacionais em dez anos, e o povo elegeu como presidente Héctor José Cámpora, ex-dentista e representante oficial do exilado Juan Perón, desagradando a junta militar.

Enquanto os boatos sobre o retorno de Perón eram emocionantes para o eleitorado, Jorge Mario Bergoglio se concentrava em palavras diferentes: seus últimos votos como jesuíta. No dia 22 de abril de 1973, foi convidado para, publicamente, prometer obediência ao pontífice soberano antes de fazer seus votos simples numa capela lateral da igreja do Colegio Máximo de San José. As próximas cinco promessas que Bergoglio fez foram: nunca mudar as determinações jesuítas sobre pobreza, exceto para torná-las "mais rígidas"; nunca "almejar nem ter a ambição" de conquistar qualquer cargo alto na Igreja; nunca almejar nem ter a ambição de conquistar qualquer cargo alto entre os jesuítas; "comunicar o nome" para a Companhia de Jesus de qualquer pessoa que descubra estar almejando esses cargos; jurar obedecer ao superior geral dos jesuítas caso ele algum dia se torne bispo.

Apesar de não saberem a grandeza do que estava por vir, os anos de sua formação deixaram os superiores de Jorge Bergoglio impressionados. Antes mesmo de ele proclamar seus últimos votos, sua trajetória rumo à liderança dentro da ordem já era acelerada, sendo nomeado mestre dos noviços após seu retorno da Espanha, seguido por um curto período como reitor do Colegio Máximo. Mesmo assim, muitos ainda ficaram surpresos quando, no dia 31 de julho de 1973, Bergoglio foi nomeado superior provincial, chefe de todos os jesuítas na Argentina. Aos 36 anos, ele era a pessoa mais jovem a ocupar o cargo — uma promoção que o próprio depois descreveria como "loucura", considerando sua idade.

Sucedendo o homem que o nomeara mestre dos noviços, o padre Ricardo O'Farrell, Bergoglio assumiu o papel de superior provincial numa época de grande crise entre os jesuítas. Sob o comando de O'Farrell, a quantidade de rapazes a entrar e permanecer na ordem despencara; os que ficavam refletiam as conhecidas divisões da Igreja entre opiniões reformistas e conservadoras. O sucessor óbvio de O'Farrell, o padre Luis Escribano, falecera num acidente de carro, então o novo chefe de Bergoglio, o superior geral padre Pedro Arrupe, líder da Companhia de Jesus, o viu como único homem com potencial para satisfazer as facções conflitantes. Ele recebeu o desafio quase impossível de exercer os papéis de pacificador, recrutador e político.

O RETORNO DO FILHO PRÓDIGO

Não eram apenas os jesuítas e a Igreja que tinham dificuldades para chegar a acordos e a uma paz unificada. A Argentina estava, mais uma vez, em crise.

Em que pese a euforia causada pela eleição de março de 1973, as tensões não haviam diminuído. Nos 18 anos desde que Perón fugira para a Espanha comandada por Franco, seus seguidores se dividiram em grupos de oposição de esquerda e de direita, ambos reivindicando a mensagem dele. Quando foi anunciado que Juan Perón e sua terceira esposa, María Estela — conhecida como Isabel —, enfim voltariam, surgiu a esperança de que ele mais uma vez uniria o país e colocaria um fim na violência. No dia 20 de junho, estima-se que três milhões e meio de pessoas se reuniram no aeroporto de Buenos Aires para receber o líder de 77 anos, mas membros armados do esquadrão da morte direitista Alianza Anticomunista Argentina — conhecido como Triple A — abriram fogo contra a multidão, matando 13 pessoas e ferindo 365.

O Massacre de Ezeiza marcou o início de um dos períodos mais violentos da história da Argentina. As ruas de Buenos Aires logo se tornaram palco do conflito entre militares e facções de guerrilha de esquerda e de direita na luta pelo poder. Após a renúncia de Cámpora, em julho de 1973, Perón foi reeleito presidente e assumiu o governo no dia 12 de outubro, com Isabel como vice. Mas ele não teve êxito em unir o país. Grupos direitistas dominavam a cidade enquanto os militares tentavam eliminar a oposição esquerdista, obrigando os grupos de guerrilha a procurar esconderijo.

Pouco depois de voltar ao país, Perón sofreu um ataque cardíaco e faleceu no dia 1º de julho de 1974, e Isabel, de 43 anos, assumiu a presidência. Ela estava completamente despreparada para a tarefa, e seu governo se mostrou um desastre do início ao fim. O secretário pessoal e, pior ainda, ministro do Bem-Estar Social de Perón, José López Rega, passou a ser seu conselheiro e influenciador, usando sua posição para assegurar que o Triple A, o esquadrão da morte que fundara, continuasse com suas ações, colaborando com os militares nos assassinatos de quase trezentas pessoas com o aval do governo, incluindo o do padre Carlos Mugica, partidário da teologia da libertação.

No primeiro ano dos seis que passou como superior, Bergoglio tentava desesperadamente convencer os jesuítas argentinos a não entrar no conflito e a abandonar "contradições intereclesiásticas inúteis" em favor da "verdadeira estratégia apostólica". Mas a política já havia se infiltrado nos jesuítas. E como poderia ser diferente? O trabalho como missionários os deixava cara a cara com a pobreza de inocentes presos no fogo cruzado entre a corrupção e a violência; na opinião deles, estavam seguindo os preceitos do Vaticano II. No entanto, quase dez anos depois do concílio, sua mensagem ainda produzia interpretações bem diferentes. O superior geral, padre Arrupe, também acreditava estar seguindo as diretrizes do concílio para apoiar a separação entre Estado e Igreja quando instruiu Bergoglio a despolitizar os jesuítas e conduzir "uma limpeza vasta de estudantes esquerdistas e professores radicais, entre eles vários jesuítas que haviam tomado o controle da Universidad del Salvador, em Buenos Aires".

O gesto tornou Bergoglio extremamente impopular entre muitos jesuítas, ainda mais porque professores e diretores substitutos faziam parte do grupo de militantes católicos antimarxistas Guardia de Hierro [Guarda de Ferro], leal ao peronismo. Bergoglio os conhecera no começo dos anos 1970, quando era mestre dos noviços e reitor do Colegio Máximo, mas, apesar de suas garantias de que esses homens administrariam a universidade de acordo com os princípios jesuítas, sua posição foi interpretada como uma traição política, e muitos nunca o perdoariam. Sua intenção era realinhar os jesuítas com os ensinamentos de Inácio e as conclusões da conferência do Celam, mas suas ações durante o mandato como superior foram interpretadas de maneira contrária, e ele passou anos sendo rotulado como um ferrenho conservador.

O MAIOR DE TODOS OS GOLPES

O governo desastroso de Isabel Perón chegou ao fim em 24 de março de 1976, quando uma junta militar liderada pelo general Jorge Videla, pelo almirante Emilio Massera e pelo comandante Orlando Ramón Agosti tomou o controle da Argentina.

Com a economia do país em frangalhos, muitos viram com bons olhos a intervenção militar, que, como observa Jimmy Burns na biografia *Francis: Pope of Good Promise* [Francisco: um papa de boas promessas, em tradução livre], foi comparativamente "sem vítimas, serena e executada de forma rápida, com a maioria da população suspirando de alívio com o fim do governo peronista".

A despeito de logo surgirem boatos sobre os muitos "desaparecidos", passaram-se anos antes de a população geral compreender a verdadeira e aterrorizante extensão da carnificina causada pela Guerra Suja, conduzida pela ditadura militar entre 24 de março de 1976 e 30 de outubro de 1983.

Estima-se que trinta mil argentinos tenham "desaparecido" durante essa época. Muitos corpos foram jogados em covas rasas, para sempre perdidos, deixando famílias com uma busca interminável por informações e justiça. A maioria era jovem, com idades entre 15 e 30 anos. Seus assassinatos constituíram aquilo que os argentinos descrevem como "a morte de uma geração". Esses números desanimadores não incluem os 3% de mulheres que foram capturadas grávidas e deram à luz em cativeiro antes de serem executadas, deixando cerca de 270 bebês desaparecidos.

Esses eventos causaram uma onda de culpa e vergonha, boa parte para a Igreja Católica. Em documentos divulgados pelo Departamento de Estado dos Estados Unidos por meio dos Arquivos de Segurança Nacional no trigésimo aniversário do golpe militar, no dia 27 de dezembro de 1978, F. Allen "Tex" Harris, oficial da embaixada americana encarregado dos direitos humanos, elaborou um relatório após uma "reunião informal" com o primeiro secretário da nunciatura apostólica, Kevin Mullan, no qual declarou que "um oficial superior do exército foi forçado a 'cuidar' de 15 mil pessoas numa campanha contra subversões".

A prova chocante de que a Igreja, mais do que a maioria da sociedade, estava extremamente ciente da maneira como a junta se livrava de seus críticos também continha testemunhos dados na Comissão Nacional sobre o Desaparecimento de Pessoas de 1984, quando várias vítimas alegaram que "padres haviam cooperado com os militares, chegando ao ponto de, a serviço da nação, pedirem aos presos que confessassem tudo. Vários sobreviventes contam histórias sobre buscas inúteis por seus entes queridos, durante as quais membros da Igreja se recusavam a ajudar, apesar de passarem informações que lhes eram confiadas [para o governo]. Quando as Mães da Praça de Maio pediram apoio e um lugar para se reunir, as igrejas do centro da cidade não puderam ou não quiseram ajudá-las".

Além disso, figuras importantes da Igreja, como o arcebispo de Buenos Aires, Juan Carlos Aramburu, jamais recusavam os convites da junta para eventos públicos. Entre 1976 e 1981, os bispos emitiram apenas quatro cartas pastorais condenando a tortura e o abuso dos direitos humanos, mas, ao mesmo tempo, pareciam consentir a determinação dos militares de fazer o que achavam necessário para manter a sociedade sob controle. Em momento algum a Igreja se posicionou contra a ditadura, mesmo quando os próprios padres começaram a ser assassinados. No total, durante a Guerra Suja, vinte sacerdotes e membros de ordens religiosas foram assassinados, 84 "desapareceram" e 77 foram exilados.

No geral, a Igreja tinha divisões internas demais para chegar a um consenso sobre uma resposta apropriada. E, pelo visto, esse também era o caso de Jorge Bergoglio.

O superior geral Arrupe lhe dera duas tarefas fundamentais. A primeira e mais importante era proteger os jesuítas; a segunda, era ajudar os civis prejudicados pelos embates. Como Austen Ivereigh observa: "Os dois objetivos eram, obviamente, conflitantes. Se alguém descobrisse que a paróquia estava acobertando subversivos procurados pelo governo, todos os jesuítas seriam considerados suspeitos." Ivereigh argumenta que "era um equilíbrio tênue, mas Bergoglio teve sucesso. Nenhum jesuíta argentino morreu durante a Guerra Suja, e ele conseguiu salvar dezenas de pessoas".

No futuro, como papa, ao declarar regularmente "sou um pecador", deixando claro ter cometido pecados graves, fica óbvio que Francisco está se referindo às suas ações e inações durante o período sombrio da Guerra Suja: dias de decisões de vida ou morte para o líder jesuíta, de julgamentos que poderiam mandar um membro de seu rebanho para o exílio e outro — para seu horror e apesar de seus protestos — para a tortura. Tais eventos devem permanecer em sua mente até hoje, como a ocasião em que, estrategicamente, celebrou uma missa na casa do general Videla, na esperança de poder falar com o tirano sobre dois jesuítas capturados, sendo obrigado a depositar uma hóstia da Comunhão Sagrada sobre a língua do homem responsável por ordenar o último passeio terrível de Esther Ballestrino, com as mãos e os pés amarrados, num hidroavião. É difícil manter a consciência limpa tendo que conviver com esses fatos, portanto é natural que o período ainda o assombre, pese em sua mente, exigindo uma compensação, um acerto de contas, ao mesmo tempo que lhe ensina muito sobre a natureza real do pecado, e como ele deve ser enfrentado e digerido antes de poder ser transformado em algo bom.

UMA ÉPOCA DE INCERTEZAS

Quando a ditadura finalmente caiu, em 1983, após uma derrota humilhante na Guerra das Malvinas contra a Grã-Bretanha, em 1982, fazia dois anos que Bergoglio voltara a ser reitor do Colegio Máximo após renunciar ao cargo de jesuíta superior, em 1979. O trabalho combinava com ele, que sempre fora elogiado por sua capacidade de inspirar escolásticos que estudavam para se tornar jesuítas.

Bergoglio se ocupou com a construção de novas igrejas, com a organização de conferências internacionais na universidade, com a reforma do currículo educacional e até com a criação de uma fazenda comunitária administrada pelos jesuítas num espaço vazio de 25 acres localizado no terreno da faculdade, ajudando a alimentar as famílias pobres da paróquia. Um aluno recorda como o reitor vivia ocupado: "Ele terminava de dar orientações espirituais e ia falar ao telefone com um bispo, depois lavava roupas na lavanderia antes de ir para a cozinha e o chiqueiro, então voltava para a sala de aula. Estava envolvido em cada detalhe de nossas vidas." Mas Bergoglio começou a ficar inquieto.

Nessa época, João Paulo II, no quarto ano de papado, resolveu que chegara a hora de uma mudança na Companhia de Jesus, incluindo na Argentina. Quando um novo superior geral foi designado para liderar a ordem, em 1983, jesuítas argentinos poderosos o abordaram, fazendo campanha "contra o reitor [Bergoglio] e seus seguidores, argumentando que o modelo de formação de Bergoglio era antiquado e não condizia com a Companhia de Jesus na América Latina". A campanha deu certo, e, em 1986, um candidato mais conservador, o padre Víctor Zorzín, foi nomeado como líder dos jesuítas argentinos.

Cansado das disputas políticas internas, em maio de 1986, Bergoglio pediu permissão a Zorzín para tirar um período sabático na Alemanha, a fim de completar seu doutorado em teologia. Alguns acreditam que foi o superior quem ordenou sua saída do país, o que, considerando que estamos falando de um homem que detestava viajar, talvez seja verdade — ainda mais porque, apenas sete meses depois, Bergoglio, então com 50 anos, abandonou os estudos e voltou para a Argentina. Ele nunca deu detalhes sobre os motivos que o levaram a mudar de ideia, dizendo apenas: "Lembro que, quando eu estava em Frankfurt, escrevendo minha tese, fazia passeios pelo cemitério no fim da tarde. Dava para ver o aeroporto de lá. Uma vez, esbarrei com um amigo, que me perguntou o que eu estava fazendo. Respondi: 'Acenando para aviões. Estou acenando para os aviões que vão para a Argentina.'"

É um comentário revelador. Bergoglio claramente sentia falta de casa e sofria por saber que não havia espaço para ele em seu país. Foi uma surpresa encontrar a resposta para seu dilema na parede coberta de madeira de uma capela na Bavária. Olhando para ele estava *Nossa Senhora Desatadora de Nós*, uma imagem do século XVIII da Virgem Maria desamarrando nós numa linha passada para ela por um dos muitos anjos que a cercam. Ela está banhada no brilho celestial, com o Cristo bebê em seus braços e um dos pés esmagando uma serpente. A imagem tocou Bergoglio numa época em que ele mesmo tinha muitos nós para desatar, e parece ter dado a ele a confiança necessária para voltar à Argentina no fim de 1986, acompanhado por um bolo de santinhos com a imagem da santa.

Ele, todavia, não foi recebido de braços abertos. Mesmo assim, ainda tinha alguns amigos na Companhia e, com o apoio deles, foi nomeado ao cargo de conselheiro do procurador-geral em março de 1987, para a irritação dos jesuítas mais conservadores. Infelizmente para Bergoglio, a animosidade continuou, e aqueles determinados a se livrarem dele tiveram sucesso. Em abril de 1990, removeram-no de seu cargo como professor e, dois meses depois, o exilaram em Córdoba.

A VOLTA DO ISOLAMENTO

O exílio forçado de Bergoglio deu início a um intenso período de reflexão espiritual enquanto ele ouvia as confissões diárias dos paroquianos e se dedicava à rotina de padre de paróquia. Era uma vida humilde, que terminou dois anos depois com a oferta de um cargo novo e muito diferente.

No dia 20 de maio de 1992, Jorge Mario Bergoglio, confessor, professor e pária dos jesuítas, foi ordenado bispo-auxiliar do arcebispo de Buenos Aires, Antonio Quarracino, para quem trabalharia como assistente, junto com mais quatro auxiliares — geralmente, é comum que vagas sejam abertas quando um arcebispo doente precisa de ajuda ou quando a diocese é muito grande. Bergoglio se aproximara de Quarracino durante uma série de retiros espirituais que fizera no seu tempo como superior provincial e deixara o arcebispo tão impressionado com sua "espiritualidade e esperteza" que, ao ficar sabendo de sua "penitência em Córdoba, [Quarracino] decidiu resgatá-lo", solicitando pessoalmente que o papa João Paulo II aprovasse a nomeação de Bergoglio ao cargo.

Bergoglio ficou chocado. Em entrevista, muitos anos depois, recordando-se do momento, diria: "Deu um branco na minha cabeça. Como eu disse antes, sempre fico sem reação quando sou pego de surpresa, seja ela boa ou ruim. E minha primeira reação é sempre errada." Ele nunca havia cogitado a possibilidade de se tornar bispo, em parte devido aos seus votos jesuítas, mas também por causa de sua recente queda de status dentro da companhia. Mas os anos passados em Córdoba haviam lhe ensinado muito, e, desde o primeiro dia no novo cargo, ficou claro que não permitiria que as regalias do poder lhe subissem à cabeça. Bergoglio recusou a acomodação mais exclusiva oferecida aos bispos, preferindo manter um apartamento simples na paróquia de Flores, onde crescera e agora trabalharia. Também não quis ter motorista nem um padre agindo como seu secretário pessoal, para ajudá-lo com questões administrativas, preferindo atender ao próprio telefone, cuidar da própria agenda e se deslocar de ônibus pela cidade.

Quando um jesuíta se torna bispo, automaticamente é liberado de seus votos e deixa de ser subordinado ao superior geral da companhia. Apesar da mudança de circunstâncias, Bergoglio permaneceu fiel à promessa de seguir uma vida de pobreza, castidade e obediência, como continuaria a fazer ao longo de sua carreira na Igreja.

Talvez a parte mais agradável de seu novo papel tenha sido o fato de que agora poderia, mais uma vez, trabalhar com o povo das *villas miserias*. Durante as disputas por autoridade entre os jesuítas, Bergoglio ficara extremamente decepcionado quando seus críticos conseguiram removê-lo de seu amado trabalho comunitário. Agora, sua dedicação, sua lealdade e seus talentos inegáveis impressionavam o arcebispo, fazendo com que recebesse várias promoções num curto período de tempo. Em dezembro de 1993, tornou-se o vigário-geral encarregado da arquidiocese, e, em maio de 1997, Quarracino o convidou para um almoço.

Como Bergoglio lembra: "Na manhã de 27 de maio de 1997, Calabrese [núncio papal na Argentina] me ligou e me convidou para almoçar. Já estávamos tomando café. Comecei a agradecer pela refeição e me despedir quando notei que traziam um bolo e uma garrafa de champanhe. Achei que fosse aniversário dele e quis lhe dar os parabéns. Mas a surpresa veio quando perguntei se era isso que estávamos comemorando. 'Não, não é meu aniversário', respondeu ele, abrindo um sorriso enorme. 'Mas você é o novo bispo-coadjutor de Buenos Aires.'" Aos 73 anos, a saúde do cardeal Quarracino não ia bem. Ele queria garantir que, caso morresse ocupando o cargo, Bergoglio, na posição de coadjutor, automaticamente o substituiria como arcebispo, assumindo responsabilidade pela principal diocese da Argentina e dos três milhões e meio de católicos que moravam na grande Buenos Aires. Quarracino agiu bem ao decidir deixar tudo em ordem, já que, pouco mais de oito meses depois, no dia 28 de fevereiro de 1998, veio a falecer em decorrência de complicações de uma obstrução intestinal. No seu lugar, Jorge Bergoglio, com 61 anos, foi nomeado arcebispo da capital argentina.

DO PRETO AO VERMELHO

A velocidade desconcertante da queda de Bergoglio como líder dos jesuítas argentinos, seguida por seu avanço quase estratosférico de padre a arcebispo, não apenas deve tê-lo deixado sem reação, mas também atordoado. Em apenas seis anos fora do exílio a líder da Igreja Católica na Argentina. E não teve muito tempo para processar as mudanças — na verdade, apenas três dias, nos quais se afastou do turbilhão de preparativos para o funeral de seu antecessor e as cerimônias de posse e seguiu para um retiro silencioso, para lamentar a perda do amigo e contemplar o caminho que tinha pela frente.

Quando voltou, Bergoglio permaneceu determinado a evitar a opulência e a ostentação que andavam de mãos dadas com o alto escalão da Igreja, comprometendo-se a levar uma vida humilde e simples, ajudando os pobres da forma como Santo Inácio de Loyola orientara mais de quinhentos anos antes.

Suas atitudes eram um pouco confusas para a equipe que tentava seguir o protocolo tradicional de transição de um novo bispo. Quando os alfaiates da diocese deram um orçamento para as novas vestes oficiais, Bergoglio ficou horrorizado com o preço e sugeriu que economizassem, apertando os mantos de Quarracino para caberem em seu corpo mais magro. Assim como antes, recusou a oferta de se mudar para a residência oficial do arcebispo no exclusivo bairro de Olivos, perto da mansão presidencial, preferindo seu espartano quarto com cama de solteiro no prédio anexo à catedral, na praça de Maio. Não havia necessidade de limusines e chofere, já que ele continuava a caminhar pelas ruas e a se locomover de metrô e ônibus por Buenos Aires. Os magníficos escritórios do arcebispo também foram dispensados. Tudo que Bergoglio queria era um cômodo simples para trabalhar, com espaço para seus livros e algumas poltronas para convidados.

Seu estilo diferente foi uma revelação. O público e a imprensa, em sua maioria, apoiaram e celebraram essa nova abordagem administrativa mais pastoral. Os políticos — em especial o presidente Carlos Menem, que, eleito em 1989, entrava em seu último ano de mandato e queria ganhar o apoio da Igreja para mudar a Constituição e se eleger pela terceira vez — ficaram com o pé atrás. Bergoglio deixou evidente que não tinha medo de dizer o que pensava e criticar os fracassos do governo e o descaso com os problemas que a sociedade como um todo enfrentava. Em 1998, a Argentina estava à beira de outra grande crise, e os efeitos já eram sentidos pelas comunidades mais pobres e marginalizadas, onde o novo arcebispo passava boa parte do tempo.

Durante períodos anteriores de instabilidade, a mensagem da Igreja fora ofuscada por brigas internas e políticas partidárias — e Bergoglio se sentia responsável por isso. Durante seu período como arcebispo, mostrou-se determinado a ignorar disputas e preservar a mensagem pastoral sagrada e fundamental que aprendera quando ainda era um jovem padre. A inclusão era um fator fundamental, e Bergoglio se baseou bastante em seu treinamento jesuíta ao implementar mudanças na diocese.

Pouco mais de um mês após sua nomeação, delegou a tradicional missa da Quinta-Feira Santa na catedral da cidade, durante a qual o arcebispo lava os pés de 12 homens, que representam os 12 apóstolos, ao bispo-auxiliar, para celebrar a própria missa no hospital Muñiz, especializado em doenças infecciosas. Lá, numa cerimônia que marcava a Última Ceia de Jesus com seus discípulos, lavou e beijou os pés de 12 pacientes que sofriam de Aids. O padre Andrés Tello, capelão do hospital, conta: "Quando ele chegou, expliquei que, apesar de o Evangelho citar 12 apóstolos homens, nosso hospital abriga homens, mulheres e travestis. O arcebispo respondeu: 'Vou lavar os pés de quem você escolher.' A missa foi muito emocionante, as pessoas choravam, ele distribuiu a comunhão para todos... Sempre falava sobre as periferias existenciais. Seu desejo era ajudar um lugar onde houvesse muito sofrimento, e nosso hospital é assim." Durante os 15 anos em que foi bispo, passou a ser tradição que, toda Quinta-Feira Santa, Bergoglio lavasse e beijasse os pés dos excluídos da sociedade em hospitais, prisões, clínicas de reabilitação, favelas e asilos de Buenos Aires.

Suas reformas não ficaram limitadas a questões pastorais rotineiras e à preferência de focar nos pobres. Ao herdar a diocese, logo entendeu que não era apenas a economia do país que estava em apuros. A morte de Quarracino revelou ligações muito próximas e inapropriadas entre a Igreja, seus doadores e o governo, resultando numa confusão complexa de empréstimos, contratos irregulares e subornos por baixo dos panos. Numa tentativa de elucidar a situação, Bergoglio contratou uma firma de contabilidade terceirizada para executar uma auditoria, que revelou que a arquidiocese "tinha o hábito de ignorar tanto as leis da Igreja quanto as regras dos próprios bispos argentinos sobre o monitoramento e a autorização de pagamentos". Uma revisão completa das práticas foi solicitada pelo novo arcebispo, mas não antes de a diocese sofrer uma batida policial em razão de um empréstimo suspeito de dez milhões de dólares. O escândalo acabou sendo resolvido. Segundo Ivereigh, "o relatório da auditoria solicitada por Bergoglio foi tão meticuloso que não deixou questões pendentes, e a reputação do arcebispo até melhorou graças ao modo como lidou com a situação".

Apesar de seu estilo caseiro, as ações de Bergoglio durante seus três primeiros anos como arcebispo de Buenos Aires arrancaram elogios que reverberaram não apenas pela Argentina, mas também chegaram ao Vaticano. Foi assim que, em 21 de fevereiro de 2001, ele se viu diante do papa João Paulo II, ajoelhando-se aos seus pés. Sua simples batina preta havia desaparecido; Bergoglio agora vestia o hábito vermelho reservado apenas aos cardeais — que antes fora do falecido Quarracino, é claro. Esse foi o dia em que ele se tornou um dos 42 novos cardeais. O frágil João Paulo, então com 80 anos, que ainda não anunciara oficialmente sofrer da doença de Parkinson havia dez anos, apertou os olhos contra o brilho do sol de inverno enquanto se inclinava e apoiava o barrete vermelho contra a cabeça de Bergoglio, dizendo: "[Isto é] carmesim como sinal da dignidade do cardinalato. Significa sua prontidão para agir com fortaleza, até a efusão do sangue, pelo desenvolvimento da fé cristã, pela paz e tranquilidade do povo de Deus e pela liberdade e difusão da Santa Igreja Romana."

Depois que o papa beijou o novo cardeal nas duas bochechas e Bergoglio beijou a mão papal em resposta, João Paulo sorriu e, num gesto carinhoso e paternal, deu dois tapinhas no ombro do argentino levemente surpreso. "Pode respirar agora!", parece ter sido o que queria comunicar. A multidão gritou de alegria e aplaudiu o cardeal Bergoglio, mas, ao contrário dos outros cardeais recém-nomeados, ele não sentiu nenhuma alegria especial diante da cena. Quando ficara sabendo que pessoas animadas estavam planejando viajar a Roma para assistir ao evento, pedira que guardassem o dinheiro que gastariam no passeio e o doassem aos pobres.

Quando a cerimônia a céu aberto na praça de São Pedro chegou ao fim, Bergoglio caminhou pelas ruas até chegar às suas acomodações, absorvendo o clima vibrante da cidade. De volta ao alojamento simples dos padres em que continuaria a se hospedar sempre que visitasse Roma, guardou os pertences numa mala pequena e surrada, voltou a vestir sua habitual batina preta — era incrível que o Vaticano o tivesse convencido a passar um dia inteiro usando outra roupa —, pegou seu passaporte e voltou para Buenos Aires — na classe econômica, é claro.

OS PRIMEIROS PASSOS NA ESTRADA ATÉ ROMA

Apesar de seus melhores esforços para que isso não acontecesse, a vida do cardeal de 63 anos tinha que mudar agora que responsabilidades curiais haviam se infiltrado em sua agenda anual. Só no primeiro ano, voltou a Roma mais duas vezes: em maio, para o maior "Consistório Extraordinário" da história da Igreja — uma reunião considerada por muitos uma oportunidade pré-conclave para que os possíveis sucessores, entre os 115 cardeais de João Paulo, exibissem seus talentos — para discutir aquilo que o papa descreveu como "sugestões práticas para a missão de evangelização da Igreja nas vésperas de um novo milênio"; e de novo em outubro, quando, em cima da hora, foi nomeado relator-geral do Sínodo dos Bispos — a pessoa responsável por relatar os objetivos da reunião e resumir os discursos para os bispos, de forma a ajudá-los a criar propostas e chegar a conclusões sobre a conferência, que então seriam apresentadas ao papa, também presente — no lugar do cardeal Edward Egan, o arcebispo de Nova York, que permanecera na cidade recém-abalada pelos ataques terroristas do 11 de Setembro para celebrar uma cerimônia inter-religiosa.

A nomeação de alguém praticamente desconhecido para esse papel foi uma prova da confiança de João Paulo em Bergoglio, destacando-o na hierarquia da Igreja. Incapaz de continuar usando aquilo que Austen Ivereigh descreve como "sua costumeira capa de invisibilidade", que permitia que transitasse por Roma discretamente, o argentino sabia a importância do seu desempenho durante o sínodo e a coletiva de imprensa pós-discurso que ocorreria no Vaticano. Apesar de estar distraído com o tumulto econômico e político que abalava seu país na época — o governo estava prestes a ser deposto, o sistema bancário como um todo entrava em colapso e o Fundo Monetário Internacional planejava sacar fundos para renovar a dívida nacional —, Bergoglio fez um discurso tão poderoso e distinto que as pessoas imediatamente começaram a cogitá-lo como um possível candidato ao Trono de São Pedro. Ele também revelou alguns vislumbres do próprio futuro ao dizer: "No mundo moderno, a guerra dos poderosos contra os fracos aumentou a distância entre ricos e pobres. Os pobres são uma legião. Diante de um sistema econômico injusto, com divergências estruturais gritantes, a situação dos mais necessitados piora. Hoje, temos fome. Os pobres, os jovens e os refugiados são vítimas dessa "nova civilização". [...] O bispo jamais deve se cansar de pregar a doutrina social que nos ensina o Evangelho e que a Igreja deixa explícita desde a época dos Pais da Igreja."

Em novembro de 2002, Sandro Magister, experiente jornalista do Vaticano, escreveu uma matéria intitulada "Bergoglio na *pole position*", na qual descrevia a recente ascensão do sacerdote argentino:

No meio de novembro, seus colegas queriam elegê-lo presidente da conferência dos bispos argentinos. Ele recusou. Porém, se um conclave ocorresse, seria difícil se recusar a ser eleito papa, pois os cardeais votariam em massa em Bergoglio caso tivessem que se reunir agora para eleger um sucessor para João Paulo II.

No último Sínodo dos Bispos, no outono de 2001, a forma como Bergoglio conduziu a reunião foi tão eficiente que, na eleição dos 12 membros do conselho da secretaria, ele foi o mais votado entre seus irmãos bispos. Alguém no Vaticano decidiu convidá-lo para comandar um importante dicastério. "Por favor, a Cúria me mataria", implorou ele. Foi poupado.

Desde então, a ideia de trazê-lo de volta a Roma como o sucessor de Pedro começou a ganhar força. Os cardeais latino-americanos se concentram cada vez mais nele, assim como o cardeal Joseph Ratzinger.

Ao voltar para Buenos Aires, todavia, cada esquina mostrava a Bergoglio provas irrefutáveis da desgraça de seu amado país.

Após cidadãos desesperados correrem para os bancos para sacar o pouco dinheiro que tinham, temendo perdê-lo, o governo congelou todas as contas numa tentativa de evitar o colapso total do sistema bancário. Por todo o país, cidades foram tomadas por uma onda de violência e roubos nos dias 21 e 22 de dezembro de 2001. Na praça de Maio, pelas janelas da Casa Rosada, o presidente Fernando de la Rúa observou a névoa densa das bombas de gás lacrimogênio antes de dar as costas para a confusão e fugir de helicóptero. Do outro lado da praça, Bergoglio também observava a polícia usar força bruta contra os manifestantes, alguns dos quais incendiavam bancos e prédios do governo. Era uma cena terrível.

Trinta e nove pessoas morreram, centenas ficaram feridas. A Argentina sofreu com a crise econômica por mais dois anos antes de conseguir se recuperar. Durante essa época, Bergoglio continuou dando apoio pastoral a um número cada vez maior de cidadãos destituídos e marginalizados. Como o presidente interino do país, Eduardo Duhalde, disse, o arcebispo "assumiu um papel fundamental no chamado Diálogo Argentino. Acredito que a história irá sacramentar esse momento como um dos nossos maiores eventos coletivos. Mas havia figuras providenciais naquele resgate, personalidades gigantes que, apesar de serem modestas e não quererem ocupar o foco do assunto, foram decisivas para que não sofrêssemos uma quebra da sociedade, algo que, na época, era um risco real e palpável. Esse homem, Jorge Bergoglio, foi uma dessas figuras".

Em abril de 2003, o país já havia recuperado um pouco de estabilidade, e novas eleições foram organizadas. No entanto, o problema era a escassez de candidatos dispostos a enfrentar o cálice envenenado que era a presidência argentina. Duhalde o faria, mas havia prometido não se candidatar quando assumira o papel de presidente interino. As outras opções eram o ex-presidente Carlos Menem, que cumpriria seu terceiro mandato caso ganhasse, e um desconhecido chamado Néstor Kirchner. Quando Menem se retirou da disputa nas vésperas da votação, Kirchner ficou sem oponentes, e seu governo esquerdista foi eleito por ser a única alternativa, com apenas 22% dos votos.

Kirchner e sua glamorosa primeira-dama, a senadora Cristina Fernández de Kirchner, eram leais partidários do peronismo desde o começo da década de 1970, quando se conheceram ainda estudantes. Após as eleições de 2003, a dupla logo tomou controle da política argentina. De 2003 a 2015, eles se alternariam no comando por dois governos reeleitos cada, marcados por acusações de desvio de fundos e corrupção. (Cristina Kirchner foi indiciada e acusada de traição à pátria, em dezembro de 2017 e em março de 2018, por obstruir as investigações sobre o envolvimento do governo iraniano no bombardeio de uma associação judaica em 1994.) Néstor Kirchner não tinha qualquer interesse em religião nem em manter um bom relacionamento com a Igreja, deixando isso bem claro para Bergoglio assim que assumiu a presidência. Da mesma forma, o cardeal também desgostava do novo presidente e costumava criticar os discursos vazios, a ausência de valores e a visão individualista do governo. No dia 30 de dezembro de 2004, um grande incêndio destruiu uma boate em Once, no subúrbio de Buenos Aires. As pessoas lá dentro correram para as saídas e se descobriram presas, já que a maioria das portas de emergência fora trancada com cadeado para evitar que os clientes saíssem sem pagar. Bergoglio foi imediatamente para o local, onde encontrou centenas de corpos dispostos sobre a calçada. Os amigos desesperados das vítimas observavam enquanto paramédicos executavam reanimações cardiorrespiratórias. Ele fez o máximo possível para consolar quem estava ali, rezando por mortos e feridos, e acompanhou as famílias ao hospital.

Cento e noventa e quatro pessoas morreram e 1.492 ficaram feridas. O presidente declarou luto nacional por três dias, mas a tristeza logo se transformou em raiva quando foi revelado que o certificado de condições de segurança contra incêndio da boate havia vencido mais de um mês antes e não fora renovado pelo corpo de bombeiros. O local não tinha sistema de detecção de fumaça nem alarme, apenas um dos 15 extintores de incêndio funcionava, e a entrada de três mil pessoas fora permitida quando só havia espaço para receber 1.031. Bergoglio continuou o apoio às vítimas nos meses e nos anos seguintes, emitindo uma declaração censurando a corrupção que causou a tragédia e solicitando que uma missa em homenagem às vítimas fosse celebrada todo dia 30 de dezembro, quando os sinos da catedral tocariam 194 vezes para lembrar aqueles que se foram.

Após o ocorrido, o papa lhe escreveu uma carta para expressar seu pesar e pedir que o cardeal transmitisse suas condolências às vítimas. É bem provável que essa tenha sido a última vez que os dois se comunicaram, já que João Paulo II faleceu às nove e trinta e sete da noite de 2 de abril de 2005.

A ENTRADA DO VATICANO

Sabemos como o conclave ocorreu, mas agora que entendemos os acontecimentos e as experiências que moldaram e influenciaram Bergoglio antes desse ponto, suas ações fazem mais sentido.

Ele era jesuíta até o último fio de cabelo, sem jamais desejar ou buscar poder. Na verdade, em várias ocasiões, recusou-o com todas as letras ou teve que ser persuadido com muito custo a aceitá-lo. O relato do conclave de 2005 pelo cardeal misterioso é revelador ao descrever a expressão sofrida no rosto de Bergoglio ao subir no altar para dar seu voto, como se implorasse a Deus para poupá-lo; outra "fonte confiável" revelou como o argentino "praticamente chorava" ao implorar para seus defensores desistirem da batalha pelo bem da Igreja e votarem no cardeal Ratzinger. Como o correspondente secreto observou: "[Bergoglio era] uma opção segura em questões de doutrina, aberto a respeito de questões sociais, impaciente no nível pastoral sobre a inflexibilidade demonstrada por alguns colaboradores de [João Paulo II] sobre assuntos relacionados à ética sexual. Na ausência de um verdadeiro candidato da 'esquerda', essas características indicavam uma alternativa à linha de Ratzinger e o tornariam referência para os cardeais mais relutantes em votar no decano do Colégio dos Cardeais. O grupo era liderado por Karl Lehmann, presidente da Conferência dos Bispos Alemães, e Godfried Danneels, arcebispo de Bruxelas, e incluía vários cardeais dos Estados Unidos e latino-americanos, assim como alguns membros da Cúria Romana."

Especula-se que, na verdade, as "lágrimas" de Bergoglio tenham sido resultado da sua frustração por esses homens — um conjunto de cardeais reformistas conhecidos no Vaticano como o grupo de São Galo — o estarem usando para se opor a Ratzinger, quando ele não tinha desejo algum de se tornar papa. Austen Ivereigh acredita que "o que incomodou Bergoglio foi se tornar o foco de um racha que causaria uma divisão ideológica, como acontecera na década de 1970. Seu incômodo foi apenas psicológico, uma vez que grande parte do trabalho de sua vida envolvera tentativas de passar por cima dessa divisão".

Independentemente de suas emoções sobre a situação, não há dúvidas de que Bergoglio ficou aliviado ao voltar para a Argentina. A experiência o deixou grato pela vida estável e simples que levava como arcebispo de Buenos Aires. Agora com quase 68 anos, só faltavam mais sete para poder se aposentar, e ele pretendia passá-los vivendo tranquilamente entre os pobres e necessitados da cidade. Esse desejo por tranquilidade, porém, se mostraria otimismo demais de sua parte.

O apoio impressionante que Bergoglio recebera durante o conclave e a grande força reunida por seu continente não passaram despercebidos por Bento, que depois, como papa, declararia: "Estou convencido de que aqui [na América Latina] é decidido o futuro da Igreja Católica, pelo menos em parte — mas uma parte fundamental. Para mim, isso sempre foi óbvio." Portanto, a Igreja ainda tinha planos para ele, e, em outubro de 2005, Bergoglio foi eleito para o conselho do Sínodo dos Bispos, seguido por uma nova eleição como líder de todos os bispos da Argentina no mesmo ano.

A aprovação que recebia da Igreja não era compartilhada pelo governo argentino, e o relacionamento entre o sacerdote e o presidente continuou com uma linha de declarações críticas mútuas, cheias de insinuações obscuras sobre os fracassos de cada um. O relacionamento dos dois era tão antagônico que Kirchner supostamente se referiu a Bergoglio como "o verdadeiro líder da oposição", mas havia momentos em que o cardeal ficava tão irritado com o presidente que acabava dando motivos para críticas.

Em dezembro de 2004, Bergoglio publicou uma carta aberta em que condenava uma exposição do premiado artista argentino León Ferrari, patrocinada pelo Ministério da Cultura, que continha várias obras exibindo Bento XVI, entre as quais uma garrafa de vidro verde cheia de camisinhas, com uma foto do papa colada na frente. Entre as mais ofensivas estava a intitulada *La civilización occidental y cristiana* [A civilização ocidental e cristã], que exibia uma estátua barata de Jesus crucificado presa a um caça americano, criada em 1965 como forma de protesto contra a Guerra do Vietnã. Na carta, o cardeal dizia que ficou "muito magoado com a blasfêmia", reclamando que o evento era "sustentado com o dinheiro dos impostos de cristãos e cidadãos de bem". Encerrou pedindo que as pessoas "tomassem um ato de reparação e pedissem perdão" ao observar um "dia de jejum e orações, um dia de penitência em que nós, como uma comunidade católica, pediremos ao Senhor para absolver nossos pecados e os de nossa cidade".

O ataque parecia um ato insensato de intolerância artística por parte do cardeal, e Ferrari respondeu às críticas, dizendo: "A diferença entre mim e Bergoglio é que ele pensa que pessoas com opiniões diferentes das suas devem ser punidas, condenadas, enquanto eu não acredito que nem ele seja digno de qualquer punição." O arcebispo não comentou mais sobre o assunto.

O relacionamento não melhorou após o término dos dois mandatos de Néstor Kirchner, em 2007, e o início do mandato de sua esposa, Cristina. Bergoglio suspeitava que seu escritório fora grampeado pelos serviços de segurança do governo e passou a ouvir música clássica no último volume sempre que discutia questões políticas, para atrapalhar quaisquer aparelhos de escuta. Portanto, é bem provável que seu escritório fosse um lugar ensurdecedor nos meses que procederam julho de 2010, quando ocorreu uma votação para legalizar o casamento entre pessoas do mesmo gênero.

Bergoglio atacara Néstor Kirchner publicamente em 2006, condenando uma tentativa de legalizar o aborto em casos de estupro e outras circunstâncias atenuantes. Agora, apresentava uma postura mais firme sobre as mudanças propostas para a instituição do casamento. Em carta particular para quatro monastérios em Buenos Aires, descreveu o matrimônio entre pessoas do mesmo gênero como "a inveja do demônio, por meio da qual o pecado entrou no mundo, e que, cheia de artifícios, tenta destruir a imagem de Deus: homens e mulheres que receberam o comando de crescer, multiplicar-se e dominar a Terra. Não sejamos ingênuos: não se trata de uma simples briga política, e sim de um pretexto para destruir o plano de Deus".

A proposta foi emendada para dar a casais gays a liberdade de adotar filhos, o que endureceu a oposição daqueles que ainda estavam em cima do muro. No entanto, quando a carta de Bergoglio vazou para a imprensa, Kirchner foi munida de argumentos, declarando: "Acho preocupante ouvir termos como 'guerra de Deus' e 'planos do demônio', coisas que nos fazem retroceder para a época medieval e a Inquisição." Quando a proposta foi aprovada, alega-se que muitos dos seus eufóricos defensores ficaram mais felizes por terem vencido Bergoglio do que pela conquista de direitos humanos.

Apesar de ter perdido a batalha e muito provavelmente ter caído no conceito de muitas pessoas que o consideravam um padre tolerante, Bergoglio seguira a doutrina da Igreja e provara que era capaz de defender a fé em público. No mundo fora de Roma, era uma figura desconhecida — como continuaria sendo até sua eleição como papa. Na Argentina, seu lar, o compromisso que tinha com os pobres e a justiça social jamais seria esquecido pelos habitantes das *villas miserias*, mas ele começara a se afastar da população que vivia acima da linha da pobreza. Austen Ivereigh cita a declaração de um padre superior que "passou muitos anos tentando conectar o mundo dos negócios com os ensinamentos sociais da Igreja" sobre Bergoglio "não demonstrar qualquer interesse pelo mundo dos católicos de classe média nem pelo mundo dos negócios, dos bancos, das artes e das universidades".

Ivereigh faz uma comparação interessante entre a devoção de Bergoglio aos pobres e seu aparente desdém pela classe média com a parábola do Filho Pródigo da Bíblia, na qual um pai recebe com alegria o filho caçula que fora embora de casa e gastara toda a herança com prostitutas, para a irritação do irmão mais velho, que permanecera com a família a fim de cuidar das terras. O objetivo da história é ilustrar que Deus sempre recebe os pecadores de volta quando eles se arrependem. Contudo, os pobres, no geral, não tinham pecado e eram vítimas de circunstâncias que não podiam controlar, portanto, a decisão consciente de Bergoglio de favorecer os mais oprimidos em detrimento daqueles que talvez frequentassem mais a missa e tivessem vidas melhores é mais parecida com a postura do Bom-Samaritano, que, ao ver alguém passando necessidade, "moveu-se de compaixão, aproximou-se e atou-lhe as feridas".

Como as críticas também vinham de grupos esquerdistas, que o acusavam de colaborar com os militares durante o período da ditadura, não havia como Bergoglio satisfazer a todos, o que o fez tomar "a decisão, desde o princípio, de se concentrar nessas periferias [*villas miserias*], preferindo dedicar um tempo de seus fins de semana aos novos bairros" e "evangelizar a cidade pelas margens".

PREPARATIVOS PARA UM ANIVERSÁRIO IMPORTANTE

Pouco mais de um ano após sua derrota notória para o governo Kirchner, Jorge Bergoglio estava ficando cansado. Após renunciar ao cargo de presidente dos bispos argentinos ao fim do mandato de seis anos, em setembro de 2011, sua mente era dominada por apenas um pensamento: seu aniversário de 75 anos, no dia 17 de dezembro.

Alegre com a perspectiva de ser liberado do alto escalão, começou a fazer planos para a aposentadoria. Escolheu o quarto que queria na casa de repouso eclesiástica em Flores, bairro em que fora criado. Começou a pensar em concluir a tese abandonada durante o período melancólico que passara em Frankfurt e entrou em contato com a editora de seus tratados religiosos anteriores para saber se havia interesse em publicar outros trabalhos.

Após seu aniversário, Bergoglio enviou sua carta de demissão oficial para o papa Bento XVI. Como Ivereigh descreve, cartas de demissão "são oferecidas *nunc pro tunc* ("agora para depois"), para o papa avaliar em algum momento do futuro, a menos que problemas de saúde ou outras questões tornem necessária sua aceitação imediata. Mas ele [Bergoglio] esperava que seu sucessor fosse anunciado no fim de 2012, assumindo no começo de 2013". Agora, só precisava aguardar.

Em fevereiro de 2012, no auge do escândalo do Vatileaks, no qual uma série de documentos expunha acusações de corrupção grave, subornos e homossexualidade no Vaticano, Bergoglio foi convocado para participar de um consistório em Roma, no qual Bento, cansado e frágil, nomeou 22 novos cardeais. Mas voltou para a Argentina sem uma resposta para sua carta. Conforme 2012 chegava ao fim, começou a ficar claro que alguma coisa estranha estava acontecendo. Em vez de permitir que as preocupações o dominassem, Bergoglio continuou trabalhando, deixando tudo pronto, doando sua vasta coleção de livros para amigos e organizando os documentos do escritório.

O cardeal argentino estava totalmente preparado para a aposentadoria quando viajou de novo para o Vaticano, agora para o consistório que canonizaria os mártires de Otranto — a cerimônia de santificação de 813 italianos assassinados em 1480 por soldados otomanos por se recusarem a se converter ao islamismo — no dia 11 de fevereiro de 2013. E avisou aos amigos: "Quero deixar o mínimo possível para trás quando me despedir deste mundo."

Mal sabia ele a magnitude da notícia que o aguardava em Roma.

3

CONCLAVE

Oito anos antes, quando o novo papa eleito pelo conclave fora anunciado, a expressão do pontífice eleito, o papa Bento XVI, fora descrita pelo cardeal Joachim Meisner, de Colônia, como "um pouco desamparada".

Segundo a tradição, o decano do Colégio dos Cardeais é responsável por perguntar ao novo papa se ele aceita o papel, mas como o próprio Ratzinger era o decano, o trabalho ficou a cargo do vice, o cardeal Sodano. Enquanto os ocupantes do salão aguardavam, o cardeal Murphy-O'Connor se recorda especificamente "do silêncio que reinava. Ele parecia muito sério, e não apenas lúcido, mas calmo". Quando sua resposta afirmativa veio — em latim, é claro —, Joseph Ratzinger oficialmente se tornou o 265º papa. Quando lhe perguntaram que nome desejava assumir, não parou para pensar. A resposta estava na ponta da língua. O novo pontífice seria conhecido como Bento XVI. Por que "Bento"? Durante sua primeira audiência geral, no dia 27 de abril de 2005, ele explicou que São Bento era "um profeta da paz, corajoso e verdadeiro", "um ponto de referência fundamental para a unidade europeia e um poderoso lembrete das indispensáveis raízes cristãs de sua cultura e civilização".

Cada um dos cardeais lhe deu os parabéns e beijou sua mão.

É fascinante e trágico observar que os dois candidatos favoritos do conclave de 2005 declararam não desejar o cargo. Bento, ao ser eleito, disse que se sentia golpeado pela guilhotina. Francisco comentou que qualquer um que quisesse guiar a Igreja Católica não tinha muito amor próprio: "Eu não queria ser papa."

Por outro lado, contudo, quem *gostaria* de um trabalho desses? É um fardo. Árduo demais. Só termina com a morte. Existe um motivo para o salão para o qual Bento seguiu depois da eleição ser chamado de Sala delle Lacrime, a Sala das Lágrimas. Entre aquelas paredes, inúmeros pontífices caíram no choro sob o peso da responsabilidade que acabaria com sua vida. É famosa a declaração do papa João XXIII sobre ninguém contar ao novo papa se essas são lágrimas de alegria ou de tristeza. Ele precisa descobrir sozinho.

Os novos papas, porém, logo precisam deixar as lágrimas de lado. Minutos após sua eleição, esses homens se tornam a imagem da Igreja Católica. Como Bento mais tarde descreveria: "Na verdade, nessa hora, a pessoa se concentra em coisas muito práticas, externas. É preciso lidar com vestes e esses tipos de detalhes. Além disso, eu sabia que logo teria que fazer um discurso rápido na varanda, e comecei a pensar no que poderia falar. Mesmo naquele momento, quando entendi o que havia acontecido, só consegui dizer para Deus: 'O que o Senhor fez comigo? Agora, a responsabilidade é Sua. O Senhor deve me guiar! Não sou capaz. Se o Senhor me queria, terá que me ajudar!' Dessa forma, fiquei lá, tendo uma conversa intensa, por assim dizer, com Deus: se Ele fez uma coisa, também precisaria fazer a outra."

HABEMUS PAPAM

Enquanto Bento escolhia um dos três mantos papais brancos costurados à mão pela família Gammarelli, alfaiates do pontífice desde 1903, John Thavis, experiente jornalista do Vaticano, se lembra de esperar sentado na agitada sala de imprensa, tendo "acabado de escrever duas matérias: uma que dizia que o cardeal Ratzinger fora eleito papa e outra, muito menor, que anunciava a escolha do cardeal Dionigi Tettamanzi para o papel", quando o primeiro sinal de fumaça saiu da Capela Sistina às cinco e quarenta da tarde.

Thavis e seus colegas sabiam que um sinal de fumaça naquela hora do dia significava que Ratzinger conseguira dois terços dos votos na primeira votação da tarde, já que os cardeais não poderiam ter executado duas votações em tão pouco tempo. Porém, enquanto a multidão na praça de São Pedro e a imprensa se esforçavam para determinar a cor dela, a fumaça continuou a sair da chaminé por vinte minutos sem as badaladas dos sinos que deveriam acompanhá-la. Mais uma vez, o complexo sistema de fumaça dera errado. Dentro do Vaticano, a situação era caótica, com a Guarda Suíça e membros da Cúria correndo para avisar aos responsáveis por tocar o sino que o pontífice fora eleito, já que as fortes medidas de segurança não permitiam telefones nos arredores da capela.

Tudo ficou ainda mais confuso quando o sino que sinalizava as horas soou às seis da noite. Após o equívoco da noite anterior, a multidão na praça ficou completamente desnorteada, sem saber se deveria comemorar.

Por fim, quando os sinos da Basílica de São Pedro e, subsequentemente, de quase trezentas outras igrejas em Roma começaram a soar, por volta das seis e dez da tarde, não restava qualquer dúvida para os fiéis reunidos: eles tinham um novo papa. Na Sala das Lágrimas, todavia, Bento também passava por um momento absurdo. Apesar de terem produzido as vestes de nove papas antes dele, o ilustre e infalível método dos Gammarelli — produzir três mantos de cetim marfim com punhos de seda nos tamanhos pequeno, médio e grande e fazer algumas alterações no dia para ajustar a peça ao pontífice eleito — não deu certo. Com uma altura mediana de um metro e setenta, Bento não seria descrito por ninguém como baixinho, mas nenhum dos mantos e sapatos lhe servia. Mesmo assim, ansioso para ir à varanda e cumprimentar seu povo, pediu que os alfaiates ajustassem a veste o máximo possível — só para garantir, decidiu manter o suéter preto que usava por baixo, em virtude de uma gripe que pegara durante o conclave.

Às seis e quarenta e três, no horário local, o papa Bento XVI foi anunciado para o mundo com a famosa frase *Habemus papam!* [Temos um papa!], usada pela primeira vez para anunciar a eleição do papa Martinho V, em 1417. Na varanda, o recém-eleito Bispo de Roma abriu um sorriso largo, ergueu as duas mãos na direção de Deus antes de uni-las para agradecer à multidão. Após um discurso rápido e orações, Bento voltou para o hotel com os colegas cardeais para um modesto jantar de comemoração, que incluía uma tradicional sopa alemã de feijão, salada de carne-seca e champanhe, seguido de alguns hinos em latim.

Naquele dia de 2005, quando a figura pequena, de fala mansa e cabelos brancos surgiu na varanda mais famosa do mundo, ergueu as mãos envelhecidas para a plateia de milhares de pessoas na praça de São Pedro e os milhões de telespectadores que lhe assistiam ao redor do mundo, não houve a afobação normal — como a causada pela promoção surpreendente de um cardeal antes desconhecido — para descobrir qualquer coisa sobre o homem que subitamente virara líder de 1,1 bilhão de fiéis, porque muitas informações sobre ele, boas e ruins, já eram de conhecimento geral tanto dos católicos quanto do restante do mundo. Durante seus anos como prefeito da Congregação para a Doutrina da Fé, Ratzinger acumulara muitos apelidos além de rottweiler de Deus e cardeal *panzer*, alguns cruéis e outros mais gentis, como "cardeal Não" e "papa-Ratzi". Como os nomes sugerem, as opiniões sobre o cardeal Ratzinger eram divergentes. Alguns o viam como um "alemão agressivo e metido, um beato que empunha a cruz como uma espada", enquanto outros tinham uma visão oposta: a de um estudioso bávaro íntegro, simples, que gostava de beber Fanta e que dedicara a vida inteira ao cumprimento das leis divinas e da humilde veneração de verdades sublimes e imutáveis.

Qual versão era verdadeira, e quem exatamente era o homem por trás dessa reputação ambígua?

UMA INFÂNCIA NA BEIRA DO RIO

Nascido em 16 de abril de 1927, na pequena cidade bávara de Marktl am Inn, perto da fronteira com a Áustria, Joseph Aloisius Ratzinger era o caçula dos três filhos de Joseph e Maria Ratzinger. Ele nasceu no Sábado de Aleluia, e a família extremamente católica sempre se lembraria da "neve funda e do frio de bater os dentes que reinava" naquele dia. Nascer na véspera da Páscoa significava ser batizado imediatamente, para a decepção de seu irmão mais velho, Georg, e sua irmã, Maria, que não puderam comparecer à cerimônia para não pegarem um resfriado.

Joseph Ratzinger pai era policial da província. Ele e a família viviam sendo transferidos para pequenos vilarejos rurais, apesar de sempre permanecerem dentro do "triângulo formado pelos rios Inn e Salzach". Foi nesse cenário pitoresco que Ratzinger, em seu *Milestones: Memoirs 1927-1977* [Marcos: Memórias 1927-1977, em tradução livre], descreve uma infância bucólica, passada na natureza, correndo por colinas e brincando por vales, ou visitando as várias igrejas amontoadas pela região, o coração católico da Alemanha. O começo de sua vida criou "muitas memórias bonitas do amparo dos amigos e dos vizinhos, lembranças de pequenas comemorações em família e da vida na paróquia", mas ele não esconde as grandes dificuldades que sofreram durante uma época de forte crise econômica.

Após o fim da Primeira Guerra Mundial, em 1918, o Tratado de Versalhes reprimiu qualquer força militar que restava na Alemanha e, mais importante, a deixou financeiramente arrasada. O tratado era bem explícito e direto ao colocar a culpa do conflito nos alemães.

Além de exigir que a Alemanha aceitasse a responsabilidade pela guerra, os Aliados se recusaram a permitir que o país fizesse qualquer objeção aos termos do tratado. O povo alemão foi às ruas para expor sua raiva e humilhação com a perda de 10% dos territórios da nação, todas as colônias estrangeiras, 15% da população e vastas extensões de indústrias de ferro e carvão. Em 1921, o país também foi obrigado a pagar uma indenização no valor exorbitante de 132 bilhões de marcos de ouro. Uma hiperinflação se seguiu. Em 1923, quando o país inevitavelmente parou de fazer os pagamentos, os governos Aliados tentaram estabilizar sua economia. Mas os danos já haviam sido feitos, e os primeiros anos de Ratzinger foram passados à sombra de um país abatido: "Os níveis de desemprego eram altos; as indenizações da guerra pesavam muito sobre a economia alemã; brigas entre partidos políticos faziam as pessoas se voltarem umas contra as outras."

Foi durante esse período extremamente turbulento de crise econômica que outra sombra começou a cobrir a Alemanha: a conquista do poder por Adolf Hitler.

A APROXIMAÇÃO DAS NUVENS DA GUERRA

As memórias que Ratzinger tem do começo da década de 1930 são as de uma criança, mas ele escreve sobre a crescente visibilidade de "cartazes de campanha alarmistas", de eleições constantes e assembleias públicas acaloradas, nas quais o pai repetidas vezes "se opunha à violência dos nazistas". As críticas de Joseph Ratzinger pai logo se tornaram insustentáveis. Ele solicitou transferência para o "proeminente vilarejo agricultor" Aschau am Inn em dezembro de 1932.

Não havia, entretanto, como fugir. Apenas um mês depois, no dia 30 de janeiro de 1933, após duas eleições que não conseguiram eleger um governo majoritário, Adolf Hitler foi nomeado chanceler da Alemanha.

O próprio Ratzinger não se recorda desse momento histórico, mas seu irmão, Georg, e sua irmã, Maria, contam como, naquela fatídica manhã chuvosa, a escola os obrigou a "marchar pelo vilarejo, o que, é claro, logo se transformou numa caminhada cansativa por ruas lamacentas, algo que não deixou ninguém muito entusiasmado". Teria sido melhor se todos os alemães tivessem se sentido dessa forma. A ascensão de Hitler desencadeou um senso impressionante de nacionalismo. Pessoas que costumavam manter suas tendências nazistas escondidas agora se sentiam à vontade para expressar em público suas crenças políticas. Não demorou muito para a Juventude Hitlerista e a Liga das Moças Alemães chegarem a todos os vilarejos. Georg e Maria, para o pavor de seus pais, eram "obrigados a participar das atividades".

Mais tarde, Ratzinger se lembraria da campanha traiçoeira contra a religião nesses primeiros quatro anos do comando de Hitler, da "prática de espionar e denunciar padres que se comportavam como 'inimigos do Reich'". Na Baviera, as escolas tinham uma ligação próxima com a Igreja, então logo foram tomadas por novos professores leais ao partido, e o currículo foi modificado para seguir sua ideologia. Mesmo assim, Joseph pai fez tudo que podia para lutar contra a maré de perseguições, "avisando e ajudando os padres que sabia estarem em perigo". Mas aquela seria uma batalha impossível de vencer.

No campo internacional, Hitler começou a se concentrar em recuperar os territórios tomados da Alemanha pelo Tratado de Versalhes. Em casa, incentivou o povo a se reconectar com aquilo que Ratzinger, em suas memórias, descreve como sua "grande cultura germânica". Cerimônias de verão havia muito esquecidas foram reintroduzidas para a comemoração da "sacralidade da natureza", com mastros enfeitados com fitas e flores sendo erguidos pelos campos no interior. O poder estético dessas cenas não teria passado despercebido pelo ex-aluno de belas-artes que agora era chanceler, mas as iniciativas não serviam apenas como propaganda política. Ao dar novos rituais para as pessoas celebrarem, Hitler achava que poderia remover o poder que as tradições judaico-cristãs tinham sobre o povo, fazendo uso de "noções estranhas como pecado e redenção". Ao erradicar a religião da sociedade, abriria caminho para sua ideologia. Em parte, foi bem-sucedido, não obstante Ratzinger se lembre de um vislumbre de esperança: as "fórmulas retóricas" de Hitler eram sutis *demais* para os robustos rapazes locais, que estavam mais preocupados em ser os primeiros a alcançar o topo do mastro e pegar as valiosas salsichas bávaras que adornavam o topo.

Em 1937, conforme Joseph pai se aproximava do seu aniversário de 60 anos e da aposentadoria obrigatória, a família se mudou outra vez. Agora, não foram para outra casa-delegacia emprestada, mas para um lar próprio.

Quatro anos antes, os Ratzinger haviam comprado uma fazenda do século XVIII cercada por belos campos e árvores frutíferas, nas margens de uma vasta floresta de pinheiros, perto da pequena cidade bávara de Traunstein, ao oeste da fronteira com a Áustria. Ali, as crianças podiam brincar nas colinas e na mata enquanto os pais se ocupavam com a reforma da casa dilapidada, transformando-a num lugar mágico — que o jovem Joseph considerava o "verdadeiro lar" da família.

Assim como a natureza, a Igreja passou a ser uma influência cada vez maior em sua vida. Ele seguiu os passos de Georg e se tornou coroinha, apesar de o futuro papa observar em suas memórias que "seria impossível competir com [Georg] nos quesitos entusiasmo e dedicação". Na sociedade bávara da época, segundo Ratzinger, não importava se a pessoa era devota ou somente seguia convenções sociais; "ninguém cogitava morrer sem a Igreja ou passar pelos momentos mais importantes da vida sem ela. Caso contrário, sua existência cairia num vazio, perderia o chão que lhe dava apoio e significado". Ele adorava a estrutura, ou o "ritmo", como descreveu, com que a instituição demarcava o ano, e sempre havia uma comemoração por vir. Quando os filhos eram mais jovens, Joseph pai e Maria os incentivavam a compreender a liturgia dos domingos e dias de festas importantes com livros ilustrados. Assim, no ano em que a família chegou a Traunstein, os três já liam o missal inteiro.

Mais tarde, em 1997, numa entrevista concedida a Peter Seewald, Ratzinger afirmaria: "Não ocorreu nenhum evento revelador que me levou a perceber que devia ser padre. Pelo contrário, foi um longo processo de amadurecimento". Ainda assim, em suas memórias, lembra que esse foi o momento em que a vida "começou a seguir pelo rumo da liturgia, que se tornou um processo contínuo de crescimento até uma realidade grandiosa transcender quaisquer indivíduos específicos e gerações, uma realidade que, para mim, se tornou uma fonte de novos fascínios e descobertas". Ao comparar a frieza alemã com que descreve sua jornada vocacional rumo ao sacerdócio com as declarações do sucessor argentino, podemos observar que seus futuros estilos eram opostos desde a juventude. É o aberto contra o fechado. Assim como a revelação repentina de Bergoglio foi refletida em sua vida posterior como um "Bispo das Favelas" que beijava os pés de doentes de Aids, o mesmo acontece com o chamado de nosso tímido e reservado teólogo Joseph Ratzinger, que se descreve como um "cristão completamente comum" que apenas sentiu que "Deus tinha um plano para todas as pessoas", incluindo ele mesmo.

A tranquilidade do novo lar da família não duraria por muito tempo. Holofotes já eram instalados para analisar o céu noturno em busca de aeronaves inimigas, e uma fábrica secreta de munição era construída nas proximidades, escondida pelas árvores da floresta vizinha. Para a decepção do jovem Ratzinger, ele descobriu que sua nova escola, apesar de remota, também cedia às pressões do regime de Hitler. Suas amadas aulas de latim foram reduzidas; as de grego, completamente removidas do currículo; canções antigas agora incluíam versos com propaganda nazista; a educação religiosa foi substituída por esportes e eventos ao ar livre.

No dia 12 de março de 1938, as tropas alemãs marcharam para a terra natal de Hitler e anexaram a Áustria. De acordo com Ratzinger, "era impossível ignorar a movimentação das tropas", mas, como uma família extremamente católica que morava num vilarejo na fronteira, o "Grande Reich Germânico" criado pela *Anschluss* (anexação) lhes deu uma surpreendente liberdade de movimentação. Agora, os Ratzinger podiam fazer peregrinações a Salzburgo e suas muitas "igrejas gloriosas". Ficaram maravilhados ao descobrir que o preço dos ingressos para o famoso festival de música da cidade estava baratíssimo, já que a aproximação da guerra impedia a visita de outros turistas. Em suas memórias, Ratzinger descreve os dilemas morais enfrentados pelas famílias alemãs com uma sinceridade interessante: eles temiam as consequências da violência de Hitler, mas às vezes também se beneficiavam um pouco por causa dela.

Os benefícios, entretanto, logo acabaram. Quase imediatamente após o *Anschluss*, o ritmo e a intensidade da campanha internacional do chanceler foram acelerados. Como não havia ninguém para desafiar suas investidas, o primeiro-ministro britânico, Neville Chamberlain, tentou aplacar Hitler na infame Conferência de Munique, reconquistando a região dos Sudetos da Tchecoslováquia, em setembro de 1938. Logo após um Chamberlain triunfante exibir seu pedaço de papel para o mundo, declarando que garantia "paz na nossa era", as verdadeiras intenções de Hitler foram reveladas quando, entre 9 e 10 de novembro — a *Kirstallnacht* (Noite dos Cristais) —, suas forças paramilitares e seus partidários em toda a Alemanha destruíram cerca de sete mil e quinhentos estabelecimentos judeus, incendiaram mil sinagogas, assassinaram 91 judeus e prenderam mais de trinta mil homens judeus com idades entre 16 e 60 anos, enviando-os para os novos campos de concentração em Dachau, Buchenwald e Sachsenhausen.

Os eventos causaram indignação internacional. O *The Times*, de Londres, escreveu: "Nenhum ativista estrangeiro que quisesse maldizer a Alemanha para o mundo seria capaz de contar algo pior do que os relatos de queimas e violência, de ataques covardes contra pessoas indefesas e inocentes que assolaram o país ontem." Mesmo assim, em suas memórias, Joseph Ratzinger não faz qualquer menção à *Kristallnacht* nem à perseguição dos judeus pelos nazistas, apesar de ter convivido com tal situação todos os dias. Por anos.

No começo da década de 1930, no seu vilarejo de Traunstein, placas foram penduradas em estabelecimentos judeus, alertando os residentes:

"Não comprem do judeu. Ele faz vocês, fazendeiros, gastarem dinheiro e perderem suas propriedades e seus lares." Em suas memórias, Ratzinger faz algumas alusões sobre a postura antinazista da família, que provavelmente não tinha qualquer cumplicidade com o regime, assim como os outros "bons alemães" que viraram a outra face durante os anos de atrocidades. Porém, como John Allen escreve em sua biografia do futuro pontífice: "A interpretação de Ratzinger sobre a guerra omite aquilo que muitas pessoas consideram ser sua principal lição, isto é, os perigos da obediência cega. Muitos alemães não questionaram nada, não se rebelaram e, quando necessário, não lutaram."

Nos primeiros meses de 1939, com o país em alvoroço e a aproximação da guerra, foi decidido que Joseph Ratzinger entraria para o seminário menor no Studienseminar St. Michael, sendo "incentivado" a fazer isso por seu padre, "para ser sistematicamente iniciado na vida espiritual" e começar sua jornada rumo ao sacerdócio. Como o internato não oferecia aulas acadêmicas junto com o treinamento teológico, os alunos permaneciam assistindo às aulas do *gymnasium* local em Traunstein, formando um terço do corpo estudantil da escola. De acordo com Georg Ratzinger, que entrou para o seminário quatro anos antes do irmão mais novo, "não era incomum que vários meninos de uma família se tornassem padres, e as filhas, freiras".

Ratzinger se recorda de seguir os passos do irmão mais velho "com alegria e grandes expectativas". Mas o silencioso e reservado Joseph, que "criara um mundo infantil particular", teria dificuldades em se adaptar à vida no internato — ele era o seminarista mais jovem, com apenas 12 anos — com outros sessenta meninos, "precisando aprender a se integrar, a abandonar [suas] tendências solitárias e começar a criar uma comunidade com os outros, dando e recebendo". Com o início da guerra após a invasão da Polônia pelos alemães, no dia 1º de setembro de 1939, Joseph e Georg foram enviados temporariamente de volta para casa, a fim de que o internato pudesse ser transformado num hospital militar. Mas logo foram encontrados novos alojamentos para o seminário, dessa vez perto da floresta, num local muito melhor, permitindo que os estudantes se dedicassem a passatempos como criar represas e caminhar pelas montanhas ao redor.

O próprio Ratzinger admite que o cenário parece absurdamente idílico, mas o fato era que, para muitas crianças, "a guerra parecia ser quase mentira" durante o período conhecido como a "Guerra de Araque". Após um tempo, a paralisação foi interrompida, e a invasão-relâmpago a Holanda, Bélgica e França, conhecida como *Blitzkrieg*, foi executada em 10 de maio de 1940. Ratzinger admite o surgimento de surpreendentes ondas de patriotismo, mesmo entre aqueles que eram contra o nacionalismo, quando os poderes que puniram a Alemanha após a Primeira Guerra Mundial foram "humilhados tão rápido" no começo da Segunda. Essa alegria não foi compartilhada por Joseph pai, que, "com uma clarividência infalível, entendeu que a vitória de Hitler não seria uma vitória para a Alemanha, mas para o Anticristo, que com certeza anunciaria tempos apocalípticos para os fiéis e todos os outros."

Joseph pai permaneceu firme em sua oposição aos nazistas e evitou que os filhos entrassem para a Juventude Hitlerista pelo máximo de tempo possível, mesmo depois da publicação do decreto do Ministério Bávaro de Educação e Questões Religiosas, em 1938, que anunciava descontos em mensalidades para as crianças registradas como membros. Ele preferia que a família passasse dificuldades com sua parca aposentadoria de policial a ceder às pressões de um tirano. Mas, quando a matrícula na Juventude Hitlerista se tornou obrigatória para todos os meninos com mais de 14 anos, em 1939, como uma precursora do alistamento militar, Georg, então com 15, não conseguiu escapar.

Após Hitler iniciar a Operação Barbarossa e lançar quatro milhões e meio de soldados alemães contra a União Soviética, em junho de 1941, a necessidade de reforços se tornou urgente, e Joseph também foi relutantemente matriculado, mas seguiu o exemplo do pai e se recusou a participar dos encontros. Por sorte, esse fato chegou ao conhecimento de seu professor de matemática, que, a despeito da própria lealdade ao partido, sugeriu que o garoto "fosse só uma vez para pegar o documento". A recusa de Joseph foi tão fervorosa, no entanto, que ele ficou com pena e acabou concordando em assinar o nome do menino na lista independentemente de sua presença, para que recebesse o desconto na mensalidade da escola.

Georg não teve um benfeitor desses quando completou 17 anos, a idade obrigatória para o alistamento militar, e precisou entrar para o Exército. No verão de 1942, foi enviado para a região dos Sudetos, para o desgosto dos pais e, sobretudo, de Joseph, então com 14 anos, que idolatrava o irmão. Para os seminaristas que ficaram para trás, os dias eram passados observando "os veículos enormes [que] agora chegavam, às vezes trazendo para casa soldados com ferimentos terríveis", e analisando o jornal local em busca de nomes de colegas de escola mortos em combate.

Não demorou muito para Joseph Ratzinger receber sua convocação para o Exército. Um ano antes do esperado, em 1943, aos 16 anos, o futuro papa e os outros rapazes de sua turma nascidos entre 1926 e 1927 foram recrutados e posicionados em vários postos de artilharia em torno de Munique como reservas estudantes da força de defesa antiaérea — primeiro para proteger um estabelecimento da Fábrica de Motores de Baviera (BMW) que produzia preciosos motores de avião. Ratzinger lembra que o período no Exército "trouxe muitos momentos desagradáveis, especialmente para alguém que, como eu, não era militar". Os estudantes tinham permissão para entrar na cidade bombardeada três vezes por semana para ir à escola, mas se horrorizavam cada vez mais com a destruição conforme os ataques contra Munique se intensificavam.

No verão de 1944, boatos de que os Aliados invadiriam a França fizeram surgir a esperança de que o caos da guerra poderia acabar em breve, porém a Alemanha só se renderia mais de um ano após o Dia D, em 6 de junho. Enquanto isso, Ratzinger atingiu a idade militar, de modo que foi transferido em setembro para uma unidade de trabalho na fronteira entre Áustria, Tchecoslováquia e Hungria, territórios ocupados pelos alemães. A base era administrada por "ideólogos fanáticos que [os] tiranizavam o tempo todo". Soldados da SS desesperados tiraram os rapazes sonolentos da cama no meio da madrugada e tentaram convencê-los a se tornarem recrutas "voluntários" para a unidade armada. Ratzinger e os amigos evitaram essa sentença de morte apenas porque declararam que pretendiam se tornar padres católicos. Os soldados os dispensaram de forma "zombeteira e abusiva", e os estudantes voltaram à tarefa de cavar trincheiras na manhã seguinte.

Apesar de ter assinado um pacto de não agressão com Stálin, Hitler decidira enviar quatro milhões e meio de soldados para invadir a União

Soviética em junho de 1941. De acordo com Hubert Menzel, major do Exército alemão, os nazistas acreditavam que "em dois anos, isto é, [no] começo de 1943, os ingleses estariam prontos, os americanos estariam prontos, os soviéticos também estariam prontos, portanto teríamos de lidar com os três ao mesmo tempo". Por essa razão, acharam melhor tirar a União Soviética da briga antes que ela fizesse qualquer acordo potencialmente mortal com os Aliados.

A arrogância surpreendente exibida pela Alemanha ao presumir que uma campanha contra a União Soviética acabaria rápido mostrou que suas forças estavam completamente despreparadas para a resistência, as táticas militares habilidosas e a quantidade exorbitante de homens com os quais o Exército Vermelho de Stálin enfrentou a invasão, sem mencionar o temido inverno russo, apelidado de "general inverno" graças à ajuda que deu aos militares soviéticos. Em setembro de 1944, Hitler lutava uma guerra de atritos, e o *front* soviético, que continuava avançando, se aproximava de Ratzinger e seus colegas, que agora conseguiam "ouvir os estrondos da artilharia ao longe". Após dois meses de trabalho árduo, os esforços alemães para fortalecer as defesas sudoestes foram considerados inúteis, e os soldados foram dispersados por regimentos de infantaria pela Baviera.

Seis meses depois, em maio de 1945, quando a notícia de que os Aliados haviam invadido a Alemanha e de que Hitler se suicidara chegou ao seu posto, Ratzinger aproveitou a oportunidade para abandonar a missão em Munique e voltar para casa. A cidade ainda era patrulhada em peso por oficiais "que receberam ordens para atirar em desertores sem fazer perguntas". Mas, quando o futuro papa encontrou dois deles numa estrada tranquila que saía de Munique, "eles também estavam cansados da guerra e não queriam se tornar assassinos". Ao notarem que o rapaz usava uma tala no braço em virtude de um ferimento, permitiram que seguisse em frente: "Companheiro, você está ferido. Pode ir!"

Joseph e Maria ficaram felicíssimos com o retorno do caçula, mas não demorou muito para as forças americanas chegarem ao vilarejo e o forçarem a ir embora, dessa vez como prisioneiro de guerra. Ratzinger lembra que teve de "colocar novamente o uniforme que já havia abandonado, erguer as mãos e me juntar à multidão cada vez maior de prisioneiros, que estavam formando filas em nosso prado". Após três dias de marcha, foi preso num campo com outros cinquenta mil soldados alemães. Todos dormiam do lado de fora, "sem relógio, sem calendário, sem jornais", informando-se sobre o mundo exterior por meio de boatos. O tempo de cativeiro foi relativamente curto. No dia 19 de junho de 1945, Ratzinger foi liberado e de novo refez o caminho de casa. Um mês depois, foi seguido por Georg. A dupla voltou aos estudos no seminário no outono de 1945.

As memórias de Ratzinger foram alvo de críticas profundas por sua "seletividade perturbadora" e pela óbvia ausência de reflexão sobre as atrocidades cometidas por Hitler contra o povo judeu e "especificamente sobre os fracassos morais dos católicos alemães". Seu biógrafo, John Allen, concorda que *Milestones* nos dá a impressão de que, durante o auge da guerra e das perseguições, Ratzinger "estava lendo obras fantásticas da literatura, ouvindo Mozart, passeando com a família por Salzburgo e se dedicando a aprender as conjugações do latim". Dachau ficava a apenas cem quilômetros da cidade de Ratzinger e a quinze de Munique, mas a única menção que ele faz ao campo de concentração em que mais de quarenta e um mil e quinhentas pessoas morreram e mais de duzentos mil foram encarceradas é apenas um lamento sobre o bondoso reitor que lhe deu aulas no seminário após a guerra e passou cinco anos preso lá. Quando o Exército Vermelho se aproximou do *front* leste da Alemanha, a SS começou a evacuar o campo e conduziu mais de sete mil prisioneiros para o oeste, nas chamadas "marchas da morte". Após anos de tortura e fome, muitos não sobreviveram ao trajeto, e há registros de que 36 pessoas caíram e morreram perto ou no vilarejo de Traunstein. O Holocausto bateu à porta de todos.

Costuma-se dizer que "aqueles que não conseguem se lembrar do passado estão condenados a repeti-lo". Como David Gibson observa em seu livro *The Rule of Benedict*:

> *O que a experiência nazista parece ter desenvolvido em Joseph Ratzinger — ou talvez fosse uma característica preexistente que se intensificou durante o período — foi certo distanciamento, um hábito de se remover de situações desagradáveis, de isolar o ideal puro — da fé, da Igreja, da família, da nação — das inevitáveis corrupções do mundo. Essa abordagem causa a sensação*

de que suas lembranças são remotas, com um distanciamento que pode ser interpretado por muitos como frieza. Na verdade, é problemático quando um sacerdote que dá tanta importância à integridade pessoal e à santidade individual parece não refletir muito sobre sua própria história.

Existe um paralelo inegável entre as tentativas de Bento de reduzir a dissonância cognitiva de suas experiências sob o regime de Hitler com a criação da imagem idílica de uma infância quase inabalada pelos horrores da Segunda Guerra Mundial e sua aparente resistência em enfrentar a realidade horrível dos abusos sexuais generalizados cometidos pela Igreja Católica durante seu governo como papa.

O ESTUDANTE SE TORNA PADRE

Quando Ratzinger voltou aos estudos no seminário, encarou a situação como uma oportunidade não só para si mesmo, mas também para toda a nação, de encontrar uma saída das ruínas da guerra e reconstruir uma "Alemanha melhor, um mundo melhor". Em *Milestones*, ele escreve como, "apesar dos muitos fracassos humanos, a Igreja era a alternativa para a ideologia destrutora dos comandantes nazistas; no inferno que engolira os poderosos, ela permanecera firme, recebendo forças da eternidade". Aqui, Ratzinger escolheu ignorar a documentada preferência do Vaticano, sob Pio XII, pelo Terceiro Reich aliado à Igreja, em detrimento do comunismo ateísta da União Soviética, preferindo se concentrar nos registros do pós-guerra, mais dignos do seu elogio idealizado.

Apesar de livros serem difíceis de encontrar, Ratzinger passou os dois anos seguintes completamente dedicado aos estudos teológicos. No verão de 1947, foi aceito no prestigioso instituto de teologia da Universidade de Munique, pretendendo se tornar "mais familiarizado com os debates intelectuais de nossa era mediante o estudo universitário, de forma que um dia fosse capaz de me dedicar completamente à teologia como profissão".

Lá, mergulhou nos estudos de filosofia e literatura, passando horas escutando os diversos pensadores inspiradores da faculdade:

"Eu ficava extremamente ansioso pelas aulas de nossos renomados professores." Entre os jovens seminaristas, havia uma sensação palpável de que eram uma nova geração de católicos capazes de "mudanças radicais", que "tinham coragem para fazer novas perguntas e uma espiritualidade que espantava tudo que fosse velho e obsoleto". A universidade sofrera grandes danos durante os bombardeios. Muitas partes ainda "estavam em ruínas", mas o departamento de Ratzinger "encontrara abrigo temporário na antiga cabana de caça real em Fürstenried". Seus jardins magníficos eram o ambiente ideal para contemplações profundas sobre o compromisso enorme que estavam prestes a assumir.

Durante o período que passou na universidade, Ratzinger se tornou mais confiante sobre sua interpretação das escrituras e de grandes pensadores da teologia, como Santo Agostinho e São Boaventura, e os três anos de estudo passaram rápido. Após a última prova, no fim do verão de 1950, começou a se preparar para ser ordenado. Num "dia radiante de verão", em junho de 1951, Ratzinger, junto com Georg e mais quarenta candidatos, ofereceu seu compromisso a Deus. Em *Milestones*, lembra: "Não devíamos ser supersticiosos, mas, no momento em que o velho arcebispo encostou em mim, um passarinho — talvez uma cotovia — veio voando do topo do altar da catedral, cantando uma canção alegre. Interpretei isso como um sinal de incentivo superior, como se tivesse ouvido as palavras: "Está tudo bem, você seguiu o caminho certo."

As quatro semanas seguintes "foram como um banquete eterno" de novas experiências. Depois de celebrar a primeira missa para uma congregação lotada em sua paróquia local, ele "aprendeu em primeira mão como as pessoas esperam ansiosamente por um padre, como desejam a benção que flui do poder do sacramento". Após anos de estudo, o novo padre Joseph ficou surpreso com as exigências de seu novo papel: "Eu precisava passar 16 horas dando instruções religiosas em cinco níveis diferentes, o que, é claro, exigia muito preparo. Todos os domingos, tinha de rezar pelo menos duas missas e passar dois sermões diferentes. Todas as manhãs, eu me sentava no confessionário de seis às sete, e passava quatro horas lá nas tardes de sábado. A cada semana, era necessário acompanhar vários enterros nos muitos cemitérios da cidade. Eu era o único responsável pelo grupo de jovens, além de obrigações extracurriculares, como batismos, casamentos e assim por diante."

Era um trabalho desafiador, que deixava nítida sua falta de "treinamento prático". Conforme passava mais tempo com os jovens de sua paróquia, Ratzinger ficou abismado ao descobrir "como a vida e o raciocínio de muitas crianças estavam distantes das realidades da fé e como nossas instruções religiosas se divergiam das rotinas e do raciocínio de nossas famílias". Essa foi uma questão que permaneceu em sua mente como uma das maiores ameaças enfrentadas pela Igreja Católica.

Por esse motivo, talvez não tenha sido surpresa alguma quando, pouco depois de completar um ano como padre paroquiano, Ratzinger recebeu a animadora notícia de que fora aceito no doutorado e começaria as aulas no dia 1º de outubro de 1952, podendo voltar aos amados estudos de teologia. Ele ficou em conflito sobre abandonar a tarefa que acreditara ser tão cansativa: "Sofri bastante, especialmente no primeiro ano, pela perda de todos os contatos humanos e pelas experiências que ganhei com o cuidado pastoral. Na verdade, até pensei que seria melhor ter permanecido na paróquia." Mas essas dúvidas já haviam se dissipado quando seus orgulhosos pais o observaram subir no palco para receber seu diploma em julho de 1953.

Ratzinger passou boa parte do doutorado estudando Santo Agostinho, não São Tomás de Aquino, decisão descrita pelo biógrafo John Allen como "um pequeno ato de rebeldia" contra a encíclica do papa Leão XIII de 1879, que declarava que Aquino era "considerado, de forma correta e merecida, o bastião especial e a glória da fé católica", portanto deveria ser aceito como o filósofo mais importante da Igreja. Tal encíclica legitimara o movimento conhecido como neoescolasticismo, que desejava resistir à modernidade ao levar os ensinamentos doutrinais de Aquino de volta para a Igreja, sugerindo que "qualquer um que se afastasse de seu ponto de vista estaria flertando com a heresia". Por toda a vida, Ratzinger permaneceu um "agostiniano convicto", como ele próprio descreve. Mas, em 1953, essa era uma posição surpreendentemente progressiva, que talvez tenha sido influenciada por aquilo que Allen descreve como "o fermento intelectual" sentido por muitos membros da Igreja nos anos que antecederam o Segundo Concílio do Vaticano, em 1962.

UMA NOVA ESTRELA BRILHANTE DA TEOLOGIA

Após a formatura, Ratzinger começou a escrever sua dissertação do pós-doutorado no seminário e aceitou o cargo de professor em Frisinga, que oferecia alojamento na catedral. Isso permitiu que tirasse o irmão, a irmã e os pais idosos do lar da família — que agora se tornava um estorvo — e os levasse para morar com ele. Tanto a mãe quanto o pai continuariam a viver com o caçula até sua morte, em 1958 e 1963, respectivamente.

A tese de Ratzinger sobre a obra de São Boaventura e o conceito da revelação, por outro lado, se mostrou surpreendentemente problemática para um estudante que sempre tivera sucesso acadêmico. Após entregar o trabalho, no fim de 1955, ele recebeu opiniões conflitantes de dois de seus professores. De acordo com Ratzinger, o professor Gottlieb Söhngen, que sugerira o tema, "o aceitou com entusiasmo e até o citava com frequência em suas aulas", mas o professor Michael Schmaus achava que o texto demonstrava um "modernismo perigoso" e "uma franqueza não aconselhável para um novato", rejeitando-o "por não cumprir os padrões acadêmicos pertinentes". Após pensar um pouco no assunto, Ratzinger chegou à conclusão de que ofendeu Schmaus por não pedir sua orientação sobre um assunto que todos sabiam ser a especialidade do professor, além de tê-lo insultado com conclusões extremamente baseadas em "novas ideias" de acadêmicos franceses que seguiram estudando temas protelados pelos trabalhos de Schmaus antes da guerra. Infelizmente, ele era o professor mais poderoso e tinha a palavra final. Várias revisões foram necessárias antes de a tese ser aceita, em fevereiro de 1957.

Um ano depois, Ratzinger finalmente entrou para o corpo docente da Universidade de Munique e se tornou professor de teologia fundamental e dogmas em Frisinga. Nessa época, como observa David Gibson, "teólogos eram como estrelas do pop: suas palestras lotavam auditórios. Livros de teologia complexa eram tão populares quanto livros de suspense e apareciam na capa da revista *Time*". Então, talvez fosse inevitável que, conforme o jovem sucesso com pretensões reformistas causava alvoroço entre os círculos teológicos, suas palestras fossem interrompidas por aquilo que Ratzinger descreveu como "bombas de certos grupos incomodados". Isso apenas serviu para aumentar sua reputação de ter um futuro promissor. Ele aceitou propostas de universidades em Bonn, Münster e Tubinga nos oito anos seguintes. Porém, como Allen observa, esse era o caminho de alguém que desejava fazer carreira como teólogo, e não o de um sacerdote que almejava se tornar cardeal: "Jovens padres ambiciosos geralmente vão para o seminário em Roma, onde é importante desenvolver contatos cedo, assim como ganhar reputação como 'seguro' em termos de doutrina e hábitos pessoais."

Foi durante seus anos como professor que Ratzinger chamou a atenção do arcebispo de Colônia, o cardeal Josef Frings, que decidiu nomeá-lo seu *peritus* (especialista em teologia) pessoal. Frings tinha ideias progressistas e, como era presidente da Conferência dos Bispos Alemães desde 1945, já era visto como uma "lenda nos círculos da Igreja europeia" sobre questões teológicas graças a seus discursos e artigos. Quando, em julho de 1959, o papa João XXIII anunciou o Vaticano II, Frings convidou Ratzinger para acompanhá-lo. Com problemas de saúde e quase cego, o arcebispo se tornou dependente do auxiliar de 35 anos, que, por sua vez, admirava bastante o cardeal, visto por muitos como "capaz de ser uma das vozes mais influentes no concílio antes mesmo de ele começar".

Vários membros da Igreja tinham esperança de que as deliberações do concílio de três anos trouxessem mudanças reais, e Ratzinger, nessa fase de sua evolução, com certeza era um deles.

Na sua forma mais simples, os dois lados opostos do Vaticano II eram chamados de *aggiornamento*, progressistas "que queriam 'modernizar' a Igreja e fazê-la dialogar com a cultura", e *ressourcement*, conservadores que preferiam "recuperar elementos da tradição que foram perdidos". Como braço direito de Frings, não havia dúvida de que Ratzinger argumentava a favor do lado do *aggiornamento*. Suas observações pessoais escritas na época do Vaticano II apoiam essa teoria. Ainda assim, em menos de vinte anos, um tempo relativamente curto no âmbito da teologia, ele começou a insistir numa campanha agressiva para reforçar os mesmos ideais contra os quais discutira durante o concílio.

Então, eis a pergunta que intriga tanto acadêmicos quanto críticos: o que aconteceu para causar uma mudança de opinião tão profunda em Joseph Ratzinger?

ADEUS AOS IDEAIS DA JUVENTUDE

As recordações do próprio Ratzinger sobre sua opinião teológica são um pouco contraditórias. Numa entrevista para a revista *Time*, em 1993, ele alegou que suas crenças sempre foram consistentes e inabaláveis: "Não vejo qualquer mudança em minha visão como teólogo [com o passar dos anos]." Mesmo assim, em *Milestones*, recorda-se de ter ficado "extremamente incomodado com a transformação do clima eclesiástico, que se tornava cada vez mais evidente" em 1966, chegando ao ponto de o cardeal Julius Döpfner, seu colega de trabalho, "expressar surpresa ao detectar uma 'tendência conservadora'" no acadêmico que antes fora tão liberal.

A mudança entre o "Ratzinger I" liberal e o "Ratzinger II" conservador começou na época em que ele foi convidado para ocupar o recém-criado cargo de Segunda Cadeira de Dogma na Universidade de Tubinga, no verão de 1966. As ondas de agitação social que começaram a surgir no fim da década de 1950 e começo da de 1960 finalmente explodiram em protestos pelo mundo todo em 1968. Esses protestos, em geral organizados por estudantes, tinham propósitos variados em cada país. Nos Estados Unidos, ao mesmo tempo que ocorria uma intensa oposição à Guerra do Vietnã, o assassinato de Martin Luther King Jr. incitou conflitos violentos entre ativistas dos direitos civis e a polícia. Na Tchecoslováquia, a resistência à repressão soviética deu origem à rápida Primavera de Praga. A França e outras partes da Europa foram tomadas por greves gerais e grandes manifestações estudantis. Na Alemanha, a raiva dos jovens por seu país e seus lares permanecerem dominados por líderes e pais com passados nazistas foi combinada com a rejeição de novas leis prestes a serem aprovadas e que permitiriam que o governo limitasse os direitos civis em caso de emergência. Mesmo numa cidade pequena como Tubinga, Ratzinger recorda: "Quase do dia para a noite, houve uma mudança no 'paradigma' ideológico apoiado pelos estudantes e por parte dos professores. Quase de uma hora para outra, o modelo existencialista entrou em colapso e foi substituído pelo marxismo."

Ratzinger, um antimarxista ferrenho, agora se via isolado no campus com tendências esquerdistas até entre membros do corpo docente de teologia. Após lutar por tanto tempo para que os seres humanos parassem de brigar por motivos econômicos ou políticos, ficou horrorizado com o que via: "A destruição da teologia que ocorria naquele momento era mais radical e impossível de comparar justamente porque usava a esperança bíblica como base, mas a invertia, mantendo o ardor religioso e eliminando Deus, substituindo-o pela atividade política do homem. A esperança permanece, mas o partido assume o papel de Deus, trazendo consigo um totalitarismo que pratica um tipo de adoração ateia, pronta para sacrificar toda a humanidade para seu falso ídolo. Eu mesmo vi a face desvelada e assustadora dessa devoção ateia, seu terror psicológico, o descaso com o qual todas as considerações morais podem ser desmerecidas como um indício burguês quando o objetivo ideológico é ameaçado."

É difícil ler essas palavras sem imaginar que os medos do futuro papa estavam relacionados às suas experiências sob o domínio nazista. Como Allen observa: "Aquilo foi extremamente preocupante para Ratzinger, que acreditava que já testemunhara uma tentativa desastrosa de manipulação ideológica da fé cristã na Alemanha nazista e, portanto, se sentia obrigado a resistir de novo." Ao mesmo tempo, ainda é surpreendente o fato de ele dar tão pouco crédito às diferenças óbvias entre as manipulações de Hitler e as revoltas populares organizadas pelo povo, a grande maioria contra opressões políticas, não contra a Igreja.

Numa entrevista de 1997, Ratzinger refletiu que "sabia o que estava em jogo: qualquer um que desejasse permanecer progressista naquele contexto teria de abrir mão de sua integridade". Mas, como Gibson observa em *The Rule of Benedict*, "se os princípios do movimento progressista eram válidos na época, o fato de alguns partidários ou forças externas os usarem de forma errada não devia ser suficiente para invalidá-los". Com certeza um homem com tantos princípios morais e confiança teológica quanto Ratzinger, que "permanece verdadeiro aos seus ideais e se orgulha de resistir às pressões externas", teria forças para se opor àquilo que considerava uma turba.

O exato momento da decisão permanece um mistério. O chefe do departamento de Ratzinger em Tubinga, Hans Küng, iminente teólogo suíço liberal e ex-amigo do futuro papa, mais tarde escreveria em suas memórias: "As pessoas sempre se perguntam como um teólogo tão talentoso, amigável e aberto como Joseph Ratzinger foi capaz de passar por tamanha mudança: de teólogo progressista em Tubinga a inquisidor-geral de Roma." As diferenças ideológicas acabariam causando uma separação irreparável entre os dois. Küng se tornou um dos maiores críticos de Ratzinger, que, por sua vez, por debaixo dos panos, teve um papel fundamental na persuasão dos bispos alemães "a apoiar a decisão de João Paulo II de despojar Küng do direito de manter seu título de teólogo católico".

Em 1969, quando uma oportunidade de trabalho surgiu na nova Universidade de Ratisbona, em sua amada fortaleza católica que era a Baviera, Ratzinger, cansado das muitas "controvérsias testemunhadas em reuniões acadêmicas" desde que "a revolução marxista tomara a universidade com seu fervor", decidiu aceitá-la. Em *Milestones*, lamenta como só "alguns anos antes ainda se esperava que os membros do corpo docente de teologia fossem bastiões contra a tentação marxista. Agora era o oposto: eles se tornaram seu centro ideológico". Seu irmão, Georg, também trabalhava na cidade como diretor do prestigioso coral da Catedral de Ratisbona, e a chance de desenvolver a própria "teologia num ambiente menos tumultuado" era boa demais para recusar. Como não tinha desejo algum de permanecer como a figura solitária que "sempre é forçada a ser oposição", o papel de Segunda Cadeira de Dogma numa nova universidade lhe permitiria moldá-la junto com colegas de opiniões parecidas. Ao preferir se recolher para a segurança de uma instituição ideologicamente unida, Ratzinger dava um passo concreto para se afastar do passado liberal e se aproximar do futuro conservador que o aguardava.

Apesar de a decisão ser uma decepção chocante para alguns colegas de trabalho, outros não se surpreenderam. O padre Ralph M. Wiltgen escreveu suas recordações do Vaticano II em 1967, nas quais observou: "O padre Ratzinger, teólogo pessoal do cardeal Frings, pareceu apoiar de olhos fechados as visões do seu antigo professor durante o concílio. Mas, quando o evento se aproximava do fim, admitiu que discordava em vários pontos e disse que começaria a se expressar mais depois que o concílio terminasse."

E assim o fez.

Ratzinger descreve seus anos em Ratisbona como "uma época muito produtiva de trabalho teológico". Ele adorava a quantidade de tempo livre, sem interrupções, que agora tinha para dedicar aos seus escritos. Sua produção prolífica durante essa época chamou a atenção do alto escalão da Igreja, de modo que sua reputação como um "porta-estandarte conservador" foi rapidamente confirmada. Em 1972, distanciando-se dos antigos colegas de Tubinga, o futuro papa renunciou à cadeira no conselho do *Concilium*, um jornal progressista, e se juntou a um grupo de conhecidos teólogos conservadores para lançar uma publicação rival, o *Communio*. Como Allen observa, é um "indicador significativo" da Igreja de João Paulo II o fato de que todos os fundadores do *Communio* foram promovidos a cargos importantes durante seu papado, enquanto os membros mais progressistas do *Concilium* nunca receberam a mesma honra.

E Joseph Ratzinger chegaria ao topo.

O TEÓLOGO SE TORNA CARDEAL

Em julho de 1976, muitos consideravam que Joseph Ratzinger, então com 49 anos, estava no auge da carreira. No entanto, quando a súbita morte do arcebispo de Munique, o cardeal Julius Döpfner — que expressara surpresa ao descobrir as tendências conservadoras de Ratzinger dez anos antes — foi anunciada, tudo mudou bem rápido.

Chocado com a notícia — Döpfner tinha apenas 62 anos —, ele desmereceu os boatos que o apontavam como sucessor natural do arcebispo e que se espalhavam rápido. Em sua biografia de 1997, escreveu:

Não os levei muito a sério, porque minhas limitações de saúde eram tão conhecidas quanto minha incompetência em questões de governo e gestão. Eu sabia que tinha vocação para a vida intelectual e nunca cogitei fazer nada diferente disso. A administração acadêmica — agora, eu voltara a ser decano, e era vice-reitor da universidade — fazia parte das possíveis atribuições de um professor e não chegava nem perto das responsabilidades de um bispo.

Foram palavras visionárias. Oito anos depois de ter escrito essa passagem, durante o conclave de 2005, Ratzinger voltaria a ser confrontado pelas dúvidas com as graves "limitações" de sua capacidade de cumprir as responsabilidades do cargo que lhe era apresentado. Mais do que isso, aqueles que eram contra sua candidatura ao papado também se refeririam à sua "incompetência em questões de governo e gestão", alegando que ele era um teólogo, não um papa, e que sua falta de experiência pastoral prejudicaria a Igreja como um todo.

Foi Platão quem disse que "somente aqueles que não buscam pelo poder são qualificados para exercê-lo". Quando Döpfner morreu, Ratzinger não apenas *evitou* o poder, mas logo se esforçaria ao máximo para recusá-lo. Ao analisarmos sua carreira de forma mais aprofundada, padrões claros ficam nítidos. Durante seu tempo de serviço à Igreja, Ratzinger sempre pareceu se opor às oportunidades que a maioria das pessoas consideraria extraordinárias.

Acreditando que encerrara as discussões sobre sua sucessão, ficou surpreso quando o núncio papal foi visitá-lo em Ratisbona "com uma desculpa qualquer" e, após se cumprimentarem, lhe entregou uma carta que detalhava sua nomeação como arcebispo de Munique e Frisinga. Depois de receber a permissão do núncio para conversar com seu confessor, Ratzinger discutiu o assunto com o professor Alfons Auer, descrito por ele como alguém "que conhecia muito bem as minhas limitações, tanto como teólogo quanto como ser humano". Certo de que Auer o aconselharia a recusar o cargo, Joseph, então com 49 anos, ficou bem surpreso ao ouvir o amigo responder "sem muito refletir" que "deveria aceitar". Ainda cheio de dúvidas, voltou para o núncio e novamente deixou claro suas limitações, mas descreveu como, "no fim, usando-o como testemunha, hesitantemente escrevi minha carta de aceitação no bloco de papel do hotel em que ele estava hospedado".

Nos primeiros quatro anos como arcebispo de Munique, o titubeio ansioso de Ratzinger em 1976 se transformou na confiança de estar certo sobre sua verdadeira vocação — ou, ao contrário, na certeza sobre aquilo que *não* nascera para fazer. As responsabilidades do cargo exigiam muito dele, especialmente porque "dizia-se que seu relacionamento com os padres da diocese era difícil". Talvez os desafios tenham sido ampliados pela rapidez da evolução de sua carreira — ele foi nomeado arcebispo no dia 25 de março de 1977, consagrado em 28 de maio e, como novo líder de uma importante arquidiocese metropolitana, convidado a ir a Roma menos de um mês depois, em 27 de junho, para receber seu solidéu de seda vermelha e ser promovido ao Colégio dos Cardeais.

Nas últimas páginas de suas memórias, Ratzinger admite que "as semanas anteriores à consagração foram difíceis. Por dentro, eu ainda tinha muitas dúvidas e me sentia quase esmagado pela enormidade do trabalho. Então, cheguei a esse dia com a saúde muito prejudicada". Não há qualquer menção sobre seus sentimentos durante a importante visita a Roma, mas seria impossível culpá-lo por estar nervoso.

O novo cardeal Ratzinger não teve muito tempo para refletir sobre suas preocupações, já que o papa Paulo VI faleceu pouco mais de um ano depois, no dia 6 de agosto de 1978, e ele foi convocado a Roma para seu primeiro conclave.

É digno de nota que, como um "conservador jovem e inteligente" que não era italiano, Ratzinger figurou em várias listas de potenciais candidatos a papa, mas a parte mais importante para ele — porque é seguro dizer que essas listas o teriam deixado apavorado — foi seu primeiro encontro com outro candidato, o cardeal Karol Wojtyla, da Cracóvia.

A dupla já se conhecia, trocando livros desde 1974, mas esse encontro permitiu que se conectassem pessoalmente, por meio da "profunda religiosidade" que os "conservadores jovens e inteligentes" compartilhavam. No fim, nenhum dos dois teve chance de verdade. Ratzinger ficara "muito marcado como um teólogo que mudara de opinião publicamente depois do Vaticano II", e Wojtyla, apesar de receber quatro votos na segunda votação, era "muito menos conhecido, uma figura menos importante no Vaticano II, que vivia numa sociedade isolada, sob o comunismo da Polônia". Após dois dias de reunião, o conclave acabou elegendo o cardeal Albino Luciani, que fora considerado ainda menos *papabile* que Ratzinger e Wojtyla, visto por muitos como uma alternativa "simples, pastoral, direta e não intelectual" para o reinado de 15 anos de Paulo VI, que se preocupara demais com a burocracia da reforma da Cúria Romana para criar uma Igreja mais amistosa, que seguisse as conclusões alcançadas ao fim do Segundo Concílio do Vaticano.

Em setembro 1978, quando a poeira após o conclave que elegeu o novo papa João Paulo I já havia baixado, Ratzinger foi enviado como representante papal para um congresso mariano — relativo à Virgem Maria — no Equador. Lá, ele "fez um alerta contra ideologias marxistas, a teologia da libertação e as pressões das forças da esquerda".

O público conhece João Paulo I como "o papa sorriso", mas seu papado começou com um mau presságio. Após a última contagem dos votos que confirmou sua maioria, ele chocou seus colegas cardeais com a resposta para a tradicional pergunta "Aceitas?", dizendo "Que Deus os perdoe pelo que fizeram comigo" antes de completar com "*Accepto*". Ele achava que não estava preparado nem era digno do Trono de São Pedro, e admitiu isso durante seu primeiro discurso para a multidão: "Ainda estou atordoado só de pensar nesse ministério enorme para o qual fui escolhido. Como Pedro, pareço ter pisado em águas traiçoeiras. Sou açoitado por uma forte ventania. Então me viro para Cristo, dizendo: 'Senhor, salve-me.'" Poucos dias depois, quando um historiador católico fez o comentário pedante de que seu nome deveria ser apenas João Paulo, em vez de João Paulo I, o pontífice respondeu, agourento: "Meu nome é João Paulo I. Ficarei aqui por pouco tempo. O segundo está vindo."

Na manhã de 29 de setembro de 1978, apenas 33 dias após ser eleito papa, João Paulo I foi encontrado morto em sua cama, com a luminária ainda acesa e um livro aberto ao seu lado. Os médicos do Vaticano estimaram que ele sofrera um ataque cardíaco por volta das onze horas da noite anterior.

Nunca saberemos se os medos expressados por João Paulo foram apenas um reconhecimento de suas limitações ou se ele sabia, no fundo, que não estava bem. Seja qual for a verdade, e apesar das teorias de conspiração absurdas que circularam na época, muitos observadores acharam que ele foi negligenciado pelo Vaticano, que não se esforçou para cuidar de seu bem-estar quando era nítido que o homem estava mental e fisicamente sobrecarregado pelas exigências do papado. Apesar do começo um pouco relutante e de seu breve período de governo, as atitudes de João Paulo I logo trouxeram esperança de que havia uma verdadeira chance de reforma. Com sua abordagem pastoral simples, renunciou ao tradicional uso do majestoso plural, já que preferia se referir a si mesmo no singular *eu* — não obstante o Vaticano continuar usando *nós* em todos os documentos —; recusou uma cerimônia de coroação, preferindo uma missa simples; e pediu que a equipe do Vaticano parasse de se ajoelhar em sua presença. Também bolou planos para lidar com o mundo obscuro do Banco do Vaticano, tomou passos ousados para reverter a controversa encíclica de Paulo VI sobre métodos contraceptivos e expressou um forte desejo de devolver a Igreja aos pobres.

Esse sonho, entretanto, terminou antes mesmo de começar. Os cardeais voltaram a Roma para o funeral e outro conclave. Após várias rodadas de votação nas quais os dois favoritos anteriores, os cardeais italianos Giuseppe Siri e Giovanni Benelli, estavam quase empatados, o clima na Capela Sistina mudou, e Wojtyla começou a ganhar destaque. Vários jornalistas da época acreditavam que isso não era coincidência, mas uma boa dose da campanha de Joseph Ratzinger por debaixo dos panos. Tendo acabado de perder um papa com apenas 65 anos, os cardeais devem ter gostado da ideia de um sucessor ainda mais jovem. após oito votações e três dias, Wojtyla saiu vitorioso. Ele assumiu o nome de João Paulo II como um sinal de respeito por seu antecessor.

Como já havia identificado Ratzinger como alguém que compartilhava suas crenças, e talvez se sentindo grato por seu apoio durante o conclave, João Paulo II não perdeu tempo e o trouxe para seu círculo íntimo, oferecendo-se o cargo de prefeito da Congregação para a Educação Católica, um papel importante dentro da Cúria, responsável por três grandes setores educacionais: seminários e institutos de formação religiosa; institutos de educação superior, como universidades; e todas as escolas religiosas. Ratzinger recusou a oferta, explicando que era cedo demais para abandonar seu posto em Munique, mas a dupla continuou a trabalhar em proximidade durante o Sínodo dos Bispos sobre "O papel da família cristã no mundo moderno", em 1980, no qual Ratzinger teve uma performance excelente como relator. Apesar de uma visita constrangedora do novo papa à Baviera, na qual um dos jovens auxiliares do arcebispo fez um discurso um tanto severo sobre a visão arcaica da Igreja sobre mulheres, sexualidade e relacionamentos, a parceria entre João Paulo II e Ratzinger continuou a se fortalecer.

Sem se deixar desanimar pela rejeição anterior do seu cardeal, o pontífice mantinha um profundo respeito pelos conhecimentos teológicos de Ratzinger e estava determinado a levá-lo para Roma. A oportunidade perfeita surgiu quando o cargo curial mais importante, depois do de papa, ficou vago. João Paulo imediatamente lhe ofereceu o papel de prefeito da Sagrada Congregação para a Doutrina da Fé (CDF), que ele obedientemente aceitou em 25 de novembro de 1981, sendo incumbido de promover e defender a doutrina da fé e suas tradições em todo o mundo católico.

O DEFENSOR DA FÉ

Em que pese a principal atividade da CDF não ser mais caçar hereges, suas origens na Santa Inquisição são de conhecimento geral. Em 1979, Ratzinger já se provara capaz de sujar as mãos em nome de João Paulo após remover a autoridade teológica de Hans Küng e Johann Baptist Matz, seus antigos amigos e colegas de trabalho, dentro da Igreja Católica alemã. Ambos eram extremamente respeitados, e muitos ficaram escandalizados com o tratamento que receberam, uma vez que o processo ocorreu quase em segredo e de forma irregular, mas o novo papa acreditava que os dois fossem radicais políticos perigosos, que ofereciam uma grave ameaça à Igreja. Então, era preciso se livrar deles.

Ao lidar com esses casos, Ratzinger mostrou que não hesitaria em fazer o que achava necessário para proteger a fé. Ele provou que "não haveria hesitação e medidas irrisórias quando chegasse o momento de agir, bem como que não voltaria atrás quando os inevitáveis gritos de protesto viessem". Isso, junto com sua posição geral de que "tentativas de enfatizar a dimensão social e política da cristandade, ou de desafiar a autoridade romana, não seriam toleradas", deixou claro para João Paulo II que escolhera o homem certo para o trabalho.

Ratzinger passou quase 24 anos exercendo um papel que as pessoas adoravam odiar. Esse sentimento era resultado, em parte, da pavorosa reputação da CDF como uma fiscal rígida da doutrina, mas também do ressentimento histórico por seu status como Suprema e Sagrada, títulos removidos em 1965 e 1985, respectivamente, numa tentativa de mudar a imagem do órgão. Ainda assim, não foi somente o cargo que causou um burburinho de desagrado. Muitos se sentiam traídos por um teólogo que já fora visto como a esperança dos liberais progressivos. Como Allen observa: "Quando alguém deixa de ultrapassar os limites e passa a impô-los, como Ratzinger fez, é natural que as pessoas fiquem desconfiadas. Questões surgem. Ele foi comprado? Ele conquistou sucesso porque traiu suas convicções anteriores?"

A primeira grande batalha do futuro papa o deixou, mais uma vez, cara a cara com seu velho inimigo: o marxismo. Ele se voltou para a América Latina numa tentativa de conter o crescimento da teologia da libertação, um movimento fundado no fim da década de 1960, "que buscava alinhar a Igreja Católica Romana com movimentos progressistas em busca de mudanças sociais" — uma corrente que, ao mesmo tempo, tomava os pensamentos de Jorge Bergoglio. O papa João Paulo, com seu enraizado apoio pela justiça social, não se sentia tão ameaçado por essa escola de pensamento quanto Ratzinger, mas não se opôs ao plano de ação proposto pelo cardeal. Os líderes do movimento foram convocados à CDF em Roma, onde punições por seus ensinamentos foram explicadas em detalhes. Em agosto de 1984, foi publicado um relatório atacando o movimento como uma "perversão da mensagem cristã que Deus confiou à Sua Igreja". Como forma de apoiar os esforços de Ratzinger, João Paulo fez questão de apenas nomear bispos linha dura na América Latina, que seriam fiéis aos ensinamentos do Vaticano.

Não era só a América Latina que abrigava teólogos rebeldes. Ratzinger logo mudou seu foco para a América do Norte, em especial para um notório crítico de *Humanae vitae*, a polêmica encíclica do papa Paulo VI sobre métodos contraceptivos de 1968. Enquanto João Paulo II reafirmava a infalibilidade papal, o argumento do padre Charles Curran sobre a encíclica ser, na verdade, "falível" e, portanto, passível de interpretação para os católicos que desejavam usar contraceptivos não era bem-vinda. Mais uma vez, Ratzinger convocou seu alvo para uma reunião em Roma, em março de 1986, mas não gostou do testemunho de Curran e revogou seu direito de ensinar teologia católica. Como consequência, Curran foi demitido da Universidade Católica da América, em Washington, onde era professor. Como Collins observa, "o método do prefeito da CDF parecia ser perseguir uma figura importante de um movimento teológico, assustando os discípulos ao atacar o líder".

Após esses dois casos importantes, seguiram-se várias demissões. Muitos padres e bispos foram refreados, removidos de seus cargos ou excomungados por suas opiniões. A "propensão de só enxergar extremos, a inflexibilidade" de Ratzinger, junto com sua interpretação rígida de diferentes escolas de pensamento teológico, causaram muitas críticas, principalmente porque "o homem que costumava reclamar da falta de tolerância do Santo Ofício com diferentes escolas teológicas agora também demonstra ser pouco tolerante". Seu mandato representou uma época de rigidez doutrinal na Igreja, na qual dissidências teológicas e até debates eram drasticamente limitados. As consequências disso foram mais perceptíveis nos países em desenvolvimento, que não apenas abrigavam as maiores populações católicas per capita, como também sistemas políticos frágeis, além de padres e bispos locais que tentavam interpretar os ensinamentos do Vaticano da melhor forma possível para engajar e melhorar suas comunidades predominantemente pobres. Esse trabalho era muito dificultado pelo fato de que tinham de lidar com um Vaticano quase tão rígido quanto muitos de seus governos fascistas ou comunistas.

Apesar, todavia, de todas as críticas sobre os métodos implacáveis de Ratzinger, ele recebia forte apoio de católicos conservadores, que o aceitavam como um incansável defensor da fé, salvando a Igreja dos perigos. O próprio Ratzinger se defendia dizendo que sua responsabilidade como prefeito da CDF era proteger os ensinamentos da Igreja em nome "daqueles que não podem se defender intelectualmente".

Se tivesse de enfrentar "ataques intelectuais" por causa disso, paciência. Seus simpatizantes também se esforçavam para desmerecer as alegações de que seus métodos agressivos eram um reflexo de sua personalidade — longe disso, dizem até hoje. As descrições de Ratzinger como um bom ouvinte, calmo, bondoso e sereno não parecem bater com sua reputação como fiscal. Mas, como David Gibson observa: "O paradoxo do mundo acadêmico é que os intelectuais são pessoas extremamente combativas, promovendo suas ideias e princípios com ferocidade, mas o trabalho sujo costuma ser feito a uma distância segura, por meio de periódicos ou no púlpito de uma conferência." Portanto, é natural que os defensores das questões da fé sejam elevados a cargos de justiceiros.

Ao analisar o histórico de Ratzinger na CDF, Gibson acredita que ele tenha ignorado com "muita facilidade o fato de estar lidando com seres humanos, com cristãos, e não apenas com ideias. Restringir as pessoas aos seus trabalhos pode tornar confrontos pessoais mais suportáveis, em especial para alguém como Ratzinger, que sofre de um misto de ardor e timidez". Esse posicionamento ficava muito aparente quando se tratava das questões que afetavam um bilhão de católicos diariamente, como divórcio, métodos contraceptivos, homossexualidade e abuso sexual cometido por padres. São experiências universais do mundo moderno, e foram nas sociedades pluralistas como as da Europa Ocidental e a dos Estados Unidos que muitas pessoas se afastaram da Igreja graças à relutância em participar de qualquer tipo de debate. Como Paul Collins, um ex-padre que teve dificuldades com a CDF e o papado de João Paulo II, observa em seu livro *God's New Man* [O novo homem de Deus, em tradução livre]:

> *Alguns líderes muito importantes da Igreja presumem cada vez mais que o mundo ocidental contemporâneo está tão perdido para o individualismo, a permissividade e o consumismo que se tornou completamente impassível aos ensinamentos da Igreja. [...] sacerdotes como Ratzinger desistiram das massas secularizadas, deixando-as abandonadas à própria sorte, preferindo cultivar enclaves elitistas que conduzirão a verdadeira fé para gerações futuras que sejam mais "receptivas".*

Durante o papado de João Paulo II, tanto ele quanto Ratzinger se esforçaram para centralizar a Igreja Católica, devolvendo o poder para a Cúria, principalmente pela redução da autoridade dos bispos, numa contradição direta com o Vaticano II. Agora não era mais possível, por exemplo, que um bispo permitisse a um assistente social católico aconselhar uma mulher que cogitava o aborto. Roma e o cardeal Não já haviam deixado claro sua posição sobre o assunto. No momento da transformação do vinho em sangue durante a missa, as palavras do padre deixaram de ser "este é o cálice do meu sangue, que será derramado por vós e *por todos*, para remissão dos pecados" e virou apenas "derramado *por muitos*", sem dúvida excluindo do perdão de Cristo qualquer um que não fosse cristão.

Quando assumiu o controle do concílio após a morte do papa João XXIII, entre 1963 e 1965, a intenção do papa Paulo VI era se afastar da infalibilidade papal e promover uma abordagem de governo mais amistosa mediante um novo órgão, chamado Sínodo dos Bispos. Dando-lhes autoridade para lidar com questões locais por meio de um democrático sistema de votação, ele declarou que, "devido ao nosso carinho e respeito por todos os bispos católicos", desejava lhes dar abundantes "meios de ter uma participação maior e mais eficiente na discussão de assuntos importantes para a Igreja universal". Como Allen explica: "A teoria da colegialidade segue a ideia de que, em conjunto, os bispos são sucessores dos Doze Apóstolos originais que seguiam Jesus e, assim, formam um 'colégio'. Por isso, eles têm autoridade suprema na Igreja. Essa autoridade não supera a do papa, mas também não é subordinada à do papa." Apesar de ter apoiado a ideia no começo, em seus artigos após o concílio, Ratzinger mais uma vez chocou antigos colegas com uma mudança drástica de opinião sobre a validade do sínodo pouco depois de ser designado prefeito da CDF. Isso resultaria no decreto *Apostolos suos* de João Paulo, que, em 1998, rebaixou o sínodo a uma posição de completa impotência e "determinou que as conferências dos bispos não tinham autoridade para proferir ensinamentos".

Após reduzir o poder e a posição dos bispos, o papa deu outro passo para garantir que seu governo estivesse protegido de dissidências ao nomear uma série de bispos pouco qualificados, mas obedientes. Ao analisar o reinado de João Paulo II, os acadêmicos concordam que esse foi seu maior fracasso. Paul Collins escreve que "o maior problema foi a nomeação de bispos medíocres que não tinham grandes habilidades de liderança nem sensibilidade pastoral", resultando numa quantidade enorme de "puxa-sacos conformistas mais leais a Roma do que às próprias dioceses".

As consequências das nomeações do papa ficaram nítidas quando as alegações de abusos sexuais por membros do clero foram expostas pela imprensa e muitas dioceses não conseguiram lidar com a crise. A perda da confiança na Igreja pelas vítimas só piorou com a reação do Vaticano ao escândalo, argumentando que a mídia ocidental fazia campanha contra a Igreja. Em vez de excomungar e levar à Justiça os acusados após uma investigação transparente, o Vaticano se recusou a divulgar informações para a polícia, impediu várias investigações internas e, em inúmeros casos, transferiu os padres acusados para novas paróquias ou discretamente aceitou de volta aqueles que os bispos expulsavam.

Casos de destaque durante o mandato do papa João Paulo II e do cardeal Ratzinger incluem: o cardeal Hans Hermann Gröer, de Viena, acusado de molestar mais de dois mil meninos durante várias décadas, cujas vítimas alegam ter recebido propostas de indenizações financeiras da Igreja em troca do seu silêncio; o padre Marcial Maciel Degollado, fundador dos Legionários de Cristo, cuja primeira acusação de abuso sexual de crianças da congregação ocorreu em 1976, com alegações que datam desde 1943 e novas vítimas relatando histórias até metade da década de 1990; e os bispos Joseph Keith Symons e Anthony J. O'Connell, de Palm Beach, Flórida, com o primeiro admitindo ter molestado cinco meninos da congregação, enquanto seu substituto, O'Connell, que assumiu em 1999 com a tarefa de curar a comunidade, renunciou ao cargo três anos depois, após confessar que molestou um seminarista na década de 1970 e revelar que a vítima recebeu uma indenização de 125 mil dólares da Igreja em 1996, três anos antes do papa João Paulo enviá-lo para Palm Beach. Os arcebispos não ficaram fora dessa galeria do mal. O arcebispo Juliusz Paetz, da Posnânia, na Polônia, foi acusado de molestar seminaristas adolescentes de sua diocese, ignorando cartas das vítimas e de seus defensores, e recebeu permissão de se afastar do cargo sem maiores investigações; o cardeal

Bernard Law, de Boston, exposto pelo *Boston Globe* em 2001, renunciou por ignorar provas de décadas de abusos sexuais de padres da sua arquidiocese, transferindo-os entre as paróquias em vez de removê-los da Igreja, mais tarde sendo recompensado por João Paulo II, que o nomeou decano da Basílica de Santa Maria Maggiore — Law até fez um discurso durante o conclave de 2005.

A sucessão de João Paulo II ao papado coincidiu com uma época de grande declínio da Igreja Católica, com uma diminuição dramática de fiéis em países ocidentais — equilibrada apenas por um aumento na África e na Ásia — e homens abandonando o sacerdócio (laicização) em números inéditos. Durante seu reinado de 15 anos, Paulo VI concedeu mais de 32 mil pedidos de laicização, e seu sucessor estava determinado a encerrar essa prática e lembrar aos padres que seus votos eram compromissos vitalícios e sagrados, praticamente inquebráveis, exceto em casos de doença e debilidades. Quando assumiu o cargo, João Paulo imediatamente congelou todos os pedidos e começou uma revisão completa da lei cânone em 1980. O resultante Código de Direito Canônico, de 1983, agora estipulava que os pedidos só seriam considerados se viessem diretamente de padres com mais de quarenta anos e concedidos apenas para aqueles que já haviam se casado ou tido filhos, ou para os que alegavam não ter entrado para o sacerdócio por vontade própria.

O mais crucial, entretanto, foi a remoção das provisões que antes permitiam que bispos diocesanos solicitassem a laicização de padres sob sua responsabilidade, com ou sem o consentimento do sacerdote, em casos de abuso sexual. Como Nicholas P. Cafardi, professor e especialista em direito canônico, observa: "Era muito irônico o fato de que, no meio da década de 1980, no momento em que a crise de abuso sexual infantil pelo clero começava a explodir, os bispos dos Estados Unidos (e do mundo inteiro, na verdade) perderam ferramentas extremamente eficazes para lidar com padres que molestavam crianças."

Muitos analistas católicos fizeram a terrível pergunta: será que a diminuição na quantidade de padres influenciou na relutância de João Paulo II para remover sacerdotes molestadores? Independentemente das especulações, o persistente sigilo e a ausência de resoluções por parte do Vaticano ao lidar com a crise fez com que muitos fiéis dessem as costas para uma Igreja que parecia completamente desconectada do mundo moderno, e esse acabou sendo *o* legado de João Paulo II.

O mandato de 24 anos do cardeal Ratzinger na CDF foi contaminado por associação. Mas exatamente quanta responsabilidade ele tem por essa administração tão incompetente e catastrófica de um escândalo global?

UM FISCAL RELUTANTE?

Quando tentamos entender a mente de Joseph Ratzinger, é difícil penetrar a fortaleza de privacidade que cerca seus sentimentos reais. Mas existem provas que deixam bem claro que seu período na CDF não foi dos mais felizes.

Em 1991, após dez anos árduos de fiscalização, Ratzinger sofreu um derrame cerebral que afetou seu olho esquerdo. Como sempre foi preocupado com a saúde, o cardeal, naquela época com 64 anos, solicitou que João Paulo o liberasse de suas responsabilidades como prefeito e lhe permitisse voltar para a Alemanha a fim de retomar seus artigos. O pedido foi negado.

Um ano depois, em 1992, Ratzinger desmaiou em seus aposentos e bateu a cabeça num aquecedor, precisando levar pontos e ser hospitalizado. Em vez de permitir que ele renunciasse ao cargo, João Paulo o "recompensou" com mais responsabilidades, promovendo-o à prestigiosa posição de cardeal-bispo — apenas seis são escolhidos entre os membros do Colégio dos Cardeais, e eles são os únicos que podem se tornar decano ou vice-decano do colégio — em 1993, designando-lhe à Sé Suburbicária de Velletri-Segni, nos arredores de Roma.

Cinco anos após seu primeiro pedido, Ratzinger novamente solicitou ao papa sua dispensa do cargo para voltar para a Alemanha. Mais uma vez, o pedido não foi aceito, e uma nova promoção veio dois anos depois, dessa vez a vice-decano do Colégio dos Cardeais, uma posição semelhante à de vice-presidente, para auxiliar o decano. Em 2001, após outro intervalo de cinco anos, Ratzinger, então com 75, fez um último pedido ao pontífice agora enfermo. Novamente, o pedido foi negado por João Paulo, que, talvez sentindo que o fim se aproximava, queria seus seguidores mais leais consigo naqueles últimos anos. Ratzinger foi "recompensado" por seus serviços em 2002, quando foi eleito decano do Colégio dos Cardeais.

A Igreja Católica venera mártires e o sofrimento exemplar que enfrentam em nome de suas crenças. Ratzinger não se mostrou diferente quando foi sondado sobre sua relutância em aceitar cargos altos e suas várias tentativas de se afastar. Em vez de reclamar por nunca ter desejado tais responsabilidades e por preferir passar a vida escondido na Baviera, vivendo tranquilamente como acadêmico, sempre fez pouco dessas sugestões — com exceção do comentário sobre ser "golpeado pela guilhotina" — e insistia que seguia o caminho pelo qual Deus o guiava. Foi esse ar de obediência cega, junto com seu envolvimento no escândalo de abusos sexuais e suas contribuições controversas como prefeito da CDF — por exemplo, ele descreveu a homossexualidade como uma "forte tendência guiada por uma maldade moral intrínseca", além de ter chamado o budismo de uma "espiritualidade autoerótica" que busca "transcendência sem impor obrigações religiosas concretas" —, que causou sua predominante caracterização como um inquisidor implacável e agressivo.

Quando consideramos todos os fatos e todas as especulações, duas coisas ficam claras. Uma é que Ratzinger realmente queria voltar para a Alemanha e passar o restante de seus dias escrevendo em paz; a outra é que, no fim de seus 24 anos como inquisidor-chefe, sua reputação estava longe de ser favorável, e ele tinha noção disso. Então, talvez não seja surpreendente o fato de que, após sua eleição como papa em 2005 — na época em que a Igreja enfrentava uma de suas maiores crises —, seus conflitos internos não tenham se dissipado quando Deus e seus colegas lhe confiaram a liderança da Igreja. Eles apenas aumentariam sob a pressão, continuando a assombrá-lo e guiando-o por um caminho inimaginável.

4

O PAPA RELUTANTE

Aos 78 anos, tanto o papa Bento XVI quanto os cardeais sabiam que seu papado não seria longo. Mas sabiam que seria inofensivo, trazendo continuidade aos interesses da igreja.

Depois de 26 anos com as performances de João Paulo II, de seu alcance e de suas incontáveis viagens, a Igreja precisava descansar, cuidar de assuntos internos. Ratzinger ficaria encarregado disso. Ele era estável, previsível e capaz de reafirmar, proteger e fortalecer a velha doutrina católica. Em resumo, garantiria que as reformas necessárias continuariam apenas no papel.

Nos dias seguintes à eleição, o novo papa foi sincero — até demais, de acordo com alguns — ao admitir que, conforme a contagem dos votos aumentava em seu favor e ficava nítido que "a guilhotina estava descendo e prestes a golpeá-lo", ele pediu a Deus que o poupasse daquele fardo. Para Ratzinger, "até então, parecia que o trabalho da minha vida estava feito, e os próximos anos seriam mais tranquilos". Ele acreditava que havia muitos outros candidatos "mais novos, melhores e mais fortes, com mais vigor". Suas preces não foram atendidas.

Então, quando o novo, porém muito velho, papa se viu na berlinda, seu primeiro impulso foi se isolar. Como observa David Gibson: "Cinco dias após sua surpreendente eleição, na manhã de domingo em que Joseph Ratzinger deveria estar se apresentando para o mundo como Bento XVI, o novo pontífice confundiu a todos ao se esforçar para passar despercebido." Num contraste imenso com seu antecessor, tão astuto quando se tratava de publicidade, Bento tentou celebrar sua missa inaugural dentro da Basílica de São Pedro, porque, como explicou ao mestre de cerimônias encarregado do evento, "a arquitetura local direciona a atenção a Cristo, não ao papa". Ele foi aconselhado a desistir dessa ideia, principalmente porque tal decisão excluiria a vasta multidão que o Vaticano esperava receber no dia 24 de abril.

Quando a privacidade que tanto queria lhe foi negada, o sucessor de João Paulo II resolveu se voltar para aquilo que conhecia melhor: a tradição. Durante seu discurso inaugural em 25 de abril, Bento discorreu sobre a força que precisava da Igreja e de seus fiéis, pedindo: "Orem por mim, para que eu não fuja com medo dos lobos" enquanto embarcava numa tarefa que "realmente supera toda a capacidade humana". A missa seguiu com cantos gregorianos formais, polifonias clássicas, a Tocata e a Fuga em Ré Menor de Bach. O contraste com o clima mais popular e familiar dos últimos 26 anos foi visto como uma confirmação da forma como o Vaticano II continuaria a ser interpretado durante seu reinado e como um forte "sinal do *ressourcement*, com a volta de tradições de mais de um milênio atrás".

As tradições musicais não foram as únicas a serem ressuscitadas. Do dia para a noite, o estudioso cardeal Ratzinger se transformou no opulento papa Bento XVI, que se apresentava apenas nas melhores peças oferecidas pelo guarda-roupa papal. A internet ficou em polvorosa quando o recém-apelidado "papa Prada" fez uma aparição usando um elegante par de mocassins de couro vermelho e uma capa de veludo vermelho com bordas de pelo de arminho, chamada de mozeta, que não era usada desde a época de Paulo VI, na década de 1970. Durante seu primeiro Natal como pontífice, usou novamente veludo com bordas de pelo de arminho, agora na forma de um camauro — um gorro parecido com o de Papai Noel, popular entre os papas do século XII —, causando manchetes como "PAPA NOEL" CONQUISTA MULTIDÃO NO VATICANO e PAPA ENCANTA MULTIDÕES COM SUA ROUPA DE PAPAI NOEL. Os dias em que perambulava pelas ruas de Roma com seu tradicional traje de cardeal haviam ficado para trás. Seria possível que Ratzinger tivesse começado a gostar de seu novo papel?

Enquanto sua óbvia paixão por moda era inesperada, o discurso inaugural de Bento só revelou o que todos já sabiam sobre sua preferência por liturgias gloriosas. Ele deixou de mencionar detalhes fundamentais quando descreveu suas intenções como o líder de uma Igreja em crise, dizendo somente que seu "verdadeiro plano de governo não é fazer a minha vontade, não é seguir as minhas ideias, mas ouvir, junto com toda a Igreja, a palavra e a vontade do Senhor". Esse sentimento poderia até ser útil em seu papel como prefeito da Congregação para a Doutrina da Fé, quando era protegido de desafios reais por seu relacionamento simbiótico com João Paulo II, mas o cargo que herdou em 2005 fora totalmente redefinido por seu antecessor, e agora estava mais para o Bispo do Mundo do que o Bispo de Roma. Com o papa, e não Jesus Cristo, passando a ser *a* imagem da Igreja, a afirmação de Bento XVI durante a homilia de que pretendia retomar os princípios tradicionais da instituição sugeria que ele estava tentando suprir as expectativas dos fiéis... e da imprensa.

BENTO E A "DITADURA DO RELATIVISMO"

Na visão do papa Bento, a maior ameaça ao catolicismo vinha da "ditadura do relativismo", termo que ele mesmo usara em seu último discurso antes da eleição. A *The Stanford Encyclopedia of Philosophy* [Enciclopédia de filosofia de Stanford, em tradução livre] define *relativismo* como um conceito filosófico no qual "a verdade ou a justificativa de julgamentos morais não é absoluta, mas relativa ao padrão moral de uma pessoa ou de um grupo de pessoas". É um anátema compreensível ao absolutismo da Igreja Católica, segundo a qual existe só uma única verdade. Bento acreditava que os fiéis deveriam se esforçar para viver de acordo com os padrões morais inabaláveis da Igreja e de seus ensinamentos, e não que a instituição deveria atualizar suas visões em assuntos tão controversos quanto métodos contraceptivos, casamento e homossexualidade para manter sua posição no mundo moderno.

Essa crença de que a verdade cristã era ameaçada — descrita por Bento em 1999 como "a dissolução da lei pelo espírito da utopia... [na qual] a origem real e suprema das regras passa a ser a ideia da nova sociedade: que é moral, de importância jurídica e útil para o advento do mundo futuro" — era, por outro lado, vista por muitos como um progresso positivo para a conquista de mais liberdade e direitos humanos. Mas o novo papa continuou temendo que, se deixassem que a "ditadura do relativismo" perdurasse, as pessoas se esqueceriam do conceito de pecado e se afastariam da moral de Deus: "A maioria determina o que deve ser considerado verdadeiro e justo. Em outras palavras, a lei sempre está exposta aos caprichos da maioria e depende da consciência dos valores da sociedade, que, por sua vez, é determinada por uma variedade de fatores."

Os mesmos temores que assolavam Ratzinger desde os protestos marxistas de 1968, quando ele ocupava a segunda cadeira de dogma de Tubinga, e ao longo do seu tempo à frente da CDF, agora o importunavam durante o papado. Ele os enfrentaria à sua maneira. Enquanto João Paulo se envolvera com o culto das celebridades, oportunidades de ser fotografado, viagens ao redor do mundo e eventos religiosos ao ar livre para multidões de fiéis, Bento acreditava que, como observa Gibson, "todo aspecto da cultura moderna, pós-concílio, da pornografia ao rock, era um sintoma da crise". Ele chegou ao ponto de apoiar publicamente críticas teológicas à série Harry Potter — apesar de nunca ter lido os livros —, dizendo que eram "seduções sutis, que agem de forma imperceptível e, assim, destorcem a cristandade na alma de forma profunda, antes que ela consiga se desenvolver de verdade".

As mudanças na sociedade não iam parar de acontecer, no entanto, e a visão tradicional de Bento, junto com sua ignorância de como funcionava a rotina das milhões de pessoas que agora ele tinha o dever de guiar, arriscava alienar a população católica do século XXI, que já diminuía.

É justo dizer que o papado de Bento não começou bem e nunca conseguiu se recuperar. Como um jornalista observou, ele costumava parecer tão "propenso a gafes quanto seu equivalente secular em Roma, Silvio Berlusconi, saindo de um desastre de relações públicas para o próximo". Em novembro de 2005, com apenas sete meses no cargo, Bento lançou sua primeira grande instrução como papa. Nela, atos homossexuais eram descritos como "graves pecados", "intrinsicamente imorais" e "contra a ordem natural". Também era reiterado que "é necessário deixar claro que a Igreja, apesar de ter um respeito profundo pelas pessoas em questão, não pode admitir em seminários nem conceder ordens sagradas àqueles que praticam a homossexualidade, apresentam tendências homossexuais interiores ou apoiam a chamada 'cultura gay'". A imprensa interpretou essas descrições como prova de que a Igreja queria associar os escândalos de abusos sexuais a padres gays. Apesar dessa posição não surpreender ninguém, considerando o que sabemos sobre Bento e a opinião da Igreja sobre o assunto, ela não batia com a declaração que ele fizera em seu primeiro discurso para o público: "Quero deixar meu ministério a serviço da reconciliação e da harmonia entre pessoas e povos."

CONTROVÉRSIAS INTER-RELIGIOSAS

O papa Bento também não teve um bom desempenho quando o assunto era relações diplomáticas com o mundo islâmico. Em setembro de 2006, num discurso intitulado "Fé, razão e a universidade: memórias e reflexões", apresentado na Universidade de Ratisbona, na Baviera, onde fora professor, ele comparou "as estruturas da fé na Bíblia e no Alcorão", causando revolta ao citar o imperador bizantino Manuel II Paleólogo, que, num diálogo com um estudioso persa datado entre 1394 e 1402, escrevera: "Mostre-me o que Maomé trouxe de realmente novo, e lá serão encontradas apenas coisas malignas e desumanas, como sua ordem de difundir a fé por meio da espada." Mais tarde, o papa alegou ter usado a citação apenas com a intenção de ilustrar "o relacionamento essencial entre a fé e a razão". Mas o estrago já estava feito.

De acordo com as lembranças de Paul Badde, membro da equipe de imprensa do Vaticano que viajava com Bento no avião papal: "Apenas Shakespeare seria capaz de capturar o drama estratosférico que se abateu sobre ele assim que chegou a Roma e descobriu a reação a algumas de suas muitas palavras, um divisor de águas do seu pontificado." O discurso recebeu fortes críticas de líderes islâmicos, que exigiram um pedido de desculpas pessoal imediato; protestos violentos irromperam pelo mundo, seguidos de perto por ataques contra cristãos. No Iraque, imagens do papa Bento foram queimadas, dois cristãos foram assassinados, e um grupo rebelde ameaçou cometer um ataque suicida contra o Vaticano. Na Somália, uma freira italiana de 65 anos foi morta numa aparente represália. Bombas foram jogadas em igrejas na Cisjordânia e na Faixa de Gaza, e a ala política do grupo militante paquistanês Lashkar-e-Taiba emitiu uma fátua contra o papa.

Quatro dias depois, o Vaticano lançou um comunicado defendendo Bento e o uso das palavras de Manuel no contexto de seu discurso, insistindo que o pontífice "sinceramente se arrepende de certos trechos de sua fala terem soado ofensivos aos fiéis muçulmanos e serem interpretados de forma que não corresponde, em hipótese alguma, às suas intenções". Políticos ocidentais apoiaram o papa, incluindo Angela Merkel, chanceler alemã, Condoleezza Rice, secretária de Estado americana, e John Howard, primeiro-ministro australiano, mas isso não ajudou a acalmar os ânimos.

Não é de surpreender que a Igreja Católica e outros líderes cristãos tenham saído em defesa de Bento, declarando que a histeria causada pelo discurso era absurda. Mas a surpresa veio de uma declaração feita justamente pelo homem que ficara em segundo lugar no conclave do ano anterior: o cardeal Jorge Bergoglio. Um porta-voz do arcebispo declarou para a *Newsweek Argentina* que ele estava "insatisfeito" com o discurso do pontífice, dizendo que "as palavras do papa Bento não refletem minhas opiniões. Em vinte segundos, comentários podem destruir o relacionamento cuidadosamente cultivado pelo papa João Paulo II com o Islã nos últimos vinte anos".

O Vaticano ficou furioso com esse flagrante ato de insubordinação durante a primeira grande crise do pontificado de Bento XVI e exigiu a demissão do porta-voz de Bergoglio, o padre Guillermo Marcó, que ocupava o cargo havia oito anos. Marcó se afastou do cargo e explicou que não falara, na verdade, em nome do cardeal, mas como presidente do Instituto para o Diálogo Inter-religioso, poupando o chefe de sofrer a ira do Vaticano.

Em novembro de 2006, o furor pós-discurso havia se acalmado um pouco. Assim, em vez de cancelar sua viagem para a Turquia, o papa resolveu aproveitar a oportunidade para demonstrar uma dose de diplomacia, naquilo que determinou como uma "missão de diálogo, irmandade e reconciliação" projetada para promover um relacionamento melhor com a Igreja Ortodoxa oriental. Foi um gesto extremamente simbólico quando Bento se tornou o segundo pontífice (depois de João

Paulo II) a visitar um lugar de culto islâmico, rezando em silêncio com clérigos muçulmanos importantes na Mesquita Azul de Istambul.

Os protestos foram mínimos, e a viagem foi, em geral, um sucesso. Bento escolheu as palavras com mais cuidado do que fizera na Ratisbona. Ele elogiou o "florescer impressionante da civilização islâmica nas áreas mais diversas" e declarou que torcia para que cristãos e muçulmanos "se conhecessem melhor, fortalecendo laços de afeição entre nós, em nosso desejo de vivermos juntos em harmonia, paz e confiança mútua".

Um suspiro de alívio coletivo ressoou pelos corredores do Vaticano enquanto o papa embarcava no seu avião de volta para Roma, mas a sensação não duraria muito tempo. Assim que ele melhorou a situação entre católicos e muçulmanos, começou a criar problemas com os judeus.

A muito comentada infância de Bento sob a sombra de Hitler deveria significar que ele, mais do que ninguém, teria uma sensibilidade extrema ao tratar do relacionamento entre católicos e judeus. No começo do seu papado, realmente houve um esforço sério para estreitar as relações entre as duas religiões, com visitas a sinagogas em Colônia, Nova York e Roma. Ele condenou "o genocídio dos judeus [como] atrocidades que mostram toda a malignidade da ideologia nazista". Mas esse período de benevolência durou pouco.

O distanciamento de papa Bento de assuntos que considerava mais difíceis, como evidente em sua biografia, *Milestones*, deixou alguns membros da comunidade judaica indignados. Em maio de 2006, durante uma visita a Auschwitz, o pontífice não fez qualquer menção à culpa alemã ou católica sobre o Holocausto nem comentou nada sobre o antissemitismo. Pouco mais de um ano depois, em julho de 2007, Bento — cedendo à pressão dos tradicionalistas, na opinião de muitos — resolveu permitir a celebração da missa tridentina, em latim. Amplamente em desuso desde 1970, ela continha uma oração de Sexta-Feira Santa que ordenava os judeus a reconhecerem Jesus Cristo e mencionava "a cegueira desse povo. Ao reconhecer a luz da Verdade, que é Cristo, eles poderão sair da escuridão".

Bento justificou a decisão numa carta aos bispos, declarando: "Aquilo que as gerações antigas consideravam sagrado continua sendo sagrado e grandioso para nós também, portanto não pode ser proibido de repente nem visto como prejudicial." Líderes judeus do mundo todo logo condenaram o gesto. Numa declaração divulgada pela Liga Antidifamação, uma organização americana que defende os direitos civis dos judeus, o porta-voz Abraham H. Foxman afirmou que a decisão era "um passo para trás nas relações entre católicos e judeus". Ele opinou: "Estamos extremamente decepcionados e profundamente ofendidos com a atitude do Vaticano, que, quarenta anos após tomar a acertada decisão de remover trechos antissemitas ofensivos da liturgia da Sexta-Feira Santa, agora permite que os católicos digam palavras tão nocivas e ultrajantes, rezando para que judeus sejam convertidos. É a decisão errada no momento errado."

Seis meses depois, em fevereiro de 2008, a tentativa de Bento de solucionar a crise ao modificar o missal e remover a referência à "cegueira" deixou muitos insatisfeitos, porque a cerimônia ainda pedia que Deus "iluminasse o coração [do povo judeu]" e reconhecesse Jesus Cristo como seu salvador.

Essa situação poderia ter sido evitada se Bento procurasse conselhos melhores e mais equilibrados antes de tomar decisões potencialmente prejudiciais. Todos sabiam que a missa tridentina apresentava trechos controversos. Na verdade, era considerada tão polêmica que o concílio do Vaticano II amenizara as declarações da liturgia de Sexta-Feira Santa e as substituíra: "Oremos pelo povo judeu, o primeiro a ouvir a palavra de Deus, para que possa continuar a crescer no amor do Seu nome e na fidelidade da Sua aliança." Ainda assim, Bento, um experiente teólogo, parecia completamente despreparado para a revolta causada por sua reintrodução.

Tudo isso nos leva a especulações sobre se o papa era arrogante, incompetente, incapaz de pensar de forma perspicaz ou apenas indiferente. Seria Bento tão presunçoso sobre questões teológicas que agia sem consultar ninguém? Ou só não conseguia prever as consequências de suas atitudes? Quem sabe ele apenas acreditasse que tudo daria certo e nem cogitava receber reações negativas? Uma coisa é certa: o papa era incapaz de aprender com seus erros. Menos de um ano depois da revisão medíocre da oração de Sexta-Feira Santa, sua capacidade de liderar a Igreja Católica foi questionada quando decidiu cancelar a excomunhão, decretada vinte anos antes, de quatro membros do grupo ultratradicionalista Fraternidade Sacerdotal São Pio X. Um deles era conhecido por negar o Holocausto.

O bispo Richard Williamson, que estudou na Universidade de Cambridge, era um fundamentalista da pior espécie, descarado e maldoso; o homem se referia aos judeus como "inimigos de Cristo que desejam dominar o mundo" e, desde a década de 1980, bolava várias teorias questionando a realidade do Holocausto. Dias antes de o papa anunciar sua decisão de cancelar as excomunhões, um canal de TV sueco transmitiu uma entrevista com Williamson na qual declarava acreditar que as provas históricas "mostravam, sem sombra de dúvidas, que seis milhões [de judeus] não foram mortos de propósito em câmaras de gás por ordem de Adolf Hitler. Acho que as câmaras de gás nem existiam. Creio que o número de judeus mortos em campos de concentração nazistas varie entre cem mil a trezentos mil, mas nenhum deles foi vítima de câmaras de gás".

Planejando ser o mais ofensivo possível, Williamson viajou para Ratisbona, a fim de conceder uma entrevista em território alemão, sabendo muito bem que o país tem leis contra a negação do Holocausto. A Igreja, porém, manteve o cancelamento da excomunhão, declarando: "As ações do Vaticano têm relação com a excomunhão e seu cancelamento para os quatro bispos, algo que não tem qualquer ligação com as declarações extremamente censuráveis de um indivíduo."

Os protestos foram ensurdecedores. A decisão de Bento foi descrita por uma fonte anônima no Vaticano como "a maior catástrofe para a Igreja Católica Romana nos tempos modernos". Dar tamanha importância para aplacar conflitos internos com uma facção ultratradicionalista que traria 150 mil católicos de volta para a instituição parecia um absurdo quando comparado aos danos que a atitude causaria aos relacionamentos inter-religiosos no mundo todo. O fato de Bento legitimar Williamson foi descrito como "vergonhoso" pelo rabino David Rose, do Comitê Judaico dos Estados Unidos: "Ao receber um declarado negacionista do Holocausto de volta à Igreja Católica sem qualquer retratação da parte dele, o Vaticano jogou no lixo todas as declarações emocionantes e impressionantes de rejeição e condenação do antissemitismo feitas por João Paulo II."

Na Alemanha, o Conselho Central dos Judeus cortou ligações com a Igreja Católica em protesto ao cancelamento das excomunhões, e a chanceler Angela Merkel, que sempre mantivera uma rígida política de não comentar sobre questões internas da Igreja, tomou uma atitude inédita e emitiu uma declaração sobre a crise: "Se uma decisão do Vaticano causa a impressão de que o Holocausto pode ser negado, isso deveria ser corrigido. O papa e o Vaticano não podem deixar dúvidas de que não há o que negar e que é necessário manter um relacionamento positivo com a comunidade judaica. Na minha opinião, esses esclarecimentos ainda não foram feitos de forma eficaz."

Essas palavras tiveram tanto peso que, no dia seguinte, 5 de fevereiro de 2009, o Vaticano emitiu a própria declaração, afirmando que o papa Bento XVI não estava ciente das opiniões do bispo Williamson quando cancelara a excomunhão, e que Williamson recebera ordens de se retratar publicamente antes de ser readmitido na Igreja (ele se recusou e foi imediatamente removido do seu seminário). Mas essa desculpa apenas aumentou as dúvidas sobre a competência do papa. Como era possível ele não saber? Se realmente não sabia, por que seus conselheiros não lhe deram essa informação?

Um mês depois, pedindo desculpas aos bispos em carta, Bento praticamente admitiu a própria incompetência, escrevendo: "Contaram-me que uma consulta às informações disponíveis na internet tornaria possível a percepção do erro desde o começo." Mas também defendeu a ideia de receber padres de volta: "Será que não devemos, como bons educadores, sermos capazes de passar por cima de vários defeitos e nos esforçarmos para ampliar nossos horizontes? [... Não acho que eles [Williamson e os outros] teriam escolhido o sacerdócio se, junto com vários elementos distorcidos e perniciosos, não tivessem amor por Cristo. Será que devemos excluí-los, como representantes de uma periferia radical, de nossa busca por reconciliação e união?"

A imagem que temos do papa Bento XVI não é a de um líder carismático que guiou seus então 1,18 bilhão de fiéis por um tempo de crise, mas sim de um homem idoso, frágil e confuso, afogando-se em águas rasas enquanto as pessoas ao redor observavam. Aos 81 anos, e depois de uma vida inteira enfurnado em meios acadêmicos e teológicos, rezando, ele estava completamente despreparado para o fato de que as decisões que tomava como papa tinham consequências reais para pessoas reais. Sua incapacidade de entender a seriedade dessa e das crises anteriores deixa evidente seu distanciamento do mundo, fazendo com que muitos na Igreja questionassem se haviam escolhido o homem certo e com que muitos fora dos muros do Vaticano se preocupassem de verdade com o impacto que esses fracassos tinham na sociedade.

Tais medos ficaram bem explícitos em novembro de 2010, quando mensagens secretas levadas a público pelo WikiLeaks revelaram um relatório cheio de críticas enviado pela embaixada dos Estados Unidos no Vaticano para a secretária de Estado, datada de 20 de fevereiro de 2009 e intitulada "A Santa Sé: falha de comunicação":

Resumo: Junto com outras gafes, a recente polêmica sobre o cancelamento da excomunhão de um bispo que nega o Holocausto expôs um grande abismo entre as intenções declaradas pelo papa Bento XVI e a forma como a mensagem é recebida pelo mundo exterior. Há muitos motivos para essa dificuldade de comunicação: o desafio de governar uma organização hierarquizada porém descentralizada, falhas na liderança no topo da estrutura e a desvalorização (e ignorância sobre) dos meios de comunicação do século XXI. Esses fatores enviaram mensagens confusas e provocantes que reduzem o volume do megafone moral que o Vaticano usa para alcançar seus objetivos.

O relatório também detalhava os fracassos, na opinião da embaixada e de suas importantes fontes secretas no Vaticano, de um pequeno grupo de "tomadores de decisão que aconselham o papa", "todos homens, com cerca de 70 anos", e uma nítida ausência de "diversidade geográfica ou de faixa etária", o que significava que "não entendem a imprensa moderna e novas tecnologias de informação". O braço direito do papa e seu "maior dignitário", o secretário de Estado Tarcisio Bertone, que "tinha a responsabilidade de gerenciar a Cúria", foi o mais criticado, classificado como "puxa-saco" por aqueles que o culpavam pela desorganização da Cúria. Fontes cujas identidades eram classificadas pela embaixada como "estritamente protegidas" também se mostraram preocupadas com a "natureza italocêntrica dos conselheiros mais próximos ao papa", que davam preferência "a trocar mensagens por meios antiquados e internos, escritas em 'códigos' para que ninguém fora de sua panelinha conseguisse decifrá-las". Na equipe de Bento, havia apenas um membro importante vindo de país anglófono, o arcebispo James Harvey. A fonte achava que isso "significava que poucos tinham acesso à turbulenta imprensa americana — ou, de fato, do mundo". Além disso, Bento havia se cercado de tão poucas pessoas que os conselheiros fora de seu círculo íntimo não se sentiam "à vontade para lhe dar más notícias".

Em meio a tanto caos e se tratando de uma instituição tão reticente quanto a Igreja, era impossível avaliar não apenas quem era responsável pelos fracassos, mas também se havia algum candidato aceitável disponível para enfrentar os problemas atuais e, assim, salvar Bento de maiores desastres.

OS ÚLTIMOS TRÊS ANOS DE TURBULÊNCIA

Os últimos três anos do papado de Bento não lhe deram muita folga dos escândalos. A rigidez de suas opiniões tradicionalistas sempre o colocava em confronto com uma sociedade mais revoltada e crítica sobre as condutas da Igreja do que qualquer papa já enfrentara. Visitas à Espanha, ao Reino Unido e à Irlanda foram antecedidas por declarações que condenavam o "secularismo agressivo" desses países em relação a campanhas por direitos dos homossexuais e pela legalização do aborto, coisas que o papa acreditava irem contra a "ordem natural". Esse tipo de moralização foi recebido com muita hostilidade na Grã-Bretanha e na Irlanda, já que, ao mesmo tempo que criticava a busca das pessoas por equidade de direitos, Bento também convocava uma reunião com todos os bispos irlandeses para lidar com o escândalo de abusos sexuais de crianças por membros do clero.

Anos de abusos sexuais cometidos por padres na Irlanda fizeram com que muitos questionassem o desejo ou a capacidade do Vaticano de lidar com a questão. O cardeal Sean Brady, a figura mais importante da Igreja irlandesa, admitira participar de uma reunião em 1975 em que as vítimas foram obrigadas a assinar um contrato de sigilo sobre o abuso que sofreram nas mãos de um padre pedófilo. O papa Bento, abalado pelo que ouviu nessa reunião com os bispos, tentou acalmar os ânimos numa carta aberta aos católicos irlandeses, em março de 2010, na qual dizia que estava "profundamente perturbado" com tais revelações e que compartilhava "a tristeza e a decepção que muitos de vocês sentiram". A carta era longa e sincera, mas, apesar de o papa declarar que "sentia muitíssimo" pelo terrível sofrimento das vítimas, ficou claro que ele acreditava que a situação fosse um problema regional.

Essa carta foi um ponto de virada na abordagem do Vaticano sobre os casos de abuso sexual. Os métodos de Bento para lidar com a crise devem ser vistos como medíocres na melhor das hipóteses, mas talvez ele mereça crédito por ter se tornado o primeiro papa a expulsar sacerdotes pedófilos da Igreja, removendo 384 no mundo todo entre 2011 e 2012.

A instituição enfrentou um novo escândalo em setembro de 2010, quando o presidente do Banco do Vaticano, Ettore Gotti Tedeschi, começou a ser formalmente investigado sob suspeitas de violar as leis italianas contra lavagem de dinheiro e quando uma conta do Vaticano com 23 milhões de euros foi congelada após o banco não apresentar detalhes sobre transferências de fundos (o caso não resultou em qualquer acusação formal). Como um Estado soberano, fazia muito tempo que o Vaticano era criticado pela falta de transparência e cooperação em questões financeiras. Isso começava a ser associado à sua omissão ao não denunciar casos de abuso sexual para autoridades civis, o que gerava perguntas sobre quem poderia ser responsabilizado por questões financeiras.

Dessa vez, Bento foi mais rápido ao perceber que uma crise se aproximava e não perdeu tempo ao criar um novo órgão para fiscalizar as finanças e garantir que o Vaticano cumprisse os regulamentos financeiros do mundo e da União Europeia. O gesto foi bem-recebido e visto como um sinal de que o Estado reticente estava levando a sério as acusações de corrupção e lavagem de direito.

Infelizmente para o papa, já era tarde demais. Em janeiro de 2012, o Vaticano foi assolado por outro escândalo. No mês que se seguiu, surgiram relatos de que Bento, agora com 84 anos, parecia cansado, magro e fraco. Então, quando a história do chamado Vatileaks, mais tarde descrito por John Allen como "uma mistura de Puccini com Watergate", foi noticiada nos canais de TV da Itália, ele não estava em condições de lidar com as consequências. Os documentos vazados revelavam acusações de corrupção financeira, disputas internas, casos homossexuais entre padres e nepotismo dentro da Santa Sé. Acredita-se que os documentos não tenham sido liberados por um informante preocupado que torcia pela reforma, mas por alguém agindo em nome de "interesses pessoais e políticos". Em resposta, Bento reuniu um comitê de cardeais especialistas — liderados pelo cardeal Julián Herranz, membro do conservador Opus Dei — para investigar a fonte dos vazamentos. Um mês depois, como numa história de detetive, a polícia prendeu nada menos do que o mordomo do papa, Paolo Gabriele.

Depois que os investigadores vasculharam o apartamento do mordomo no Vaticano, Gabriele foi acusado de posse ilegal de documentos confidenciais. Mas os vazamentos continuaram acontecendo, levando muitos a concluírem que a rede de conspiradores era bem maior do que apenas um homem — talvez contendo até vinte pessoas, apesar de ninguém mais ter sido preso.

Suspeitas sobre o envolvimento de outros membros importantes da Cúria despertaram acusações de que alguém tentava encobrir a verdade após Gabriele ser condenado a 18 meses de prisão e um especialista em TI do Vaticano que o ajudou ficar em condicional. Na verdade, Gabriele, apesar de ser membro do círculo íntimo do papa, não tinha poder algum dentro da instituição e vazara documentos escritos em idiomas que não falava. As especulações sobre ele ter feito um acordo e concordado em ser o bode expiatório para evitar maiores constrangimentos para a Igreja pareceram ter sido confirmadas em dezembro de 2012, quando o papa Bento visitou o antigo mordomo na prisão e o perdoou por sua participação no escândalo, permitindo que mantivesse seu salário, sua acomodação e seu emprego no Vaticano.

Como Allen observou na época: "Uma das ironias da saga do Vatileaks é que o Vaticano foi mais prejudicado pelo fato de os vazamentos terem acontecido do que pelo conteúdo das informações." A Igreja queria abafar o caso o quanto antes. A prisão de Gabriele era a maneira mais fácil de fazer isso. Porém, por trás de portas fechadas, Bento estava bem mais preocupado do que deixava transparecer, de modo que pediu que o cardeal Herranz continuasse com as investigações — mas, agora, em segredo absoluto.

No dia 17 de dezembro de 2012, Herranz entregou ao papa Bento um relatório de trezentas páginas, em dois volumes encadernados em couro, conhecido como o "dossiê vermelho". Nele, era detalhada a descoberta de uma rede de sacerdotes gays dentro do Vaticano que regularmente tinham encontros ilícitos, geralmente com prostitutos, em vários locais dentro e fora de Roma. O relatório também afirmava que alguns dos envolvidos estavam sendo subornados por pessoas de fora devido às suas atividades homossexuais secretas. Mais tarde, o jornal italiano *La Repubblica* alegaria que esse fora o dia em que o papa Bento XVI tomou a decisão que chocaria o mundo e deixaria 1,2 bilhão de católicos clamando por respostas.

5

A RENÚNCIA DE UM PAPA

Trovoadas rugiam pelo céu, a chuva desabava, e a escuridão que encobria o Vaticano era interrompida por raios de luz que atravessavam o firmamento e atingiam o pináculo da Basílica de São Pedro. Seria um sinal de Deus? Ou talvez o ápice de alguma energia cinética que se acumulara pelo mundo nas horas anteriores? O simbolismo não passara despercebido por ninguém, já que, mais cedo naquele dia, 11 de fevereiro de 2013, outro tipo de relâmpago acertara o coração da Igreja Católica: o papa Bento XVI renunciara.

O Colégio dos Cardeais e membros da Cúria haviam se reunido em Roma na véspera para uma reunião sobre futuras canonizações, mas havia uma surpresa acrescentada à agenda do dia. Antes de o grupo começar a discutir outros assuntos, o papa Bento fez uma declaração curta (em latim, é claro): "Caros Irmãos, eu vos convoquei para este consistório não apenas devido às três canonizações, mas também para comunicar uma decisão de grande importância para a vida da Igreja. Após examinar minha consciência perante Deus por repetidas vezes, concluí que minhas forças, graças à idade avançada, não são mais condizentes com o exercício adequado do ministério petrino. Estou ciente de que esse ministério, em razão de sua natureza essencialmente espiritual, deve ser conduzido não só com palavras e ações, mas também com orações e sofrimento. No entanto, no mundo atual, sujeito a tantas mudanças rápidas e abalado por questões de grande relevância para a vida da fé, a força mental e a força física são igualmente necessárias para governar a barca de São Pedro e proclamar o Evangelho. Nos últimos meses, elas se deterioraram em mim ao ponto de eu precisar reconhecer minha incapacidade de exercer de forma adequada o ministério que me foi confiado. Por tal motivo, e muito ciente da seriedade deste ato, com plena liberdade, declaro que renuncio ao ministério do Bispo de Roma, Sucessor de São Pedro, confiado a mim pelos cardeais no dia 19 de abril de 2005, de forma que, a partir de 28 de fevereiro de 2013, às vinte horas, a Sé de Roma, a Sé de São Pedro, estará vaga, e um conclave para eleger um novo Sumo Pontífice será convocado por aqueles a quem compete a tarefa."

Uma testemunha presente na reunião, o prelado mexicano monsenhor Óscar Sanchez Barba, lembra: "Os cardeais apenas ficaram se olhando. Então o papa se levantou, deu sua benção e saiu. Foi simples, a coisa mais simples do mundo. Extraordinário. Ninguém esperava por aquilo. Ficamos todos em silêncio. O silêncio era absoluto, assim como a tristeza."

Ninguém estava preparado para aquilo nem seria capaz de se preparar para a reação que viria, mas o Vaticano sabia que a renúncia não ficaria em segredo do público por muito tempo, portanto liberou a declaração de Bento para a imprensa no dia seguinte. Canais de TV cobriam o evento com atualizações a cada minuto; especialistas foram chamados às pressas para participar de noticiários e especular sobre quais eventos poderiam ter levado o homem mais convencional da Igreja Católica a cometer o ato mais controverso da história moderna. Agentes de aposta começaram a anunciar as chances de futuros sucessores em potencial.

O porta-voz do Vaticano, o reverendo Federico Lombardi, admitiu durante a subsequente conferência de imprensa que "o papa nos pegou de surpresa. Era feriado no Vaticano, então não tivemos muito tempo para nos preparar para essa situação importante. Os senhores com certeza devem ter muitas perguntas, mas precisamos de alguns dias para nos organizar, porque não estávamos esperando por esse anúncio". Ele descreveu como o Colégio dos Cardeais escutou a rápida declaração "com muita atenção e prendendo a respiração", mas não tiveram a oportunidade de fazer perguntas.

A Igreja se mostrou unida, garantindo ao seu rebanho que teriam um novo papa antes da Páscoa, e os cardeais começaram a emitir declarações em que elogiavam a coragem e a humildade do papa, mas admitindo sua tristeza e surpresa. Os políticos logo os imitaram, manifestando palavras de apoio e elogios ao reinado papal de Bento XVI.

Nem todo mundo, contudo, compartilhava de sua boa vontade. Grupos de defesa dos direitos das vítimas molestadas por padres comemoraram abertamente a renúncia e criticaram o papado de Bento por não enfrentar a crise. O antigo secretário de João Paulo II, o cardeal Stanislaw Dziwisz, da Cracóvia, fez uma crítica levemente velada ao observar para os jornalistas poloneses que João Paulo permanecera no cargo até morrer porque acreditava que "não se pode descer da cruz".

A reação mais comum, todavia, era o choque. A maioria das pessoas, católicas ou não, não sabiam ou não acreditavam ser possível abdicar do Trono de São Pedro. Como Dziwisz insinuou, aquele parecia ser um fardo que os papas carregavam até o fim de seus dias. O próprio Bento se referira à tarefa como uma sentença de morte.

SINAIS DE QUE A DECISÃO JÁ FORA TOMADA

Em 2002, Bento concedeu uma série de entrevistas íntimas para o jornalista alemão Peter Seewald, para o livro *Luz do mundo*. Ao ser perguntado se cogitava a hipótese de renunciar graças à enchente de alegações de abuso sexual, ele respondeu: "Quando o perigo é grande, não se deve fugir. Por esse motivo, agora com certeza não é o momento de renunciar. É exatamente num momento como esse que devemos permanecer firmes e enfrentar as dificuldades. Seria melhor fazer isso num momento tranquilo ou quando se tornar impossível permanecer. Mas não se deve fugir do perigo e transferi-lo para outra pessoa." Seewald perguntou: "Então é possível imaginar uma situação em que o senhor veria a renúncia do papa como algo apropriado?" Bento respondeu: "Sim. Se um papa percebe que não tem mais condições físicas, psicológicas e espirituais de lidar com os deveres do cargo, tem o direito e, sob algumas circunstâncias, também o dever de renunciar." Na época da publicação do livro, a maioria dos leitores se focou no "dever de renunciar" como uma crítica velada à relutância de João Paulo II de se afastar do cargo após se tornar tão debilitado. Agora, olhando para trás, parece igualmente possível que Bento estivesse se referindo a si mesmo.

Ao descrever sua eleição numa entrevista a Seewald em 2010, Bento comentou: "Na verdade, achei que finalmente conseguiria ter paz e tranquilidade. Eu tinha tanta certeza de que esse dever não era minha vocação que Deus agora me permitiria um pouco de calma depois de anos árduos." Então a mesma hesitação expressa na sua eleição, em 2005, parecia já ter se transformado numa decisão firme em 2010 — e não após o Vatileaks, como muitos acreditavam no começo. Isso nos leva à pergunta: alguma coisa ocorreu em 2010 para fazer com que ele desistisse de carregar o fardo de seu cargo?

Para começarmos a tentar entender essa decisão monumental, devemos deixar o papa Bento de lado e voltar para Joseph Ratzinger e seu tempo como prefeito da Congregação para a Doutrina da Fé, ou mesmo até um pouco antes, para sua vida na Alemanha.

UM ESCÂNDALO EM MUNIQUE

Em janeiro de 2010, os jornais começaram a relatar um caso de abuso sexual histórico que se estendera por trinta anos, de 1980 a 2010, na arquidiocese de Munique. Conforme mais detalhes vinham à tona, o caso acabou sendo conectado a Joseph Ratzinger, que, entre 1977 e 1982, fora arcebispo da cidade.

O padre no centro do escândalo era Peter Hullermann, acusado de molestar três meninos em Essen, na Alemanha, em 1979. Os pais das vítimas denunciaram Hullermann para seus superiores e escreveram para a arquidiocese de Munique pedindo que ele fosse transferido e encaminhado para terapia. Apesar de Hullermann não negar as acusações, cartas da arquidiocese não se referem ao padre como pedófilo nem descrevem os crimes cometidos, mas deixam claro que "relatórios da última congregação em que ele trabalhou informam que o capelão Hullermann é perigoso, levando-nos a imediatamente suspender seus deveres pastorais", e sugerem que seria mais seguro deixá-lo lecionar "num colégio para meninas".

A transferência foi discutida durante uma reunião de rotina entre oficiais superiores em 15 de janeiro de 1980. A ata relatava que um jovem padre precisava de "tratamentos psicoterapêuticos em Munique", junto com acomodações e um "colega de trabalho compreensivo", mas, fora isso, Hullermann, referido apenas como "H", era descrito como "um homem muito talentoso, que pode ser usado de várias maneiras". Ratzinger aprovou o pedido, e "H" foi deixado aos cuidados do psiquiatra Werner Huth. Após apenas cinco dias de tratamento, o escritório do cardeal Ratzinger recebeu uma mensagem do vigário-geral Gerhard Gruber, declarando que "H" voltaria a exercer todas as suas funções numa paróquia nos arredores de Munique. Quando o doutor Huth ficou sabendo disso, imediatamente informou aos oficiais de Ratzinger: "Sem dúvida, o risco de reincidência era tão grande que seria impossível que ele continuasse a trabalhar em paróquias. Expliquei isso ao bispo local." Seus avisos foram ignorados. Huth ficou tão preocupado que "emitiu avisos explícitos — orais e escritos — antes de o futuro papa sair da Alemanha para ocupar um cargo no Vaticano em 1982", mas a decisão de permitir que Hullermann voltasse ao trabalho paroquial, em contato direto com crianças, não foi revista.

Menos de cinco anos depois, o padre Hullermann foi acusado de molestar mais cinco meninos e condenado por abuso sexual na Baviera, em 1986. Ele teria de cumprir uma pena de 18 meses em liberdade e cinco anos de condicional, junto com outra rodada de "terapia". Surpreendentemente, o padre não foi exonerado e continuou trabalhando com coroinhas até 2008, quando a Igreja ordenou sua transferência para outra paróquia, proibindo que trabalhasse com crianças. Na realidade, ele tinha poucas restrições e continuou a celebrar missas com coroinhas.

A história precisou ser noticiada pelo mundo todo antes de Hullermann ser suspenso de seu cargo, no dia 15 de março de 2010, trinta anos depois de ter admitido os primeiros crimes em Essen. A essa altura, a pergunta que todo mundo estava fazendo era: o papa sabia?

A sala de imprensa da Santa Sé reuniu suas forças e foi à luta para protegê-lo de todas as críticas, insistindo que Bento não tinha qualquer relação com o caso. O antigo vigário-geral Gruber, de maneira obediente, levou a culpa e aceitou a responsabilidade por tudo, afirmando: "Sinto um arrependimento profundo por saber que essa decisão resultou em crimes contra jovens e peço desculpas a todos que sofreram por causa dela." Mas ainda restavam dúvidas. Se os memorandos que confirmavam que Hullermann voltara a exercer atividades pastorais foram enviados para o arcebispo Ratzinger, devemos mesmo acreditar que ele não os leu, mesmo após autorizar a transferência inicial de "H" para Munique, para submeter-se a um tratamento psicológico pelos crimes que admitia ter cometido? Numa entrevista ao *The New York Times*, o padre Thomas P. Doyle, ex-advogado da embaixada do Vaticano em Washington e delator dos casos de abuso sexual, afirmou que essa negação era "bobagem", dizendo: "O papa Bento é controlador. É antiquado. Uma situação como essa com certeza seria levada à sua atenção. É melhor o vigário-geral mudar seu discurso. O que ele está tentando fazer, obviamente, é proteger o papa."

A tática seguinte do Vaticano foi alegar que Bento era vítima de uma campanha para difamá-lo. O departamento de imprensa emitiu um comunicado afirmando que era "evidente que, nos últimos dias, certos indivíduos em Ratisbona e Munique tentaram, com uma tenacidade quase agressiva, encontrar provas que conectem pessoalmente o Santo Padre com casos de abuso. Está claro que esses esforços fracassaram." Muitos acharam que a declaração foi insensível e desdenhosa, sem sequer mencionar as vítimas. E isso não mudava os fatos: Ratzinger não tomar conhecimento de que Hullermann voltara a exercer trabalhos pastorais na comunidade após vários avisos do psiquiatra contratado pela Igreja, era um indicativo da sua nítida falta de competência ao lidar com um padre que ele sabia ser perigoso. Indiferença não é uma boa desculpa quando se trata de abuso sexual de crianças.

Apesar da determinação do Vaticano de defender seu líder, novos detalhes começaram a surgir diariamente. No fim de março, mais de trezentas novas vítimas alegavam ter sido molestadas na Alemanha. Além disso, amigos do padre Gruber, que fora o braço direito de Ratzinger em 1980 e agora tinha 81 anos, contaram ao *Der Spiegel* que ele fora "convidado" a assumir a responsabilidade pelo escândalo, tirando o pontífice "da mira".

Apenas algumas semanas antes, Bento escrevera uma carta aberta para as vítimas de abuso na Irlanda. Mas quando se tratava do próprio comportamento, preferira não se pronunciar.

UMA CONSPIRAÇÃO DO SILÊNCIO

Em 2010, uma quantidade absurda de novos casos de abuso veio à tona. Infelizmente, apesar das histórias em questão serem novas, o problema era antigo. O caso Hullermann não só associava o próprio papa ao escândalo, como também expunha a conspiração do silêncio dentro da Igreja Católica, que não denunciou os padres pedófilos para a polícia, preferindo abafar os crimes.

Quando o cardeal Ratzinger se tornou o papa Bento XVI, condenou a "sujeira que existe na Igreja". Agora, sua nítida falta de atitude testava a paciência do público. Como prefeito da Congregação para a Doutrina da Fé, Ratzinger foi responsável por lidar com casos de abuso em nome do Vaticano de João Paulo II desde 1982. Preferindo dedicar suas energias a esmagar facções esquerdistas como os teólogos da libertação da América Latina, podemos acusar Ratzinger e João Paulo de serem, na melhor das hipóteses, cegos quando se tratava dos crimes, e, na pior, criadores de uma cultura traiçoeira de encobrimentos. Delatores de dentro da Igreja começaram a se sentir encorajados a compartilhar histórias sobre como avisaram várias vezes ao Vaticano sobre molestadores individuais e o tamanho do problema, recebendo apenas silêncio como resposta. Relatórios detalhados foram entregues à Santa Sé, mas, ainda assim, nada foi feito. A Igreja só foi forçada a admitir a situação quando as vítimas contrataram advogados para representá-las nos tribunais.

Somente entre 2004 e 2011, o Vaticano gastou mais de dois bilhões e meio de dólares em indenizações em casos de abuso nos Estados Unidos. Bispos individuais não poderiam autorizar acordos secretos dessa magnitude. Ratzinger era "o fiscal do Vaticano". Ele era responsável por manter a ordem na Igreja, por distribuir punições, como cardeal e depois como papa, e por excomungar aqueles que não seguiam as ideias de João Paulo. Mesmo assim, os molestadores foram protegidos.

E as vítimas? Em primeiro lugar, a tristeza transmitida pelo papa Bento em entrevistas e discursos sempre se focava no seu horror ao ver que a santidade do sacerdócio era questionada, e só depois as vítimas recebiam sua pena e preocupação. Durante a entrevista de 2010 para *Luz do mundo*, Peter Seewald questionou o papa sobre os comentários feitos pelo ex-juiz alemão Ernst-Wolfgang Böckenförde, que acreditava que "o motivo real para esse fracasso de décadas estava em padrões de conduta profundamente enraizados por políticas do Vaticano que colocam o bem-estar e a reputação da Igreja acima de tudo. O bem-estar das vítimas, por outro lado, automaticamente se torna uma questão secundária, apesar de serem elas quem mais precisam da proteção da Igreja". A resposta de Bento? "É uma análise complicada, é claro. O que significa políticas do Vaticano? Por que as pessoas não reagiam antes da mesma forma como reagem agora?" Mas o papa conhecia muito bem essas políticas do Vaticano, de cor e salteado, porque fora ele quem autorizara pessoalmente a perpetuação de um sistema de encobrimentos que durava décadas.

O PIOR CRIME

Enquanto João Paulo e Ratzinger com certeza passaram anos ignorando e escondendo abusos cometidos por sacerdotes, a prática descrita como "política do Vaticano" — aquela que o papa Bento teve tanta dificuldade em analisar — faz parte da constituição da Igreja e é seguida desde 1867, pelo menos. Um documento secreto do Vaticano distribuído a todos os bispos, com o selo oficial do papa João XXII — documento esse que, numa versão modificada em 2001, seria ratificado e aplicado como regras atuais da Igreja pelo cardeal Ratzinger —, foi obtido e publicado pelo jornal *The Observer* em 2003. Com o título de *Crimen Sollicitationis* (Crime de aliciamento), mostra que, na verdade, os métodos usados durante o papado de João Paulo seguiam velhas orientações oficiais do Vaticano, que instruíam os bispos, em casos de precisarem lidar com pedófilos e culpados por manter relações sexuais com outros homens, ou meninos e meninas menores de idade, ou "animais selvagens", a "transferir [o padre transgressor] para outra [tarefa]" caso fosse necessário, e lidar com a questão "da forma mais discreta possível", sendo todas as partes "juradas a segredo perpétuo", que costuma ser descrito como "um segredo da Santa Sé, sobre todos os detalhes e todas as pessoas, sob pena de excomunhão". Quanto ao voto de silêncio, também deveria ser honrado "pelos delatores ou por aqueles que denunciaram [o padre]". Caso a acusação se mostrasse falsa, os bispos deveriam destruir todos os documentos, mas enviar uma cópia do relatório para a Santa Sé.

Descrito por Daniel Shea, um advogado americano que trabalhava com vítimas molestadas por padres católicos, como "um mapa para mentiras e encobrimentos", o documento é uma leitura aterrorizante. Como Collins observa: "A princípio, Roma tentou explicar os casos de abuso sexual como um problema do mundo de língua inglesa e uma consequência derivada amplamente do secularismo e do 'pansexualismo', como descreveu um cardeal da Cúria. Para as pessoas de outros países, parecia que a situação nos Estados Unidos era apenas outro exemplo da preocupação degenerada com sexo junto com um preconceito especialmente maldoso contra os católicos." Mas o documento intitulado "Instruções sobre como proceder em casos de aliciamento" revela que a prática de transferir padres de paróquias e esconder seus crimes de natureza sexual ocorria com frequência desde 1962, com ordens papais de manter as alegações em segredo desde 1867.

O abuso de crianças, descrito pelo Vaticano em sua "instrução" como "o pior dos crimes", era tão comum que a hierarquia da Igreja já sabia muito bem quais eram os procedimentos para lidar com os transgressores. Num documento de 1922, o Vaticano declara que "a acusação em si é considerada a mais grave que pode ser feita contra um padre católico romano. Portanto, o procedimento se certifica de que um padre que possa ser vítima de acusações falsas ou caluniosas seja protegido da infâmia até que se prove sua culpa. Para isso, é necessário obedecer a um rígido código de confidencialidade que protege todas as partes de notoriedade indevida até que o tribunal eclesiástico chegue a uma decisão definitiva".

O livro *Sexual Misconduct and the Clergy* [Conduta sexual imprópria e o clero, em tradução livre], de Jeffrey Ferro, faz referência a um texto do ano 731 d.C. intitulado *Paenitentiale Bedae* (O penitenciário de Beda). O autor, um monge irlandês chamado Beda, "aconselha os sacerdotes que sodomizam crianças a fazerem penitência com a ingestão de apenas pão e água por três a 12 anos". Além disso, numa série de artigos, Thomas Doyle, um ex-padre e notório crítico da forma como a Igreja lida com casos de abuso, explica que, apesar de o voto de celibato só ter se tornado oficial após o Segundo Concílio de Latrão, no século XII, era uma política apoiada pela legislação da Igreja desde o Concílio de Elvira, no século IV, com as primeiras "proibições explícitas do sexo entre homens adultos e meninos jovens" sendo mencionadas do Didaquê (50 d.C.), também conhecido como a *Instrução dos doze apóstolos*.

Cientes de exemplos históricos de quase dois mil anos, devemos perguntar: como a Igreja teve coragem de manter uma política de negações e segredo em torno daquilo que descreveu como "o pior dos crimes"?

Joseph Ratzinger saberia que, ao aceitar o cargo de prefeito da CDF, boa parte de suas responsabilidades seria lidar com acusações de abuso sexual. Ele encontraria, com certeza, uma oportunidade de amenizar anos de sofrimento das vítimas ao revisar os procedimentos em vigor para promover uma abordagem mais transparente ao lidar com o mundo fora da Igreja.

Em vez disso, numa carta que explicava as "Novas normas da Igreja para lidar com os delitos mais graves", datada de 18 de maio de 2001, ele, "após analisar com cuidado as opções e tendo feito as consultas apropriadas", basicamente reafirmava o método atual. A carta de Ratzinger dava novas orientações, afirmando que acusações de abuso agora estavam sujeitas a prazos de prescrição de dez anos após o aniversário de 18 anos da vítima, período no qual as alegações seriam avaliadas pela Igreja. O texto também determinava que somente padres eram qualificados para conduzir "julgamentos" durante a investigação das acusações e que, após os julgamentos locais serem concluídos, "todos os registros do caso devem ser encaminhados *ex officio*, o mais rápido possível, para a [CDF]". Finalmente, a carta reiterava que "casos dessa natureza estão sujeitos a segredo pontifício", o que significava que os sacerdotes, as vítimas e as testemunhas seriam excomungados caso revelassem quaisquer detalhes.

Apesar da regra atualizada de Ratzinger determinar que *todos* os casos de abuso deviam ser encaminhados para a CDF, bispos e padres que tiveram a coragem de informar a Roma sobre esses casos geralmente relatam não terem recebido qualquer resposta, apenas silêncio — um silêncio gélido que deu força para muitas vítimas levarem suas histórias a público. Ainda assim, mesmo sendo mundialmente condenado, o Vaticano continuou a não emitir qualquer incentivo para que os padres pedófilos fossem denunciados para a polícia.

Também é chocante o fato de não haver qualquer menção às vítimas nessas orientações, além do fato de que elas estão sujeitas ao silêncio papal. Em 2006, num documentário do programa *Panorama* intitulado "Sex Crimes and the Vatican" [Crimes sexuais e o Vaticano, em tradução livre], Thomas Doyle é severo ao concordar com essa opinião: "Não existe qualquer política de auxílio às vítimas, absolutamente nada para ajudar aqueles que tentam auxiliar as vítimas, e há uma regra implícita para mentir sobre a existência do problema. Então, no que concerne aos transgressores, os padres, quando são descobertos, a reação geral é não investigar nem acusá-los, mas transferi-los, de um lugar para outro em segredo, sem revelar o motivo de estarem se mudando."

Seria a carta de Ratzinger de maio de 2001 outro indício de que aquele era um homem tão profundamente distante da humanidade, tão estranhamente afastado do mundo, tão imerso em detalhes e procedimentos clericais e na aplicação das regras que parou de pensar nas almas e nos corações humanos, literalmente esquecendo que as vítimas de abuso sexual são pessoas? Ou seria um homem tão cheio de conflitos, tão dividido entre o que descreveu em seu discurso de 2005 como a "sujeira que existe na Igreja" e sua lealdade e fé pelo papa, que se tornara incapaz de mudar de rumo?

É PESADA A CABEÇA QUE CARREGA A COROA

Durante seu papado, Bento XVI deparou com um escândalo atrás do outro, mas, olhando para trás, fica evidente que a acusação sobre o caso do padre Peter Hullermann fez com que a crise de abusos sexuais batesse à sua porta — caísse na sua mesa, na verdade.

Tanto em sua infância na Alemanha nazista, quando precisou lidar com os casos de abuso na CDF, quanto no momento em que enfrentava uma série de dificuldades do seu papado, o mecanismo de sobrevivência de Bento sempre foi se isolar, concentrar-se na doutrina e interpretar tudo de maneira abstrata. Apenas quando foi forçado a se lembrar do seu papel, de seus atos, de sua responsabilidade sobre os "piores dos crimes", a gravidade da questão finalmente pareceu ser detectada.

Como sabemos, apesar de Bento desejar preservar a continuidade após a morte de João Paulo II — fazendo um discurso típico de líderes para fomentar esse objetivo —, nunca teve a intenção nem a vontade de se tornar papa, o que, em parte, talvez tenha contribuído para seus fracassos. São inúmeros os exemplos de como ele vivia fora da realidade e distante das pessoas, algo que o deixava completamente perdido, ainda mais porque não parecia cercado por bons conselheiros. Sua renúncia, revolucionária se considerarmos sua reputação como conservador, foi descrita pelo jornal romano *La Repubblica* como "uma erupção de modernidade dentro da Igreja". A ironia é óbvia. Como um professor de religião observou: "O teólogo que via o relativismo como o pior inimigo da Igreja será o papa que relativizou o papado." Se o papado passou a ser somente um emprego do qual o encarregado poderia se aposentar, como ele manteria seu status como uma vocação superior ou mesmo divina? Quão mais sagrado que seus devotos fiéis pode ser o Santo Padre se ele não se eleva ao dedicar a vida — a vida *inteira* — à Igreja?

Bento embarcou num helicóptero pouco depois das cinco da tarde do dia 28 de fevereiro de 2013 e partiu para o Palácio Papal de Castel Gandolfo, construção do século XVII, sobrevoando os telhados de Roma sob o coral de sinos que ressoava lá embaixo, para começar sua nova vida com "a mesma simplicidade de um peregrino que inicia a última parte de sua peregrinação nesta terra". Pouco depois das oito, a Guarda Suíça, os protetores dos papas por mais de quinhentos anos, foram dispensados da residência de verão do pontífice. Bento não era mais papa. Ele era papa emérito e seria, consequentemente, protegido pelos seguranças do Vaticano em Castel Gandolfo até que fossem terminadas as reformas do convento Mater Ecclesiae, na Cidade Santa, onde passaria sua aposentadoria. Seu amado piano fora com ele (seu compositor preferido é Mozart), junto com seus trabalhos e muitos livros, que permaneceriam ao seu lado até seus aposentos serem ampliados, os escritórios serem abertos e os quartos de hóspedes serem modernizados para se adequar aos confortos com os quais o ex-pontífice se acostumara.

As declarações do Vaticano sobre o futuro de Bento eram bastante concisas, e muitos ficaram surpresos com sua decisão de permanecer no seu reino, imaginando que preferiria voltar para a Alemanha. A ideia de ter um ex-papa e um papa vivendo lado a lado era bastante estranha, mas o "experimento" tinha consequências mais importantes ao garantir a futura proteção de Bento — não podemos esquecer que o Vaticano é um Estado soberano e que, dentro de suas paredes, ele tinha imunidade contra quaisquer acusações que pudessem ser feitas se algum dos casos de abuso sexual fosse levado a julgamento.

Com pouquíssimos detalhes divulgados ao público sobre como essa nova era funcionaria, o mundo exterior teve de criar as próprias teorias quando as portas de Castel Gandolfo foram fechadas.

Aqueles que permaneceram lá dentro podiam ter certeza de uma coisa: dessa vez, enfim, havia uma oportunidade de mudança.

6

CONCLAVE

Os cardeais participantes do conclave de 2005 que elegeu o papa Bento XVI, então com 78 anos, sabiam muito bem que sua idade avançada indicava que o papado seria relativamente curto. Foi simples deixar as diferenças de lado pelo bem da Igreja e concordar com o caminho que ela seguiria pelo futuro próximo, não em longo prazo. Porém, a dramática renúncia pegara boa parte da Cúria desprevenida, e as opiniões sobre os sucessores não estavam tão definidas quanto muitos gostariam.

No mundo todo, os jornais publicavam a mesma manchete: o papa abandonava uma Igreja em crise, marcada por escândalos e sob a ameaça da disseminação do secularismo. Antigos conflitos sobre os caminhos que a instituição deveria tomar vinham à tona e giravam em torno de diferenças básicas de opinião sobre as causas e as soluções para a crise. Os tradicionalistas, simpatizantes do *ressourcement* do Vaticano II, acreditavam que a Igreja deveria focar em si mesma e se elevar acima da sociedade, dando aos fiéis um objetivo superior a que almejar. Na opinião deles, os fiéis desejavam encontrar verdades imutáveis e atemporais na religião. Eles estavam certos de que uma instituição que se casa com as tendências contemporâneas logo ficaria viúva. Os reformistas, em favor do *aggiornamento*, discordavam. Para eles, esse pensamento limitado era a causa do problema, não a solução, e a Igreja deveria satisfazer às necessidades de seu rebanho, abrindo as portas para alcançar mais pessoas sem julgá-las, adaptando-se à sociedade moderna para garantir sua relevância na vida do povo e, portanto, a própria sobrevivência.

Enquanto os dois lados tinham filosofias completamente opostas, havia algumas áreas em comum. Como John Allen, famoso escritor e jornalista do Vaticano, explicou para o *The New York Times*, ambos sabiam que precisavam de alguém que "transmitisse essa ideia de nova evangelização, reacendendo as chamas missionárias da Igreja e colocando isso em prática, sem se prender apenas à teoria". Era necessário eleger um papa que fosse "o novo missionário-chefe da Igreja, um apresentador e um vendedor da fé católica, que possa tomar as rédeas do governo".

Independentemente dos candidatos, não havia tempo a perder. Os preparativos para a eleição do sucessor de Bento começaram a ser feitos, e o Vaticano anunciou que o conclave começaria no dia 12 de março de 2013. Enquanto os 115 cardeais de 48 países começavam a fazer as malas e refletir sobre as opções, a corrida para se tornar o 266º pontífice havia começado.

OS PROBLEMAS DEPOIS DE SETE ANOS

Nos dias turbulentos que se seguiram, enquanto se preparava para a cobertura do conclave que elegeria o sucessor de Bento XVI, John Allen conversou com muitos cardeais e fez uma lista dos requisitos fundamentais para o novo papa:

1. Um homem com visão global, especialmente capaz de incluir os dois terços dos 1,2 bilhão de católicos no mundo que moram fora do Ocidente, um grupo que chegará a três quartos no meio do século.
2. Um papa para a "nova evangelização", o que significa alguém com a capacidade de despertar o fervor missionário nos católicos e transmitir a mensagem para o restante do mundo, convidando as pessoas a observar a Igreja com outros olhos.
3. Um administrador competente, disposto e capaz de levar as melhores práticas de gerenciamento do século XXI para o Vaticano, tornando-o mais transparente e eficiente, responsabilizando aqueles que não se comportarem como o esperado.

Dessa vez, com tantas divergências sobre as causas e as soluções para velhos problemas, não havia nenhum candidato óbvio. Mas muitos em potencial.

Os agentes de apostas começaram a aceitar palpites minutos após a declaração de Bento ser anunciada, em 12 de fevereiro, mas os favoritos continuaram a mudar até a véspera do conclave, exatamente um mês depois.

Em seu último ano como papa, Bento nomeara 24 cardeais, pouco menos de um quinto do eleitorado, o que aumentava seu total para incríveis noventa — mais ou menos 12 por ano, comparados com a média anual de nove de João Paulo. Os analistas acreditam que esse frenesi de nomeações indica que Bento pretendia preparar o terreno para a eleição de outro europeu: dos novos cardeais, 18 vinham da Europa, sendo que dez passaram a ocupar cargos no Vaticano. Mas, com tantos rostos diferentes e tão pouco tempo para a Cúria se conhecer antes do começo da reunião pré-conclave, havia uma quantidade muito alta de cardeais considerados *papabile*.

OS *PAPABILE*

Porcentagem de mudanças nos 115 cardeais eleitores no conclave de 2013, comparados com os de 2005

Europa ocidental	22 (19%) +4%	Europa oriental	10 (9%) -1%
Itália	28 (24%) +7%	África	10 (9%) -1%
América Latina	19 (16,5%) -0,5%	Oriente Médio e Ásia	11 (10%) +1%
América do Norte	14 (12%) 0%	Austrália e Nova Zelândia	1 (0,5%) -1,5%

Com a "visão global" e o "novo evangelismo" da Igreja no topo da lista de prioridades, talvez seja prudente refletir sobre os candidatos de 2013 em termos de sua posição no mundo desenvolvido e em desenvolvimento, sem dividi-los de acordo com visões conservadoras ou progressistas. Os que vinham do mundo desenvolvido eram vistos como partidários de Bento. Os do mundo em desenvolvimento eram o oposto. Muitos tinham um bom histórico de atrair fiéis, e a grande quantidade de pessoas que frequentava suas missas era prova disso. Mas a maioria não tinha qualquer experiência com as políticas internas do Vaticano, o que gerava dúvidas sobre a capacidade de liderar uma Igreja em crise.

O MUNDO DESENVOLVIDO

Formado por cardeais de países ricos, o grupo de candidatos do mundo desenvolvido enfrentava problemas como o crescimento do secularismo, a queda do público das Igrejas e os escândalos de abusos sexuais cometidos pelo clero. Suas sociedades eram ricas e cheias de opinião, o que diminuía a importância que davam à Igreja e causava mais questionamentos políticos sobre a doutrina religiosa arcaica no mundo moderno.

Cardeal Angelo Scola, arcebispo de Milão (71 anos)
Apesar de não haver favoritos óbvios no conclave, muitos viam o cardeal Angelo Scola como uma forte possibilidade. Com as mesmas ideias teológicas que o abdicante papa Bento XVI, Scola também era muito inteligente e conhecia bem as políticas do Vaticano. Porém tinha mais experiência pastoral que Bento, além de ser mais popular entre os fiéis e a imprensa. Era visto por muitos como um habilidoso diplomata, capaz de manter relacionamentos positivos com outras religiões.

Por outro lado, também era considerado um dos possíveis sucessores com ideias parecidas com as de Bento, portanto incapaz de implementar mudanças verdadeiras. Os cardeais eleitores fora da Cúria Romana acreditavam que, como arcebispo de Milão, Scola estava envolvido demais com a burocracia e as disputas mesquinhas que prejudicavam a Igreja como um todo. Além disso, a longa sucessão de papas italianos em tempos passados provocara uma forte resistência à ideia de adotar tão rápido um sucessor doméstico para a Cátedra de São Pedro.

Cardeal Gianfranco Ravasi, da Itália (70 anos)
Extremamente inteligente, popular com o público e respeitado dentro da Igreja, Ravasi ocupava o cargo de presidente do Pontifício Conselho para a Cultura, responsável pela manutenção do bom relacionamento entre o Vaticano e outras culturas, bem como diferentes papéis importantes dentro da Cúria desde 2007. Ele já enfrentara disputas políticas complicadas com sucesso e escapara com a reputação intacta. Além disso, sabia lidar com tecnologia e com a imprensa — atributos úteis para qualquer novo pontífice em suas tentativas de evangelizar as massas na era digital — e já fora elogiado por sua capacidade de admitir os erros da Igreja.

Por outro lado, seus oponentes achavam que sua falta de experiência pastoral e suas inclinações acadêmicas remetessem aos fracassos do papa abdicante e fossem sinal de que era pouco qualificado para lidar com os aspectos mais práticos da administração da Igreja Católica. Apesar da popularidade entre os membros da Cúria, sua resistência em se envolver em politicagens curiais significava que a maioria dos eleitores preferiria candidatos mais militantes. Assim como acontecia com Scola, suas origens italianas também representavam uma desvantagem.

Cardeal Marc Ouellet, do Canadá (68 anos)
Líder da Congregação para os Bispos, encarregada de selecionar novos bispos, Ouellet certamente estava do lado dos conservadores. Inteligente, experiente e muito viajado, logo foi apontado como um dos preferidos em virtude de seu conhecimento teológico, das habilidades linguísticas impressionantes — era fluente em seis idiomas — e da experiência com várias culturas diferentes.

Os jornalistas do Vaticano concordam que as chances de um candidato podem ser medidas pela quantidade de "fofocas, boatos e difamações que tal pessoa gera". A posição de Ouellet na corrida foi confirmada quando histórias negativas sobre seu passado começaram a surgir na imprensa, mas, como consequência, suas chances diminuíram. O cardeal franco-canadense foi alvo de críticas por não ter lidado bem com casos de abuso sexual em Quebec, onde nasceu, por sua incapacidade de combater a queda no número de fiéis frequentando a missa e por sua oposição ao aborto mesmo em casos de estupro. Assim como Ravasi,

Ouellet era visto por muitos como um candidato muito semelhante ao papa Bento, sem a determinação necessária para lidar com as crises enfrentadas pela Igreja.

Cardeal Christophe Schönborn, arcebispo de Viena (68 anos)

Antigo aluno de Joseph Ratzinger em Ratisbona durante a década de 1970, o arcebispo de Viena fora conde antes de ser cardeal, descendente da nobre casa de Schönborn, uma família austríaca que se gabava de ter "dois cardeais e dezenove arcebispos, bispos, padres e freiras". Elogiado por ser aberto ao diálogo sobre assuntos polêmicos, por sua capacidade de lidar com crises e por sua visão progressiva sobre homossexualidade e o uso de camisinha por portadores de HIV/ aids, Schönborn era visto como um candidato corajoso e inteligente. Ele começara a lidar publicamente com a crise de abusos sexuais na Áustria na década de 1990. Como resultado, era um dos três candidatos considerados adequados pela Snap (Rede de Sobreviventes de Pessoas Molestadas por Padres, na sigla em inglês), uma rede americana de apoio às vítimas de abuso sexual.

Muitos achavam que, no contexto da tradicional mentalidade reticente do Vaticano, sua franqueza fosse revigorante, mas os críticos citavam várias ocasiões em que Schönborn abertamente interviera em questões curiais fora de sua jurisdição e expusera desavenças com outros cardeais na imprensa. Segundo eles, esses fatores o tornavam um candidato potencialmente perigoso para o papado.

Cardeal Péter Erdő, da Hungria (60 anos)

O cardeal Péter Erdő era um dos eleitores mais jovens no conclave de 2013. Sua rápida ascensão ao poder deixara alguns membros da Cúria tão impressionados que ele agora era considerado um dos candidatos favoritos. Como arcebispo de Budapeste, Erdő era uma figura central nos esforços para uma maior conexão com as Igrejas Ortodoxas e recebera elogios por seu bom relacionamento com os líderes judeus da Hungria. Era mais um *papabile* que conseguia manter o equilíbrio entre tendências conservadoras e liberais. Sabia falar italiano e ocupara vários cargos importantes como conselheiro durante a carreira, aumentando seu potencial aos olhos de Roma. Além disso, sua rede de apoio não era limitada ao Vaticano. Por meio de seu papel como presidente dos Bispos Europeus — órgão que representa os bispos de todos os 45 países da Europa —, construíra relacionamentos próximos com colegas de países em desenvolvimento na África e em outros continentes ao coordenar conferências e eventos para fomentar o diálogo ecumênico.

Apesar de os atributos de Erdő serem muitos, havia quem temesse que sua pouca idade — era apenas dois anos mais velho que João Paulo II ao assumir o cargo — causasse mais um papado longo. Outro fator negativo era sua aparente falta de carisma, já que o próximo papa teria de se esforçar bastante para trazer os fiéis de volta à Igreja.

Cardeal Timothy Dolan, dos Estados Unidos (63 anos)

Evangelista muito respeitado e entusiasmado, Dolan foi descrito por John Allen como, "de longe, a personalidade mais carismática, comunicativa e simpática entre os 115 cardeais" a participar do conclave de 2013. O arcebispo de Nova York era um exímio diplomata, popular entre conservadores e moderados, e com certeza já provara que tinha força suficiente para lidar com os fardos do papado.

Dolan era considerado o cardeal americano com mais chance de ser eleito, mas seus atributos positivos eram anulados por uma lista maior de problemas. Apesar do charme despreocupado, era uma força dominadora no Colégio dos Cardeais. Isso, junto com a ideia de colocar no comando da Igreja Católica uma figura de destaque originária da maior superpotência do mundo, deixou muitos membros da Cúria horrorizados. Ele nunca trabalhara dentro do Vaticano, e seu histórico doméstico de lidar com a crise de abusos sexuais em sua diocese era questionável — Dolan figurava na lista dos "12 condenados" a *papabile* inadequados organizada pela Snap. Muitos acreditavam que ele não tivesse as habilidades administrativas necessárias para reformar o papado.

O MUNDO EM DESENVOLVIMENTO

Os cardeais do mundo em desenvolvimento traziam preocupações de seus países pobres, incluindo miséria e escassez em grande escala em sociedades frequentemente corruptas e instáveis. A evangelização era fácil, mas a Igreja Católica enfrentava uma competição acirrada contra o cristianismo pentecostal e evangélico, que captavam cada vez mais fiéis em vários países de tradição católica, como as Filipinas e o Brasil, algo que, quando combinado com o número cada vez menor de padres, causava uma situação muito desafiadora.

Cardeal Óscar Rodríguez Maradiaga, de Honduras (70 anos)
Corajoso e simpático defensor dos pobres, o cardeal Rodríguez Maradiaga era reconhecido como "um candidato tão óbvio para se tornar o primeiro pontífice de um país em desenvolvimento que já devia estar tirando as medidas das cortinas dos aposentos papais". Simpatizantes elogiavam suas habilidades diplomáticas tanto em sua cruzada pessoal contra o tráfico de drogas na América Central — ele precisou de proteção militar após sofrer ameaças de morte — quanto como representante do Vaticano em reuniões com o Fundo Monetário Internacional e o Banco Mundial. Outro *papabile* poliglota, Rodríguez Maradiaga era uma das grandes esperanças para os católicos em países em desenvolvimento e um candidato ideal para reativar o plano de evangelismo da Igreja. Além disso, suas posições teológicas eram satisfatórias para os liberais — graças ao forte apoio à justiça social, à disposição em discutir o uso de camisinhas e ao respeito pela teologia da libertação que tanto incomodava Bento e João Paulo — e para os conservadores, por ser completamente contra o aborto.

Críticos achavam que sua falta de experiência dentro da Cúria prejudicaria seu papado. Apesar de ter sido considerado um possível sucessor para o papa João Paulo no conclave de 2005, só conseguira três votos na primeira rodada, sem receber nenhum na segunda. Pouco antes do conclave de 2013, a Snap citou seu nome numa lista de 12 candidatos que não lidaram com acusações de abuso sexual da forma correta. As dúvidas foram reforçadas quando a imprensa começou a publicar comentários feitos por Rodríguez Maradiaga em 2002, comparando as críticas à Igreja Católica após a crise de abusos sexuais com as perseguições orquestradas por Hitler e Stalin. Ele dera a entender que, por influência dos judeus, a imprensa americana tentava tirar o foco do conflito entre Israel e Palestina. Obviamente, isso causou protestos irritados de vítimas de abuso sexual e da Liga Antidifamação judaica.

Cardeal Peter Turkson, de Gana (64 anos)
Quando a renúncia de Bento foi anunciada, o cardeal Peter Turkson imediatamente virou o favorito das apostas. Sua candidatura acompanhava grande dose de simbolismo, graças ao que John Allen descreveu como "a mágica irrefutável" relacionada "à noção de ver uma instituição tradicionalmente tida como o suprassumo do primeiro mundo sendo liderada por um homem negro do Hemisfério Sul". Apelidado de "guerreiro dos conservadores de Cape" — uma referência ao seu trabalho em Cape Coast, em Gana —, Turkson era uma figura carismática e popular na África. Ele cresceu aos poucos dentro da Cúria e ocupou vários cargos importantes no Vaticano, o que, junto com sua experiência pastoral, sugeria uma capacidade de cuidar do evangelismo nos países desenvolvidos e de lidar com a série de desafios associada ao papado. Com o hábito de aparecer na televisão de seu país natal, o primeiro cardeal de Gana falava vários dialetos locais, era fluente em inglês, francês, italiano, alemão, hebraico, além de compreender latim e grego.

Após a onda inicial de entusiasmo, no entanto, as chances de Turkson foram por água abaixo. Fosse por animação, fosse por arrogância, ele cometeu o erro tolo de comentar sobre suas chances e, numa entrevista com a Associated Press após a renúncia do papa Bento, mencionou que adoraria assumir o cargo "se fosse a vontade de Deus" e que acreditava que, "de certo modo, a Igreja está e sempre esteve pronta para um papa não europeu". Independentemente das indiscrições, muitos achavam que suas visões críticas sobre a homossexualidade causariam grandes controvérsias em sociedades mais pluralistas. Em entrevista pré-conclave com Christiane Amanpour, da CNN, Turkson observou que os escândalos de abuso sexual não afetavam a África porque "os sistemas africanos tradicionais protegem ou protegeram a população contra essas tendências". Ele causou ainda mais indignação quando, em 2012, durante uma reunião com membros superiores da Cúria, exibiu um vídeo que previa que, por causa das grandes taxas de natalidade dos muçulmanos, a Europa logo seria tomada por eles.

Cardeal Jorge Bergoglio, arcebispo de Buenos Aires (76 anos)

O cardeal Jorge Bergoglio surpreendera seus colegas eleitores ao receber quarenta votos na terceira rodada do conclave de 2005, ficando logo atrás de Ratzinger. De volta às listas dos *papabile*, apesar de não figurar entre os cinco preferidos dos analistas em virtude de sua idade e do fato de não ter conseguido reunir o apoio necessário na última ocasião, Bergoglio ainda era bem-cotado por aqueles que viam suas habilidades pastorais como uma qualidade ideal para o próximo pontífice. Muitos elogiavam sua rejeição aos luxos concedidos a arcebispos — limusines dirigidas por choferes, acomodações pomposas e uma equipe inteira ao seu dispor — e a preferência por um apartamento simples e o uso de ônibus locais. Bergoglio também recebia o apoio de conservadores e liberais. Era um dos poucos candidatos que conseguiam satisfazer a ambos os lados.

Na verdade, em 2005, suas chances de ser eleito eram tão grandes que uma campanha para manchar sua reputação fora iniciada por oponentes dentro da Igreja e no seu país natal, alegando que ele colaborara com os militares argentinos durante a Guerra Suja. Boa parte dos cardeais eleitores daquela época também votariam em 2013. Apesar de ter ocupado várias funções em conselhos curiais, o fato de Bergoglio só ser conhecido na Argentina significava que os eleitores sabiam muito pouco sobre ele, assim como no último conclave. A Igreja nunca tivera um papa jesuíta, e sua idade, 76, era um problema. A eleição de outro pontífice idoso poderia significar mais um líder doente.

Cardeal Luís Antonio Tagle, das Filipinas (55 anos)

Mais jovem entre os candidatos que figuravam nas listas de *papabile*, o cardeal Luís Antonio Tagle era, sem sombra de dúvidas, um sacerdote da nova geração. Ele tinha uma página no Facebook e postava vídeos no YouTube. Considerado a "grande Esperança Asiática na corrida para o Trono de São Pedro, pregava uma visão equilibrada do catolicismo que poderia satisfazer a ambos os lados da Cúria Romana". Assim como outros cardeais de países em desenvolvimento, Tagle fazia campanha por questões de justiça social e era um defensor ferrenho dos pobres. Intelectual ponderado e compassivo, estudara nos Estados Unidos e em Roma antes de voltar para a vida pastoral em seu país natal. Assim como o argentino Bergoglio, dispensara o isolamento da vida sofisticada seguida por muitos membros importantes do clero, preferindo andar de ônibus e convidar fiéis em situação de rua para jantar na Igreja. Tagle também tinha um histórico de lidar corretamente com casos de abuso sexual nas Filipinas, fazendo com que seu nome figurasse na lista da Snap como um dos três candidatos adequados para o papado.

Por outro lado, a Cúria Romana era um espaço extremamente tradicional, e muitos dos atributos mencionados como qualidades também eram vistos como defeitos. E, assim como Bergoglio, o fato de Tagle não ter qualquer experiência no Vaticano tornava quase impossível que ele conseguisse enfrentar as mudanças burocráticas tão necessárias após o escândalo do Vatileaks. Sua idade também era preocupante, pois, se quisesse implementar qualquer reforma como papa, teria de enfrentar figuras importantes da Igreja com décadas a mais de experiência e que, em resumo, não facilitariam as coisas. Além disso, como a renúncia de Bento colocava em xeque a tradição do serviço papal vitalício, a maioria dos cardeais eleitores não gostava da ideia de um papa mais jovem assumir o cargo por dez a quinze anos e depois renunciar, ou talvez passar mais de trinta anos no poder, a julgar pela expectativa de vida dos pontífices.

Cardeal Odilo Pedro Scherer, do Brasil (63 anos)
O arcebispo de São Paulo era outro candidato respeitado do mundo em desenvolvimento que tinha ligações com países desenvolvidos. O cardeal Odilo Scherer vinha de uma família de imigrantes alemães e estudara em Roma. Tendo ocupado posições pastorais em seu país natal e exercido cargos importantes no Vaticano, Scherer era considerado alguém que facilmente faria a ponte entre o Velho e o Novo Mundo. Sem medo de deixar claras suas opiniões, mas sem causar polêmicas, era um entusiasta das reformas para trazer a Igreja ao século XXI, de modo que os pesquisadores eleitorais do Vaticano registravam que ele era visto como alguém com as habilidades administrativas necessárias para ter sucesso.

Por outro lado, seus críticos achavam que o cardeal com estilo mais formal talvez não tivesse o carisma necessário para capturar o coração dos 1,27 bilhão de fiéis. Muitos acreditavam que ele não lidara bem com o crescimento do secularismo e do pentecostalismo no Brasil, lar da maior população católica do mundo.

PRIMEIRO DIA: O COMEÇO DA VOTAÇÃO

O primeiro dia de conclave seguiu a mesma organização de 2005. Às 9 horas da manhã, os cardeais eleitores assistiram à missa *pro eligendo romano pontifice* (a missa para a eleição do pontífice romano) dentro da Basílica de São Pedro. O almoço foi servido logo depois, na Casa Santa Marta. Na sequência, os cardeais vestiram seus resplandecentes mantos carmesim e voltaram para o Palácio Apostólico, prontos para a procissão das três e meia da tarde.

Assim como na eleição anterior, um a um, fizeram o juramento sob o olhar do *Juízo final* de Michelangelo, declarando que jamais revelariam os segredos do conclave. Sem dúvida foram ordenados a fazer isso com bastante veemência depois do escandaloso relato que fora liberado para a imprensa italiana em 2005 pelo misterioso cardeal fofoqueiro. Quando todos terminaram suas juras e o comando *"Extra omnes!"* (Todo mundo para fora!) foi feito, as portas da Capela Sistina se fecharam e, às 17h35 da tarde de 12 de março de 2013, o conclave para eleger o 266º papa foi iniciado.

A multidão reunida na praça de São Pedro não se deixou desanimar com o frio e a chuva torrencial e ficou esperando pacientemente, observando a chaminé em busca de sinais de fumaça. Dentro da capela, após observar um solene período de profunda meditação, os cardeais escreveram os nomes dos candidatos escolhidos em seus papéis e os levaram para o altar. Depois que todos os votos foram feitos, os três escrutinadores eleitos começaram a contagem.

Passadas pouco mais de duas horas, às 19h41 do horário local, um rastro de fumaça obviamente preta se espalhou pelo céu, informando ao mundo que o papa não fora eleito e que o Vaticano *enfim* aprendera a usar as chaminés.

Infelizmente, o furor causado pelo diário secreto do conclave em 2005 fez com que nenhum cardeal estivesse disposto a divulgar o resultado das votações para a imprensa, então os relatos sobre números exatos variam. O jornal italiano *La Repubblica* afirmou que o cardeal Scola estava na dianteira, com 35 votos, seguido pelo cardeal Bergoglio, com 20, e pelo cardeal Ouellet, com 15. Outras publicações diziam que Scola e Ouellet estavam páreo a páreo, seguidos de perto por Bergoglio no terceiro lugar e pelo brasileiro Dom Odilo em quarto. Na última eleição, Ratzinger já começara com uma grande vantagem na primeira rodada, com 47 votos, enquanto Bergoglio recebera 10, mas não havia favoritos óbvios naquele conclave. Relatos afirmavam que os cardeais italianos não haviam se esquecido de velhos rancores e que não havia alianças estratégicas entre nacionalidades.

O resultado de Scola era previsível; o de Ouellet, impressionante, mas os analistas mais uma vez ficaram surpresos com o desempenho do discreto cardeal de Buenos Aires. Muitos haviam incluído Bergoglio na lista de *papabile* apenas porque terminara em segundo lugar em 2005; ninguém achava que ele seria uma escolha óbvia para os cardeais italianos e membros da Cúria, que dominavam a votação, e o argentino só recebera 40 dos 115 votos da última vez. Nas vésperas daquele conclave, não figurara no topo de nenhuma lista. Mesmo assim, lá estava ele de novo.

Em meio a um turbilhão de intrigas e especulações, os cardeais saíram da Capela Sistina e voltaram para seus aposentos para um jantar de comida ruim e campanhas discretas, durante o qual o argentino Leonardo Sandri aconselhou seu conterrâneo: "Prepare-se, meu amigo." O alívio que Bergoglio sentira oito anos antes, quando Ratzinger fora eleito sucessor de João Paulo, era uma lembrança distante enquanto se recolhia naquela que seria sua última noite como um humilde cardeal. Seu sono foi agitado, remoendo a grande possibilidade de, no dia seguinte, se tornar papa.

SEGUNDO DIA: UM DIA DE CINCO VOTAÇÕES

Com tanta coisa em jogo, os cardeais acordaram no dia 13 de março de 2013 igual ao restante do mundo, sem saber se teriam um papa ao fim do dia. A votação da manhã começou às 9h30. Às 11h38, uma ambígua fumaça acinzentada surgiu, causando um frenesi de especulações. A fumaça era branca? Se fosse, significava que alguém recebera dois terços dos votos. Já? Mas, sim, com certeza a fumaça era branca... Só que não. No fim, tornou-se mais grossa, preta: a decisão ainda não havia sido tomada.

Na hora do almoço, entretanto, a situação na capela com certeza mudara. A imprensa canadense relatou que a campanha de Scherer havia fracassado, e o apoio ao cardeal Scola diminuíra "após muitos candidatos decidirem que não queriam alguém tão íntimo do Vaticano presidindo a Santa Sé". Agora, a disputa estava entre dois homens, com os votos divididos entre Ouellet e Bergoglio, que ocupava a dianteira com cinquenta.

De volta à Casa Santa Marta, o almoço estava longe de ser um evento relaxante. O cardeal Sean O'Malley, de Boston, sentou-se ao lado do amigo geralmente alegre, mas achou que Bergoglio "parecia muito desanimado com os acontecimentos". Em entrevista após o conclave, o ex-arcebispo de Buenos Aires lembrou que foi nesse momento que começou a entender que poderia ser eleito e que "sentiu uma paz profunda e inexplicável, uma sensação interior que o consolou, mas foi acompanhada por uma grande escuridão, por uma profunda obscuridade sobre tudo mais. Esses sentimentos o acompanharam até sua eleição, mais tarde naquele dia". Depois do almoço, ficou claro que Ouellet também refletira sobre a situação. Ao decorrer das três votações, o canadense fora ganhando mais votos, mas decidiu se retirar da competição, assim como Bergoglio fizera no conclave de 2005, quando pedira que seus partidários votassem em Ratzinger. A corrida estava praticamente encerrada.

Quando a quarta rodada foi conduzida à tarde, o total de Bergoglio ficou pouco abaixo dos 77 votos necessários para garantir o papado. A chuva apertou sobre a multidão reunida na praça de São Pedro, e uma única gaivota permaneceu empoleirada sobre o topo da chaminé. Depois das 18h15, os analistas começaram a achar — corretamente — que a quarta votação não elegera o papa. O que ninguém sabia era que uma quinta votação começara imediatamente após a outra, mas houve um problema. A contagem estava errada: 116 votos foram feitos, em vez de 115. Alguém entregara seu papel ao altar sem perceber que estava grudado a outro em branco. Seria de se esperar que um erro tão simples pudesse ser corrigido com a remoção do voto em branco, mas estamos falando do Vaticano, de modo que foi decidido que uma nova votação deveria ocorrer.

Depois que a sexta rodada do conclave foi contada e recontada, os votos foram lidos em voz alta: "Bergoglio, Bergoglio, Bergoglio." Quando o total alcançou o valor mágico de 77, a tensão se dissipou e aplausos ecoaram pelo cômodo. Os últimos votos foram lidos, e os simpatizantes do novo papa levantaram num pulo para cumprimentá-lo. Como o cardeal Dolan recorda: "Acho que não havia uma única pessoa sem lágrimas nos olhos." Sentado ao lado do desnorteado Bergoglio estava seu grande amigo, o cardeal franciscano brasileiro Cláudio Hummes, que se virou para lhe dar um abraço antes de dizer: "Não se esqueça dos pobres."

Tudo resolvido. Todos os 115 votos foram contados, dos quais Bergoglio recebera 90. O decano do Colégio dos Cardeais, Giovanni Battista Re, se aproximou e perguntou em latim: "Aceitas a tua eleição canônica como Sumo Pontífice?" Ao que Bergoglio respondeu: "Sou um pecador, mas confio na misericórdia e na paciência infinita de nosso Senhor Jesus Cristo." Quando lhe perguntaram que nome assumiria, e com as palavras de Dom Cláudio ainda em seus pensamentos, ele disse: "Escolho o nome Francisco, em homenagem a São Francisco de Assis."

E, assim, o pecador se tornou papa.

Fica, porém, a pergunta: quais são os pecados que pesam tanto na sua alma?

7

UM SEGREDO COMPROMETEDOR

Para entender completamente as transgressões de Jorge Bergoglio, primeiro precisamos compreender o contexto. A década de 1970 e o início da de 1980 representaram o ápice dos muitos anos de conflitos políticos violentos e golpes de Estado que tiraram a vida de milhares de cidadãos argentinos desde que o país conquistou a liberdade do Império Espanhol, no fim da Guerra da Independência da Argentina, em 1818. A violência se tornara a forma padrão de restaurar a ordem na sociedade, e o golpe militar de março de 1976 seguiu essa mesma linha.

Os Estados Unidos foram informados sobre o plano do golpe pelos líderes da junta, que garantiram ao embaixador americano, Robert Hill, que haviam estudado o bem-sucedido golpe do Chile comandado pelo general Augusto Pinochet, apoiado pelos americanos em 1973, e que "não seguiria a mesma abordagem para tomar o poder [de Pinochet]", já que, nos primeiros dois meses, o líder chileno assassinou 1.850 pessoas suspeitas de serem esquerdistas, fazendo "desaparecer" 1.300 dos quarenta mil presos.

Para o povo argentino, cansado do aumento da violência política e do governo desastroso de Isabel Perón, o golpe de 24 de março trouxe alívio e otimismo. Os americanos ficaram impressionados com o resultado, o qual Hill descreveu como "provavelmente o golpe mais bem-feito e civilizado da história da Argentina". Dois dias depois, o secretário de Estado americano, Henry Kissinger, observou numa reunião com sua equipe: "Não importa quantas chances eles [a junta] têm de dar certo, vão precisar de um incentivo... porque quero incentivá-los. Não quero passar a sensação de que serão incomodados pelos Estados Unidos."

O novo governo militar da Argentina era liderado pelo general Jorge Rafael Videla, eleito presidente entre os três líderes do golpe. Seu controle do poder foi brutal. Os argentinos que tinham coragem de resistir foram vítimas de uma campanha cruel de violência, sequestro, tortura e, no caso dos trinta mil "desaparecidos", assassinato.

No topo da lista dos subversivos estavam comunistas, sindicalistas e qualquer um que mencionasse antipatia pelo governo. Mas, para resolver o problema, a caça aos rebeldes se tornou uma política extremamente caótica para policiar pensamentos. "Por exemplo, mais de sessenta alunos de uma escola de Buenos Aires 'desapareceram' entre junho e setembro de 1976 apenas porque participavam do grêmio estudantil".

Em novembro de 1976, a Anistia Internacional enviou uma delegação de observadores independentes para a Argentina, com o objetivo de avaliar a situação, que só piorava. Seu extensivo relatório de 1977 — pelo qual a Anistia Internacional recebeu o Prêmio Nobel da Paz daquele ano — revelou que a junta admitia "a existência de dois a dez mil prisioneiros políticos" — a Anistia acreditava que o número estivesse entre cinco e seis mil — e que "as prisões tinham capacidade total de abrigar entre quatro e cinco mil pessoas". Com o drástico aumento da população carcerária, o regime foi forçado a bolar formas criativas de esconder suas atividades e seus detentos.

A solução escolhida foi criar cerca de 520 centros de detenção clandestinos por todo o país, o mais famoso deles sendo a Escola de Mecânica da Armada (Esma), na qual a velha amiga de Jorge Bergoglio, Esther Ballestrino de Careaga, foi presa e torturada antes de seu voo final para a morte. Como a Argentina recebera muitos nazistas exilados depois da Segunda Guerra Mundial, a junta militar não só se inspirou na ideia de uma rede secreta de campos de concentração, mas também adornou as paredes com suásticas e forçava os prisioneiros a gritarem "Heil Hitler". De acordo com a filha de Esther, Ana María, que sobreviveu ao seu sequestro: "Eles tocavam fitas com os discursos de Hitler para abafar os gritos enquanto nos torturavam."

O MUNDO OBSERVAVA

Enquanto a junta continuava a esconder o tamanho dos crimes que cometia, destruindo quaisquer provas físicas, o público argentino só podia contar com boatos sussurrados. Aqueles que tinham certeza do que estava acontecendo, tendo perdido amigos ou entes queridos, com frequência eram menosprezados quando pediam informações aos militares. As autoridades negavam ter qualquer conhecimento sobre o paradeiro da pessoa ou, às vezes, diziam que o indivíduo fugira do país.

Os conflitos que borbulhavam na consciência nacional foram exacerbados quando a Argentina foi anfitriã da Copa do Mundo da Fifa, em junho de 1978. Em cenas assustadoramente semelhantes às dos Jogos Olímpicos de 1936 na Alemanha nazista, o restante do mundo se tornou cúmplice da manutenção de um regime assassino ao comparecer a um evento esportivo que claramente fora politizado para legitimar a posição do governo. A ditadura militar entendia a vantagem doméstica e global que poderia ganhar com o torneio, então decidiu que seria apropriado chamá-lo de uma "Copa do Mundo da Paz", como um belo exemplo do sucesso do governo em restaurar a ordem.

O regime estava enganado em confiar na boa vontade dos jornalistas estrangeiros, muitos dos quais, convidados para cobrir os jogos, passaram bastante tempo focados nas atrocidades cometidas. A Anistia Internacional produziu pôsteres em espanhol, inglês e alemão, declarando FUTEBOL SIM, TORTURA NÃO, e as notícias se focaram especialmente nos protestos das Mães da Praça de Maio, que programaram sua manifestação semanal, em que centenas marchavam pela praça usando echarpes brancas na cabeça, carregando fotos dos filhos desaparecidos, para ocorrer junto com a cerimônia de abertura da Copa, no dia 1º de junho de 1978. Foi um gesto simbólico que não passou despercebido pela imprensa.

Nos Estados Unidos, a administração do presidente Jimmy Carter estava tão em dúvida sobre como lidar com a situação da Argentina que até cogitou pedir ao papa João Paulo II que pressionasse a junta. Num memorando confidencial intitulado "A tática do desaparecimento", enviado da embaixada americana em Buenos Aires para o secretário de Estado em Washington e para a embaixada americana em Roma, foi sugerido que o Departamento de Estado "incentivasse o Vaticano e a Igreja local a intervirem com as autoridades argentinas. O núncio papal aqui compreende as questões e já está colaborando para convencer o [governo argentino] a analisar a moralidade e a sabedoria da tática de desaparecimentos. A Igreja e o papa têm mais influência aqui do que [o governo americano] e podem ser defensores eficazes para um retorno total ao Estado de direito".

A Igreja pouco fez para pressionar o governo, pelo menos publicamente — mais tarde, declarou-se que as tentativas de melhoria da situação foram feitas por baixo dos panos. Em dezembro de 1978, o núncio papal da época, o arcebispo Pio Laghi, ficou completamente ciente dos desaparecimentos depois que os militares lhe entregaram listas com os nomes de 15 mil pessoas em quem "deram um jeito". Mas nem ele nem o Vaticano fizeram qualquer tentativa de tornar públicas essas informações. Portanto, o histórico de Laghi é polêmico, com alguns lhe tecendo elogios por suas tentativas de obter informações da junta sobre pessoas desaparecidas e, em alguns casos, garantir sua libertação. Outros são bastante críticos, acusando-o de estar completamente aliado ao regime, relatando até que ele costumava jogar tênis com um dos principais articuladores do golpe.

Pio Laghi, contudo, não foi, é claro, o único padre acusado de ser próximo demais dos governantes militares argentinos.

"FIZ O QUE PUDE"

Dois grandes eventos ocorridos nos primeiros anos do reinado da junta fariam com que fossem questionadas as ações do homem que se tornaria, quase quarenta anos depois, o 266º líder da Igreja Católica: o sequestro e a tortura dos padres jesuítas Orlando Yorio e Franz Jalics, bem como o sequestro e assassinato de Esther Ballestrino de Careaga.

Em 2010, durante uma investigação criminal sobre os campos de concentração da junta, o arcebispo Bergoglio foi convocado como testemunha dos eventos e interrogado por quatro horas e meia por advogados de direitos humanos e três juízes. Durante seu depoimento — Bergoglio já recusara duas intimações do tribunal —, foi acusado de ser evasivo e se recusou várias vezes a citar o nome de seus informantes. Entre outras coisas, descreveu os eventos em torno do sequestro de Esther Ballestrino de Careaga e deu detalhes sobre suas tentativas de descobrir o máximo possível de informações sobre o paradeiro da amiga. Quando questionado pelos advogados, que perguntaram se, "dada a sua amizade, [Bergoglio] não poderia ter feito mais para ajudar Ballestrino de Careaga", o arcebispo respondeu: "Fiz o que pude." Para muitos, o que ele fez não foi o suficiente.

As acusações mais censuráveis diziam respeito ao caso de dois padres jesuítas, Orlando Yorio e Franz Jalics, antigos professores de teologia do jovem Bergoglio, que foram presos no dia 23 de maio de 1976, na Rivadavia del Bajo Flores, uma *villa miseria* de Buenos Aires em que trabalhavam. Como muitos jesuítas da época, eles haviam abraçado as reformas do Vaticano II que promoviam uma Igreja para os pobres e eram conhecidos como "padres de favela". Havia muita mistura entre esse tipo de trabalho humanitário e a formação de organizações como o esquerdista, às vezes marxista, Movimento de Sacerdotes para o Terceiro Mundo. Era exatamente esse limbo que colocava a vida de muitos padres em perigo.

Depois de serem capturados, Yorio e Jalics foram encapuzados, acorrentados e levados para o infame centro de detenção da Esma. Lá, a polícia militar tirou suas roupas e os torturou por cinco dias, numa tentativa de extrair confissões de que estavam trabalhando com guerrilheiros esquerdistas, antes de transferi-los para uma casa em Don Torcuato, a 35 quilômetros de Buenos Aires. Enquanto muitos prisioneiros faziam confissões falsas para evitar novos ataques, Jalics e Yorio continuaram negando qualquer participação em crimes, mesmo depois de receberem soros da verdade. Mais tarde, Yorio lembraria que, após passar muitos dias insistindo sobre sua inocência, seu torturador fez um comentário aterrorizante e revelador sobre a verdadeira visão da sociedade de Videla: "Sabemos que vocês não são violentos, que não são guerrilheiros. Mas foram viver com os pobres. Isso faz com que eles se unam, e a união dos pobres é subversão."

No dia 23 de outubro — cinco meses depois do sequestro, sempre mantidos acorrentados e vendados —, drogaram e tiraram as roupas da dupla, deixando apenas o capuz, e os levaram de helicóptero para um aeroporto, onde os abandonaram. Horas depois, quando Jalics e Yorio recobraram a consciência e removeram os panos que cobriam suas cabeças, descobriram que estavam sozinhos ali — e livres. Os dois caminharam até encontrar uma fazenda e, de acordo com o testemunho do futuro papa no julgamento da Esma de 2010, Yorio telefonou para ele. Bergoglio declarou que "àquela altura, era preciso tomar todas as precauções possíveis", então dissera: "Não me contem onde estão nem saiam daí. Enviem alguém para me dizer onde podemos nos encontrar."

Quem sabe por que os padres não foram colocados num voo da morte e arremessados pelo ar com outros prisioneiros? Talvez seus captores não tivessem estômago para matar sacerdotes como parte de uma guerra sagrada para livrar sua civilização cristã de comunistas.

Quando os dois voltaram para casa, começaram a especular sobre o que causara seu sequestro e tortura. As suspeitas logo caíram sobre o superior provincial, o chefe dos jesuítas na Argentina, Jorge Mario Bergoglio. Uma semana antes de serem capturados, as licenças sacerdotais de Yorio e Jalics haviam sido revogadas, e os dois receberam ordens de fechar a comunidade religiosa que fundaram em Bajo Flores três anos antes. O fundamento filosófico por trás da empreitada era considerado muito próximo à teologia da libertação, com tons marxistas.

O primeiro embate da dupla com Bergoglio ocorrera durante o afastamento de jesuítas esquerdistas no fim de 1974. Yorio e Jalics não gostaram de ver que o superior provincial arrivista, que fora aluno deles, agora determinava que tipo de trabalho poderiam realizar na comunidade, portanto se recusaram a acabar com o projeto, mesmo depois da decisão de Bergoglio ser sancionada pelo superior geral dos jesuítas, Pedro Arrupe, no começo de 1976. Em fevereiro de 1976, Bergoglio disse aos dois padres que estava "sofrendo uma pressão imensa de Roma e de setores da Igreja argentina". Arrupe decidira que eles deveriam escolher se preferiam continuar associados à Companhia de Jesus, fechando a comunidade, ou abandonar de vez os jesuítas. De acordo com Yorio, "ele [Bergoglio] dissera ao superior geral que essa ordem seria equivalente a nos expulsar da Companhia, mas Arrupe estava decidido". O ultimato os deixou arrasados, de modo que Bergoglio sugeriu que solicitassem uma licença e tirassem um tempo para refletir sobre as opções.

Os esquadrões da morte já haviam assassinado outro padre de favela, Carlos Mugica, na frente de sua igreja, e relatos sobre atos de violência contra sacerdotes eram cada vez mais comuns. Os simpatizantes de Bergoglio insistem que o futuro papa ajudou centenas de pessoas a escapar da perseguição da junta e que o fechamento da comunidade não ocorreu graças a objeções ideológicas da parte dele, mas por estar preocupado com a segurança dos padres. Esses relatos são consistentes com o fato de que o próprio Bergoglio teve um papel fundamental na exumação dos restos mortais de Mugica em abril de 1999, tirando-o do cemitério de classe média em que foi originalmente enterrado e transferindo-o para Villa 31, deixando-o descansar no lugar pelo qual dera a vida.

Outros, no entanto, desmerecem esses esforços, feitos vinte anos após os eventos, e acreditam que as motivações por trás dos atos de Bergoglio não fossem tão generosas assim. Os padres alegaram que, na reunião posterior que os três tiveram, no dia 19 de março de 1976, cinco dias depois do golpe, o superior provinciano informou que seriam expulsos da Companhia. O futuro papa Francisco tem uma lembrança muito diferente da ocasião, insistindo que sugeriu que os dois se afastassem, o que concordaram em fazer.

Ao descobrir que Yorio e Jalics não faziam mais parte da Companhia de Jesus, o arcebispo de Buenos Aires, Juan Calos Aramburu, removeu suas licenças para evitar que celebrassem missas e conduzissem atividades sacerdotais na diocese.

Alguns dias depois, eles foram sequestrados.

Bergoglio ficou sabendo do sequestro no mesmo dia, quando um dos vizinhos dos sacerdotes lhe telefonou. Na audiência do caso federal, em novembro de 2010, ele testemunhou que imediatamente tomou uma atitude, informando membros relevantes do clero argentino e romano, bem como entrando em contato com as famílias das vítimas. Então, teve o que descreveu como uma reunião "muito formal" com o presidente Videla, durante a qual "ele [Videla] fez anotações e disse que buscaria mais informações sobre o caso". Após essa conversa nada satisfatória, Bergoglio decidiu usar uma nova abordagem para apelar ao presidente: "Na segunda vez, descobri quem era o capelão militar que celebrava missa na residência do comandante. Eu o convenci a dizer que estava doente e me enviar em seu lugar. Naquela tarde de sábado, depois da missa, que celebrei diante de toda a família Videla, conversei com ele. Tive a impressão de que alguma atitude seria tomada dessa vez, que a situação seria levada mais a sério."

A essa altura, os boatos que circulavam em Flores sugeriam que uma força-tarefa naval capturara Yorio e Jalics. Bergoglio entrou em contato com o almirante Emilio Massera, líder da marinha, para pleitear o caso dos padres. O tom dessa reunião foi parecido com o de sua primeira conversa com Videla. Massera ouviu as garantias de Bergoglio de que os homens não estavam envolvidos com nada subversivo, concordando em examinar a questão e lhe dar uma resposta. Após vários meses de silêncio, o superior provinciano tinha "quase certeza" de que a marinha era responsável pelo sequestro, então solicitou outra reunião com Massera, a qual descreveu como "muito desagradável". O almirante o deixou esperando por dez minutos. Os dois homens tiveram uma conversa acalorada, na qual Massera tentou dispensá-lo, dizendo: "Já contei a Tortolo [o arcebispo de Buenos Aires] tudo que sei." Furioso com essa resposta evasiva, Bergoglio declarou que sabia onde os padres estavam e disse: "Veja bem, Massera, quero que os dois apareçam." Depois, levantou-se e foi embora.

Enquanto Bergoglio repassava eventos que haviam acontecido 34 anos antes, os advogados acharam sua postura muito evasiva e, em seu discurso final para o tribunal, o descreveram como "uma das testemunhas mais difíceis" que interrogaram graças às "dezenas de referências feitas" que indicavam "grande conhecimento dos fatos investigados aqui, mas também uma grande relutância em fornecer todas as informações". Ao explicar como chegara à conclusão de que uma força-tarefa naval sequestrara os padres, Bergoglio não quis dar nenhum outro detalhe além de que ficara sabendo disso por fofocas, ou pelo "*vox populi*", como chamou. Luís Zamora, um dos advogados que o interrogavam, ficou frustrado com essa falta de informações e insistiu para conseguir um depoimento mais claro:

> **Zamora:** Talvez o senhor possa nos explicar o que circulava como *vox populi*, já que as pessoas não falavam em público sobre isso.
> **Bergoglio:** As pessoas a quem se perguntava diziam que fora a marinha, a infantaria da marinha.
> **Zamora:** A quem o senhor perguntou?
> **Bergoglio:** A pessoas influentes, a quem se podia consultar, que tinham conexões com militares, com a polícia, com o Ministério do Interior. Tudo apontava para a marinha.
> **Zamora:** O senhor se lembra do nome de alguma dessas pessoas que tinham fácil acesso ao poder?
> **Bergoglio:** Não.
> **Zamora:** Eram superiores eclesiásticos? O cardeal?

Bergoglio: Eram todos que o acudiam num momento de desespero, sabe? Eram amigos, conhecidos. "Tenho um conhecido, vou perguntar", esse tipo de coisa.

Zamora: O fato de eles terem sido sequestrados pela marinha é muito importante. Tente se esforçar, senhor Bergoglio. A informação que nos deu é muito importante para nos ajudar a entender a origem, a identificar aqueles sobre quem o senhor falou, que pareciam ser confiáveis. O senhor indicou a Massera que tinha uma fonte séria, não qualquer um, certo?

Bergoglio: Era dito como "*vox populi*". Todo mundo concordava. Não foi só uma pessoa que disse isso. Todo mundo dizia que fora a infantaria da marinha. Não lembro se identificaram os agentes que participaram da operação dessa forma. Acho que diziam que eram uma força-tarefa da marinha.

Bergoglio prosseguiu com seu testemunho, contando como, ao encontrar Yorio e Jalics depois de sua liberação, os padres deram quase certeza de que, incialmente, foram presos e torturados na Esma, já que ouviam aviões decolando e pousando por perto — o aeroporto doméstico de Buenos Aires ficava perto do centro naval. Quando perguntado por Zamora se ele fizera "alguma denúncia pelas vidas dessas pessoas", Bergoglio respondeu: "Fizemos tudo por meio da hierarquia eclesiástica." Zamora insistiu: "Por que não por meio da hierarquia legal, já que se tratava de um crime?" Bergoglio apenas disse: "Graças à nossa disciplina, preferíamos fazer as coisas por meio da hierarquia eclesiástica."

Em defesa de Bergoglio, é possível argumentar que denunciar os crimes para a "hierarquia legal" não era uma opção realista sob o regime da ditadura. Afinal, os militares haviam feito várias emendas à constituição para "legalizar" muitos dos abusos absurdos contra os direitos humanos cometidos durante o processo de reorganização e tomado o controle do sistema judiciário. Alicia Oliveira, juíza e amiga próxima de Bergoglio, estava bem ciente desse fato, já que a junta a demitiu logo depois de tomar o poder, no dia 24 de março de 1976. Apesar de ser punida pelos militares, ela continuou trabalhando como advogada de direitos humanos e conquistou o impressionante recorde de maior número de documentos de *habeas corpus* escritos para tribunais em nome de presos e desaparecidos durante a Guerra Suja do que qualquer outra pessoa.

Bergoglio não podia contar com um sistema judiciário justo e imparcial, mas sua decisão decisão de lidar com o problema por meio da "hierarquia eclesiástica" também foi, como veremos, inútil.

A VERDADE SERÁ DESCOBERTA

Em 2006, a Igreja publicou uma coleção de documentos internos e correspondências trocadas durante a Guerra Suja intitulada *A igreja e a democracia na Argentina*. Tais coleções são produzidas por vários setores da Igreja Católica de tempos em tempos, então, aparentemente, essa não parecia ter nada de especial. A tarefa de editar, escrever a introdução e supervisionar a seleção do material ficou sob responsabilidade do presidente da Conferência Episcopal Argentina, que, na época, era ninguém menos do que o cardeal Jorge Mario Bergoglio, o arcebispo de Buenos Aires. Mas o que diferenciou essa publicação específica das outras foi a inclusão de um memorando datado de 15 de novembro de 1976, detalhando a minuta de uma reunião entre a junta militar e o cardeal Juan Aramburu, arcebispo de Buenos Aires na época; o cardeal Raúl Primatesta, presidente da Conferência Episcopal Argentina; e o monsenhor Vicente Zazpe, arcebispo de Santa Fé. Nela, a Igreja tratava de suas preocupações sobre a situação atual do país. A reunião foi descrita no livro de 2006 desta forma: "No dia 15 de novembro de 1976, representantes da Conferência Episcopal Argentina, em conversa com os representantes da junta militar, expressaram que, apesar de a Igreja tomar o cuidado de não ser manipulada por campanhas políticas no que se refere à defesa de direitos humanos, não pode abandonar essa questão."

O que não ficou imediatamente claro para os leitores, todavia, logo se tornou aparente quando o jornalista investigativo e ex-guerrilheiro *montoneros* Horacio Verbitsky publicou o memorando original completo numa matéria de 2010 para o jornal argentino *Página 12*. A verdade era especialmente desfavorável para o cardeal Bergoglio, porque revelava que o documento fora bastante editado antes da publicação em 2006. Verbitsky exibiu as duas cópias lado a lado em resposta a um comentário feito por Bergoglio no livro *O papa Francisco: conversas com Jorge Bergoglio*, de 2010, no qual ele afirmava: "Ao contrário do que foi sugerido por jornalistas mal-intencionados, os documentos estão completos, sem omissões. A Igreja já se pronunciou."

Isso é mentira. Nos documentos não censurados, há provas daquilo que a Igreja sempre negou: que ela foi, de fato, cúmplice do regime e fingiu não ver as brutalidades cometidas para salvar a si mesma de confrontos com a junta.

Os trechos abaixo foram retirados do original:

OBJETIVO DA REUNIÃO:
Antes de tudo, elucidar a posição da Igreja.
Não pretendemos criticar as ações do governo, posição que não nos cabe, mas somente alertar sobre os perigos que encontramos.

O que pretende a Igreja?
Primeiro, não se misturar politicamente. Frente a isso, os bispos estão cientes de que há muita probabilidade de que um fracasso [da junta] leve ao marxismo, portanto acompanhamos o processo atual de reorganização do país, empreendido e liderado pelas Forças Armadas, com compreensão e, após certo tempo, com adesão e aceitação...

O que tememos?
Sermos forçados a um dilema:
- Ou a um silêncio comprometedor de nossas consciências, algo que, por outro lado, não ajudaria o processo [ou a reorganização].
- Ou um confronto que sinceramente não desejamos.
- Em ambos os casos, o país perde.

Proposta:
- Um canal de comunicação que possa servir como consulta autorizada, não oficial.

Ainda que o memorando expresse preocupação com os sequestros, as torturas e a repressão geral de liberdades, racionaliza que esses crimes provavelmente foram cometidos por alguns indivíduos com má índole no "nível intermediário" e até elogia a junta por seus "esforços notáveis" em prol de uma "reorganização" aceitável. Como um todo, o memorando contradiz a declaração de Bergoglio em 2010: "No começo, pouco ou nada se sabia; fomos descobrindo as coisas aos poucos. Eu mesmo, como padre, sabia que algo grave estava acontecendo e que havia muitas pessoas presas, mas só depois entendi que a situação ia muito além disso."

Se a reunião ocorreu no dia 15 de setembro de 1976, como o memorando interno da Igreja afirma, Yorio e Jalics continuavam desaparecidos, mas Bergoglio certamente já havia avisado a seus superiores das suspeitas sobre o envolvimento da marinha e de suas reuniões com Valida e Massera. Se ela, de fato, ocorreu no dia 15 de novembro de 1976, quase dez padres e seminaristas já haviam sido assassinados, incluindo um bispo, e a Igreja estaria muito ciente da liberação de dois padres três semanas antes e das suas alegações de que foram mantidos presos e torturados no campo naval da Esma. De toda forma, a Igreja sabia de informações extremamente incriminadoras, mas não discutiu nada disso com a junta.

Um adendo na publicação de 2006 declara que a Igreja não poderia "abandonar" a defesa dos direitos humanos. Se isso fosse verdade, por que remover vários trechos do documento original? Como interpretar a proposta da Igreja de criar um canal de comunicação direto não oficial — e que, mais tarde, não preveniria o assassinato de 150 padres católicos, assim como o de "centenas de freiras e catequistas leigos" ao fim da Guerra Suja? O fato de que os líderes da Igreja mantiveram seu "canal de comunicação" aberto ao longo do governo da junta foi comprovado por outro documento vazado, datado de 10 de abril de 1978, detalhando uma reunião entre esses mesmos membros do clero, mas dessa vez com o próprio presidente Videla. Durante um almoço, o presidente foi franco ao admitir que as pessoas desaparecidas de fato haviam sido assassinadas, mas dispensou a sugestão da Igreja de publicar uma lista com os nomes das vítimas, porque "isso causaria uma série de perguntas sobre onde foram enterradas: numa cova coletiva? Se foi esse o caso, quem as colocou lá?". Não é necessário dizer que o registro dessa conversa não apareceu na publicação de 2006.

A Igreja Católica negava a existência de qualquer documento que ajudaria os processos criminais contra os mandantes da Guerra Suja.

Novamente, esse memorando foi descoberto pela incansável campanha de Verbitsky por justiça e sua implacável pressão para que a Igreja reconhecesse seus crimes durante o período. As provas não haviam sido perdidas; elas estavam cuidadosamente guardadas nos arquivos episcopais, sob o número de registro 10.949. Só podemos imaginar o que os outros 10.948 documentos contêm, já que permanecem trancados nos arquivos, apesar de o Vaticano ter anunciado em outubro de 2016 que digitalizara os registros da Igreja na Argentina e os liberaria para as vítimas e os parentes dos envolvidos, por pedido do papa Francisco. Quase dois anos depois, nada foi publicado.

Quando o alvoroço sobre sua libertação diminuiu, Yorio e Jalics enfim começaram a refletir sobre o sequestro. Quanto mais o tempo passava, mais seus pensamentos se voltavam para a perturbadora possibilidade de que tivessem sido entregues às autoridades por alguém de dentro da Igreja, de modo que suas suspeitas recaíram sobre Jorge Bergoglio. De acordo com Vallely, Yorio contou a amigos que "seus interrogadores fizeram perguntas baseadas em informações teológicas e confissões espirituais que ele acreditava que apenas seu superior provincial soubesse". As desconfianças só aumentaram quando, em 1977, o almirante Massera recebeu uma cadeira honorária na Universidade de El Salvador — o mesmo instituto do qual Bergoglio expulsara jesuítas esquerdistas em 1973, substituindo-os pela Guarda de Ferro. Por coincidência, também foi nessa época que Yorio enviou um relatório detalhado, de 27 páginas, para o Vaticano, descrevendo o martírio pelo qual passara com Jalics. Nenhuma ação oficial foi tomada em resposta às alegações. Numa entrevista com Verbitsky em 1999, Yorio disse: "Não tenho qualquer prova que me leve a pensar que Bergoglio queria nos libertar. Muito pelo contrário." Ele morreu um ano depois, ainda convencido de que o futuro papa era culpado.

O húngaro Jalics permaneceu na Companhia de Jesus, mas abandonou a Argentina pouco depois de sair do cárcere. Após um período rápido nos Estados Unidos, fixou residência na Alemanha e começou a organizar retiros baseados na Oração de Jesus — *Senhor Jesus Cristo, Filho de Deus, tende piedade de mim, pecador* —, "tendo sobrevivido psicologicamente ao cativeiro por recitá-la sem parar". Jalics tinha cidadania argentina, mas, quando seu passaporte argentino venceu, em 1979, ficou tão apavorado com a ideia de voltar para renová-lo que pediu que Bergoglio o fizesse por ele, apesar de suas suspeitas. O superior provinciano enviou uma carta oficial com a solicitação ao Ministério do Exterior argentino, mas o pedido foi negado em virtude do histórico de Jalics.

O motivo para isso só seria revelado graças aos esforços de Verbitsky, que descobriu um memorando oficial datado de 4 de dezembro de 1979, assinado pelo diretor de culto católico do Ministério do Exterior. No texto, ele explicava que recusara a renovação com base em informações passadas pessoalmente pelo padre Bergoglio, que fizera um pedido especial para que o pedido fosse negado. As provas apresentadas incluíam conflitos de obediência de Jalics.

No dia 15 de abril de 2005, pouco depois de Verbitsky publicar suas novas provas, uma ação judicial foi registrada contra Bergoglio por causa do seu aparente envolvimento com o sequestro e a tortura dos padres Orlando Yorio e Franz Jalics. Isso aconteceu três dias antes do conclave em que Joseph Ratzinger venceu o cardeal argentino na forte competição pelo título de papa. Um grande grupo de católicos, no conclave e na Argentina, ficou extremamente revoltado com o homem que viam como cúmplice do regime. Alicia Oliveira acreditava que o memorando vazado que chegou às caixas de entrada dos cardeais eleitores pouco antes do conclave de 2005 viera dos inimigos de Bergoglio na Opus Dei, enquanto outros achavam que aquilo fora trabalho dos importantes jesuítas argentinos com quem Bergoglio se desentendera durante sua época como superior provincial.

Os motivos e os nomes dos remetentes permanecem um mistério até hoje, e o processo acabou sendo rejeitado, mas as acusações sobre a conivência de Bergoglio continuariam a assombrá-lo, mesmo antes de outro caso que insinuava sua cumplicidade vir à tona.

VOTOS DE SILÊNCIO

"O silêncio de Bergoglio é ensurdecedor e vergonhoso. Onde está Bergoglio? Ele não tem nada a dizer sobre este julgamento?"

Essas perguntas foram feitas por Estela de la Cuadra de Fraire durante seu testemunho no julgamento de um capelão da polícia, o reverendo Christian von Wernich. No dia 10 de outubro de 2007, ele foi declarado culpado de participar de 42 sequestros, 31 casos de tortura e sete assassinatos durante a Guerra Suja. Von Wernich foi condenado à prisão perpétua por seus crimes.

O julgamento durou muitos meses, durante os quais os relatos de centenas de vítimas e testemunhas descreveram em detalhes como o capelão trabalhava junto com a polícia em sessões de tortura em vários campos de concentração secretos. Após ganhar a confiança dos presos, ele extraía confissões e, então, os pressionava a revelar informações sobre outros "subversivos" em potencial. O padre também desenvolveu relacionamentos com as famílias de quatro jovens guerrilheiros esquerdistas sequestrados, coletando grandes quantias de dinheiro — 1.500 dólares por família em 1977 — com a promessa de que as usaria para pagar subornos na prisão e retirá-los do país. Quando os pais desesperados lhe entregaram suas economias, nem cogitaram a hipótese de que um padre estaria conspirando com os militares; o capelão lhes disse que seus filhos estavam escondidos, e eles acreditaram. Mais tarde, as famílias descobririam que os rapazes haviam sido executados e que o padre Von Wernich presenciara os assassinatos.

Outra de suas vítimas foi a irmã de Estela de la Cuadra de Fraire, Elena, sequestrada junto com o marido, Héctor Baratti, em fevereiro de 1977. Ela tinha 23 anos e estava grávida de cinco meses. Como membros militantes do Partido Comunista Marxista-Leninista e defensores ferrenhos dos direitos humanos, os dois e outros parentes foram classificados pela junta como inimigos do Estado. O irmão de Elena, Roberto José, já havia "desaparecido" em setembro de 1976, e seus pais estavam arrasados com a perspectiva de perder outro filho e o neto.

A família de Cuadra procurou incansavelmente por informações e acabou encontrando uma pista em maio de 1977, quando uma série de ligações e bilhetes anônimos enfiados embaixo da porta de sua casa começaram a lhe dar esperança. Ao decorrer de dois meses, várias mensagens diziam a mesma coisa: o casal estava vivo e Elena continuava grávida. Em julho, a família recebeu a notícia de que ela dera à luz uma menina no dia 16 de junho, mas a criança fora tirada da mãe após quatro dias. A notícia despertou sentimentos contraditórios, mas a informação de que a bebê estava viva incentivou a família a continuar procurando e impulsionou a mãe de Elena, Alicia, a participar dos protestos das

Mães da Praça de Maio. Ela acabou se tornando cofundadora de um grupo associado, o Avós da Praça de Maio, com outras mulheres cujos netos foram tomados depois que as filhas deram à luz na prisão.

Quando as notícias pararam de chegar, os Cuadra, como muitas famílias de desaparecidos, se voltaram para a Igreja em busca de ajuda. Seu padre local sugeriu que falassem com o monsenhor Emilio Grasselli, secretário particular do chefe da capelania militar, o arcebispo Adolfo Servando Tortolo, que lhes informou que não tinha informações sobre seu filho, Roberto José, porque ele desaparecera "havia muito tempo", mas que Elena estava presa nos arredores de La Plata.

Isso foi tudo o que conseguiram arrancar de Grasselli — mais tarde, seria descoberto que ele mantinha uma lista dos desaparecidos para a capelania, marcando com cruzes os nomes daqueles cujas mortes eram confirmadas pelos militares.

A família então decidiu enviar as informações para Soledad, uma das filhas, que vivia em exílio na Itália, pedindo que visitasse o escritório do superior geral dos jesuítas em Roma, Pedro Arrupe, o qual a família conhecia há anos. Arrupe os ajudou, passando seu caso para o superior provincial da Argentina, Jorge Bergoglio

O pai de Elena, Roberto, se encontrou com Bergoglio para explicar a situação, e o futuro papa sugeriu que Mario Picchu, bispo auxiliar de La Plata, talvez pudesse ajudar, já que tinha conexões com os militares da área. Então lhe deu uma breve carta de apresentação para que entregasse a Picchi, que dizia: "Ele [de la Cuadra] vai lhe explicar o assunto, e agradeço se puder fazer alguma coisa para ajudá-lo."

Cansado de zanzar de um escritório para outro, Roberto foi até La Plata e, mais uma vez, explicou os detalhes sobre os filhos desaparecidos. Picchi lhe assegurou: "Está tudo bem, vou falar com Tabernero." Ele se referia ao coronel Reynaldo Tabernero, subchefe da polícia de Buenos Aires. Seu superior era o coronel Ramón Camps, que dera o nome da rede de centros de tortura chamada Circuitos Camps — e cujo principal confessor era Christian von Wernich.

Quando Picchi foi contar suas descobertas para a família, não trazia boas notícias. Tabernero lhe informara que a filha de Elena fora dada a "uma boa família", que a criaria bem. Ao perguntarem sobre Roberto Júnior, foram instruídos a não insistirem nesse assunto. Picchi também falara com Enrique Rospide, um oficial de inteligência, que confirmara as informações passadas por Tabernero, acrescentando que a situação com os adultos, incluindo Elena e Héctor, era "irreversível".

Em 2010, a Comissão Nacional pelo Direito à Identidade e as Avós da Praça de Maio receberam informações sobre uma moça que poderia ser filha de uma pessoa desaparecida. Após uma investigação, o caso foi encaminhado para uma unidade especialista da procuradoria-geral, que lidava com a apropriação de crianças durante a Guerra Suja. A jovem, que agora vivia no exterior, se submeteu a exames de DNA voluntariamente. Em 21 de agosto de 2014, foi confirmado que ela era a filha de Héctor Baratti e Elena de la Cuadra.

Mais tarde, foi revelado que Elena dera à luz no chão da cozinha de uma delegacia, no dia 16 de junho de 1977. Testemunhas que sobreviveram aos campos de tortura se lembram de Elena e Héctor implorando para Von Wernich poupar seu bebê, ao que ele respondeu: "Os pecados dos pais recaem sobre os filhos." Não havia como negar. O casal jamais sairia dali e logo seria executado. Nos momentos finais com a criança, eles depositaram todas as suas esperanças de que ela seria salva na última decisão que puderam tomar: seu nome. Chamaram-na de Ana Libertad (Ana Liberdade).

Os restos mortais de Héctor Baratti foram encontrados numa cova coletiva sem qualquer marcação e identificados por antropologistas forenses em 2009. Ele fora jogado no mar num voo da morte.

O corpo de Elena nunca foi encontrado.

O reverendo Rubén Capitano, um padre que estudou com Von Wernich quando era um jovem seminarista, talvez tenha sido o sacerdote a dar o testemunho mais honesto quando disse: "A posição da Igreja era escandalosamente próxima à ditadura, a tal ponto que eu afirmaria ser pecaminosa. [A Igreja] foi como uma mãe que não cuidou dos filhos. Ela não matou ninguém, mas também não salvou." A família Cuadra compatilharia desses pensamentos depois de pedir ajuda a Jorge Bergoglio para encontrar a filha.

Aparentemente, esse foi apenas outro exemplo de Bergoglio usando a "hierarquia eclesiástica" para lidar com buscas por pessoas desaparecidas. Essa teria permanecido a opinião geral se não fosse por um segundo testemunho que ele fora obrigado a dar em 2010 para a investigação do tribunal federal sobre a morte de Elena de la Cuadra e muitos outros prisioneiros da Esma. Da mesma forma como se embolara numa rede de mentiras quando fervorosamente declarara que os documentos internos da Igreja Católica que publicara estavam completos e eram verdadeiros, mais uma vez se descobriu que Bergoglio mentia sobre a cronologia dos eventos — sobre quanto ele sabia e quando descobrira as informações. Ao ser questionado por advogados sobre a primeira vez que ouvira falar que a junta tirava bebês de mães presas e os vendia para famílias ricas, ele respondeu: "Recentemente, cerca de dez anos atrás [2000]". Mas então se corrigiu: "Não, deve ter sido na época do julgamento da junta militar [que começou em 1985]."

De fato, a carta que Bergoglio enviou para Picchi não dá detalhes sobre a gravidez de Elena; apenas diz que o pai explicaria a situação ao padre quando se encontrassem. Porém a família Cuadra insiste que Roberto teria informado Bergoglio sobre a condição de Elena, assim como informou Picchi antes de receber a notícia da tragédia.

A ESTRADA PARA CÓRDOBA

É impossível desassociar as acusações feitas contra Jorge Mario Bergoglio das pessoas a quem ele supostamente feriu. Enquanto a dor dos sobreviventes continuar os incitando a falar, o passado não será esquecido. Sempre houve e sempre haverá suspeitas sobre o que ele fez ou deixou de fazer durante a Guerra Suja. Em situações assim, "inocente até que se prove o contrário" não se aplica, talvez porque, em parte, o sigilo sob o qual a junta conduziu seu genocídio do povo argentino criou uma cultura de desconfiança na sociedade. A ausência de respostas sempre criará mais especulações. No entanto, o mais impressionante é a capacidade de Bergoglio de renascer das cinzas e seguir em frente. Enquanto o coração de muitos pais e filhos ainda era tomado pelo luto, ele estava em Roma, sendo eleito papa. Então é preciso perguntar: como é possível que alguém com um passado tão complicado seja eleito ao maior cargo da Igreja Católica?

Existe um momento da vida de Bergoglio que se destaca acima de todos os outros como um verdadeiro período damasceno digno do próprio São Paulo. Ocorreu em 1990, quando ele foi removido de seu posto como professor em Buenos Aires e exilado para a residência jesuíta na cidade de Córdoba.

Vários outros padres foram exilados na mesma época, enviados para outras províncias e até para a Europa, quando o novo superior provincial, Víctor Zorzín, conduzia sua própria "limpeza" entre os jesuítas. Mas, dessa vez, ele não removia os esquerditas, como Bergoglio fizera; Zorzín afastava os bergoglianos. Quanto ao próprio Bergoglio, a teoria era que, ao remover o homem que muitos consideravam a causa de brigas e discussões internas que só aumentavam desde a conferência de Medellín, os jesuítas voltariam a ser uma companhia unificada e tranquila. Portanto, aqueles que fossem leais ao homem que recebera a estigma de *persona non grata* recebiam instruções de não entrar em contato com ele — de acordo com sua biógrafa e amiga Elisabetta Piqué, "as ligações telefônicas de Bergoglio eram censuradas, e sua correspondência, controlada" —, e boatos maliciosos foram espalhados sobre os motivos para seu banimento. O padre Ángel Rossi, um jovem jesuíta que fora aceito na Companhia por Bergoglio em 1976, se lembra de ouvir falar que o futuro papa caíra numa desgraça tão profunda que "o homem que se tornara superior provinciano da Companhia tão jovem, que era tão brilhante, fora parar em Córdoba porque ficara doente, louco".

Bergoglio não estava sofrendo de um colapso nervoso, como diziam as fofocas, mas os dois anos que passou em exílio foram um período sombrio. Cinco meses após se tornar papa, ao refletir sobre essa época, ele explicou: "Passei por uma crise interior por boa parte do tempo em que estive em Córdoba." Numa tentativa de explicar sua experiência, disse em entrevista em 2010: "O que mais me magoa são as muitas ocasiões em que não fui muito compreensivo e imparcial. Mas preciso deixar claro que sempre fui amado por Deus. Ele me erguia quando eu caía, Ele me ajudava a seguir em frente, especialmente nos momentos mais difíceis, então aprendi."

Escutar os sofrimentos e os pecados dos párocos era a cura ideal para qualquer pena que ele sentisse de si mesmo em razão das suas circunstâncias. Bergoglio se envolveu profunda e pessoalmente com a população local — uma reviravolta um tanto irônica do destino, considerando os anos que passou reprimindo os padres das *villas miserias* de Buenos Aires. Porém, basicamente, aquela foi, nas suas palavras, "uma época de purificação que Deus às vezes permite. Foi um período sombrio, no qual era difícil enxergar adiante. Rezei muito, li, escrevi bastante e segui com a minha vida. Mas era uma vida mais voltada para o interior. Independentemente de ser confessor ou diretor espiritual, meu tempo em Córdoba foi importante para meu interior."

O GAROTO-PROPAGANDA DA REDENÇÃO

Ele se reconstruía a cada dia que passava, mas, ao fazer isso, começava a entender que as peças não se encaixavam mais no homem que fora antes; lados antes retos agora estavam curvados, e vice-versa. Suas reflexões teológicas publicadas na época são profundamente conectadas com sentimentos de exílio e sofrimento, de solidão e marginalização. Apesar de Bergoglio seguir uma etiqueta um tanto vitoriana, tão adorada pela Igreja Católica, que não via com bons olhos falar de si mesmo, sua insistência posterior de que esses trabalhos falavam de uma visão geral da fé, não de uma reflexão pessoal do próprio sofrimento, não corresponde ao tom de certas passagens, como: "Entre sentimentos e impulsividade, entre a graça e o pecado, entre a obediência e a rebelião, nossa carne sente o exílio a que é sujeitada, a caminhada que é obrigada a fazer, e luta por si mesma para defender essa esperança."

Dividido entre emoções tão conflitantes, Bergoglio retornou para suas raízes jesuítas e se comportou quase como se tivesse voltado a ser seminarista. Ele varria chãos e cuidava de doentes, limpando-os e trocando lençóis; caminhava entre as pessoas pelas ruas e presidia muitos retiros espirituais. Ao fazer isso, desenvolveu uma humildade que, segundo ele, nunca soubera existir. Anos depois, numa entrevista com o padre Antonio Spadaro, Bergoglio, agora papa Francisco, refletiu sobre os argumentos daqueles que queriam puni-lo e admitiu: "Meu autoritarismo e minhas decisões rápidas causaram sérios problemas. Fui acusado de ser ultraconservador. Com certeza, nunca fui como a Beata

Imelda [famosa por sua bondade], mas nunca fui de direita. A fonte das minhas adversidades foi meu jeito autoritário de tomar decisões."

O silêncio aproveitado nos dois anos em Córdoba foi profundamente transformador para Bergoglio, o que se reflete nas lembranças daqueles que o conheciam na época. Uma imagem sempre se repete: o padre Jorge perguntando o tempo todo para as pessoas se elas precisavam de alguma coisa. Ele tinha quase 55 anos e, enfim, estava livre das pressões da política eclesiástica que tanto dominaram sua vida. Com uma nova perspectiva, foi capaz de entender como o mundinho isolado da Igreja estava distante da sociedade, escrevendo que "a falta de pobreza encoraja a divisão [entre homens e comunidades]". O homem humilde, que vive com simplicidade e na pobreza, é muito mais rico em experiências no mundo.

O som dos passos de Jorge Mario Bergoglio por Córdoba ecoa alto através de seus anos como bispo e arcebispo, como cardeal e papa. Seu período de redenção fez com que confessasse seus pecados a Deus e, no processo, mudasse completamente sua visão do mundo e seu compromisso com o novo papel que agora pretendia exercer. Mas momentos de redenção e de confissão de pecados na Igreja Católica são e sempre foram um tratado de paz silencioso com o Senhor, "a graça do silêncio". Eles são particulares, e permanecerão assim pelo restante da vida do pecador. Portanto, aquilo que frustrou e irritou os que esperavam por algum reconhecimento ou pedido de desculpas enquanto ouviam seu testemunho sucinto nos julgamentos de 2010 — "fiz o que pude" e "em virtude de nossa disciplina, preferíamos fazer as coisas por meio da hierarquia eclesiástica" — é exatamente o conceito que a Igreja segue desde seus primórdios: se você confessar seus pecados a Deus, será perdoado. Não obstante os pecadores carregarem no fundo de seus corações o conhecimento daquilo que fizeram — o conhecimento da dor que causaram a outras pessoas ou das ações que deixaram de tomar —, é lá que ele permanece. Não há declarações públicas; só a chance de seguir sua vida com a benção da absolvição.

Foi esse caminho que Jorge Bergoglio tomou.

8

HABEMUS PAPAM... ITERUM

Os papéis da votação foram postos dentro do forno, junto com o novo cartucho *fumo bianco* do Vaticano, para evitar qualquer confusão com as cores, e às 19h06 da noite uma fumaça inconfundivelmente branca subiu da chaminé, alastrando-se pelo chuvoso céu noturno. O ribombo dos sinos de São Pedro se misturava aos gritos alegres da multidão encharcada que ocupava a praça.

Enquanto as pessoas se emocionavam lá fora, Francisco estava sentado em silêncio na Sala das Lágrimas. Considerando a magnitude da eleição, o novo papa recebe um precioso mas curto tempo para refletir, enquanto os alfaiates, impacientes, esperam do outro lado da porta, nervosos, com as agulhas a postos para ajustar o robe papal branco. Ao mesmo tempo que os membros da família Gammarelli se ocupavam ao redor de Francisco, o mestre do Ofício de Celebrações Litúrgicas do Sumo Pontífice surgiu para ajudá-lo a vestir a *mozzetta* de veludo vermelho e pele de arminho branca que Bento tanto gostava, junto com a cruz peitoral de ouro, incrustada de joias, as abotoaduras papais e os sapatos de couro vermelho. Mas Francisco não era Bento; era um homem que passara a vida inteira rejeitando luxos. Aceitá-los naquele momento seria pura hipocrisia. Em vez disso, a imprensa italiana relatou — embora aparentemente as citações serem falsas — que ele agradeceu ao assistente que o ajudava a se vestir e disse: "Ainda não estamos no Carnaval."

Francisco voltou para a capela vestido de forma simples, de robe branco, sapatos ortopédicos pretos e cruz peitoral de prata de cardeal. A aparência modesta pegou todos de surpresa, mas ele não pararia por aí. Quando retornou à Capela Sistina, recebeu instruções para oficialmente ser cumprimentado por seus companheiros cardeais sentado no mesmo trono ornado que Bento ocupara oito anos antes. Mais uma vez, o novo papa agradeceu e recusou a oferta: preferia permanecer de pé. Em vez de permitir que os irmãos beijassem seu anel e declarassem sua lealdade, tomou outra atitude surpreendente ao beijar as mãos de todos. Foi um gesto emocionante. O cardeal Dolan lembra: "Ele nos recebeu no mesmo patamar. É difícil explicar. É óbvio que você conhece seu irmão cardeal. Só que, de repente, sua identidade muda."

Concluindo as felicitações, chegou a hora de Francisco se revelar para o mundo. Mas ele tinha mais um gesto importante a fazer. No caminho para a varanda, parou ao lado de um telefone e pediu para que ligassem para Castel Gandolfo. Ele queria falar com Bento. Ninguém atendeu, mas Francisco insistiu para que tentassem de novo. O papa emérito e sua equipe estavam reunidos diante da televisão, ansiosos para descobrir quem seria o sucessor. Bento finalmente saiu da frente da telinha, e os dois homens tiveram uma conversa gentil, "trocando votos agradáveis e garantias de que rezariam um pelo outro".

Mais de uma hora havia se passado desde que a fumaça saíra. A praça de São Pedro estava lotada, e a multidão de gente que desejava ver o novo papa agora se espalhava pelas ruas laterais. Ouviram-se gritos de felicidade quando as cortinas de veludo vermelho foram afastadas e, então, o cardeal Jean-Louis Tauran saiu para anunciar as palavras pelas quais todos esperavam: *Habemus papam!* Tão rápido quanto surgiram, os gritos se silenciaram quando Tauran anunciou que o cardeal Jorge Mario Bergoglio fora escolhido.

"Quem é ele?", muitos perguntaram. Após pesquisas frenéticas no Google, que revelaram poucos fatos sobre o jesuíta argentino que fora eleito, a multidão feliz começou a entoar "FRANCISCUM! FRANCISCUM! FRANCISCUM!" por longos dez minutos.

Por fim, às 20h22 da noite, as cortinas foram afastadas e o rosto sorridente, porém nervoso, do papa Francisco surgiu na varanda. Seu aceno foi hesitante e breve. Ele baixou os braços e seu sorriso desapareceu. Passou mais de um minuto parado ali, imóvel. Como se estivesse em transe, através de seus óculos redondos, observava o público cercado pela escuridão que agora era interrompida por milhares de flashes brilhantes de câmeras. Quando um microfone foi colocado diante de si, o novo pontífice pareceu acordar de seu devaneio e disse, em italiano: "Irmãos e irmãs, boa noite!" Gritos de alegria ecoaram pela praça. Quebrando a tensão com uma piada, continuou: "Vocês sabem que o dever do conclave é dar um bispo a Roma. Parece que meus irmãos cardeais foram até o fim do mundo para encontrar um. Mas aqui estamos. Obrigado por sua recepção."

Consciente de que Bento assistia, Francisco começou seu discurso com uma oração pelo velho papa: "Primeiro, quero oferecer uma prece para nosso bispo emérito, Bento XVI. Oremos por ele, para que o Senhor o abençoe e Nossa Senhora o guarde." Seguiram-se a isso algumas palavras sobre a jornada em que estavam prestes a embarcar. De acordo com a tradição do Vaticano, o recém-eleito papa daria sua bênção ao povo, mas Francisco, como seus irmãos cardeais já haviam descoberto, não era nada tradicional, de modo que preferiu dizer: "Agora, quero lhes dar a bênção, mas primeiro — primeiro, preciso pedir um favor. Antes que o bispo abençoe seu povo, peço que vocês rezem para o Senhor me abençoar, uma oração do povo clamando para que seu bispo seja abençoado. Faremos, em silêncio, esta oração: sua oração por mim."

Acima de tudo, os fiéis clamavam por mudança. Ali estava ela. Um papa que se confessava "pecador", baixando a cabeça com humildade e pedindo ao seu povo que rezasse por ele. O silêncio na praça era hipnotizante. Não havia sinal do principesco estilo papal. O cardeal Óscar Rodríguez Maradiaga se recorda de sua posição naquela noite, ao lado de Francisco na varanda: "É impossível imaginar a resposta daquela multidão imensa na praça de São Pedro, porque as pessoas esperavam ouvir uma mensagem teológica e encontraram alguém entusiasmado, presente, que é um de nós." Foi uma declaração poderosa para o mundo, mas também para o Vaticano, deixando claro que Francisco não apenas pretendia ser fiel às suas origens e aos seus princípios humildes, mas também ao seu homônimo.

QUE DIFERENÇA FAZ UM NOME?

Jorge Mario Bergoglio era um papa precursor em muitos sentidos: o primeiro papa jesuíta, o primeiro papa latino-americano, o primeiro papa não europeu em mais de 1.200 anos, o primeiro papa a nunca ter estudado nem trabalhado em Roma e, mais importante, o primeiro papa a escolher o nome Francisco. O primeiro papa em muito tempo a ainda ter a companhia do pontífice anterior. A escolha do nome foi um gesto ousado, carregado de simbolismo, e, dependendo de que lado político do Vaticano se estivesse, algo que poderia ser interpretado como promissor ou perigoso para o futuro da Igreja Católica.

São Francisco de Assis nasceu numa família rica na cidade de Assis, na região da Úmbria, em 1181, e teve uma juventude despreocupada e luxuosa, sem nunca lhe faltar nada. Porém, aos 25 anos, já estava cansado de festas e daquilo que depois descreveria como viver em pecado. Então, quando Assis declarou guerra à cidade vizinha de Perúgia, o rapaz aproveitou a oportunidade para provar sua competência como guerreiro nobre. Saiu galopando de Assis em sua armadura decorada com ouro. Mas, após um dia na estrada, Deus veio até ele num sonho e ordenou que voltasse para casa. Francisco obedeceu e foi zombado por sua covardia. Humilhado, o rapaz abandonou sua vida anterior e se afundou em orações. Durante uma peregrinação a Roma, ficou tão emocionado com a pobreza das pessoas que trocou suas roupas com as de um mendigo nos arredores da Basílica de São Pedro e passou um dia entre os pobres, implorando por esmolas.

Enquanto caminhava pelas colinas, buscando inspiração divina, teve uma visão, ouvindo três vezes: "Francisco, repara Minha casa, pois vês que está em ruínas." Após voltar a Assis vestindo farrapos, Francisco foi renegado pelo pai e renunciou à vida anterior para viver como mendigo. Devotando-se a pobreza e penitências, passou dois anos ajudando a reconstruir igrejas locais antes de fundar a Ordem dos Franciscanos em 1208. Ela só tinha uma regra: "Obedecer aos ensinamentos de nosso Senhor Jesus Cristo e seguir seus passos."

Os seguidores continuaram a aumentar até sua morte, em 1226. Ele foi canonizado em 1228. Francisco, "um dos santos mais queridos dos tempos modernos", continua sendo reverenciado por sua "generosidade, sua fé simples e sincera, sua entusiasmada devoção por Deus e pelos homens, seu amor pela natureza e sua profunda humildade".

Quando o novo papa declarou que desejava se chamar Francisco, aqueles que o conheciam acharam a escolha perfeita para o cardeal que já dispensara o estilo de vida luxuoso de um arcebispo. Mas, para os membros da Cúria que viviam como reis dentro dos muros do Vaticano, foi um gesto preocupante que causou muitas trocas de olhares confusos.

Em resumo, as extravagâncias do escritório do papa não poderiam ser mais diferentes da vida de pobreza que São Francisco escolhera. Tudo se trata de pompa e circunstâncias, de sapatos de couro vermelho e veludos adornados com pele, de tentativas de assassinato e carros blindados, de governo e poder, de gerenciamento e administração, e, o mais limitante, de uma gaiola dourada através da qual a pomba da paz observa o mundo, incapaz de voar entre as pessoas. Uma coisa é o papa rejeitar limusines e preferir andar de ônibus, mas outra bem diferente é transformar as tradições e a instituição para a qual acabou de ser eleito para liderar.

Como cardeal, Jorge Bergoglio não hesitara em expressar suas opiniões sobre tantos excessos materiais: "O cardinalato é um serviço, não um prêmio sobre o qual devemos nos gabar. A vaidade e a arrogância são atitudes que reduzem a espiritualidade a algo mundano, o que é o pior pecado que poderia ser cometido na Igreja. Um exemplo que costumo usar para ilustrar a realidade da vaidade é este: olhe para um pavão; de frente, ele é lindo. Mas se você observá-lo de costas, descobrirá a verdade. A pessoa que cede a uma vaidade egoísta tem uma profunda tristeza escondida dentro de si."

Essas palavras, retiradas de uma entrevista concedida em fevereiro de 2012, agora parecem visionárias. Mas elas podem ser facilmente interpretadas como uma insinuação de que o papa ou o Vaticano escondem atrás do pavão os escândalos sombrios de abuso sexual e a corrupção do Vatileaks. Junto com a determinação de São Francisco de Assis de "reparar a casa [de Deus], pois vês que está em ruínas", elas indicavam que a Igreja finalmente tinha a oportunidade de passar por grandes mudanças. A única dúvida agora era como aqueles protegidos por suas muralhas encarariam isso.

A POEIRA FINALMENTE BAIXOU

Lágrimas e comemorações vararam a noite na Cidade do Vaticano. Quando um Francisco levemente atordoado saiu do pódio e foi conduzido até a limusine papal oficial que o levaria para jantar, mais uma vez recusou, dizendo que preferia ir de ônibus com seus irmãos cardeais: "Viemos juntos, iremos embora juntos." De volta à Casa Santa Marta, enfim pôde relaxar. Durante o jantar de comemoração, que incluiu sorvete e espumante, o novo papa brincou durante seu brinde: "Que Deus os perdoe pelo que fizeram!" O cardeal Dolan lembra que isso "fez todo mundo cair na gargalhada".

Depois que os convidados se retiraram para suas camas, Francisco, incapaz de dormir, tirou as vestes papais, colocou de volta sua calça e casaco pretos e desceu. De acordo com a biografia de Paul Vallely: "Funcionários chocados foram indagados se havia um carro disponível. O novo papa queria dar uma volta. Um motorista foi chamado, e, num pequeno carro sem identificações, o homem que horas antes fizera questão de se denominar somente como bispo de Roma passeou pelas ruas da cidade, observando as comemorações."

Talvez Francisco achasse que essa seria sua última oportunidade de passar despercebido pela vida, com a mesma perspectiva que tinha como um simples cardeal pelas ruas de Buenos Aires. Ou talvez estivesse curioso para ver as demonstrações naturais de alegria agora que as câmeras haviam parado de filmar. Independentemente do motivo, absorveu aquelas últimas horas de liberdade como um homem prestes a ser submetido àquilo que seu predecessor descrevera como uma sentença de morte.

Na manhã seguinte, o papa acordou cedo. Depois das orações, foi visitar a Basílica de Santa Maria Maggiore, em deferência à Virgem Maria. Uma multidão de gente o cercou, mas Francisco pediu que os seguranças deixassem o povo entrar na capela. No caminho de volta para o Vaticano, pediu mais uma parada imprevista, dessa vez no dormitório em que passara as duas semanas antes do conclave. Recusando a ajuda de um assistente para fazer as malas, Francisco explicou que preferia arrumar seus pertences sozinho e agradecer aos funcionários por sua ajuda. Ainda mais surpreendente, insistiu em pagar a conta, explicando que ele, mais do que ninguém, "precisava dar um bom exemplo".

Às cinco da tarde, voltou para a Capela Sistina para celebrar a missa aos cardeais eleitores. Não quis ler a homilia pronta em latim que lhe fora ofertada, preferindo falar do coração, em italiano. Também não se sentou no trono papal. Em vez disso, ficou em pé diante do púlpito, como um padre de paróquia faria ao declamar um sermão para a congregação. Em seu discurso, foram delineadas as três bases que seriam o centro de seu pontificado.

1. Caminho
A vida é um caminho. Quando paramos de andar, não avançamos.

2. Edificação
Falamos de pedras, que são sólidas, mas também vivas, ungidas pelo Espírito Santo. [Temos de] edificar a Igreja sobre essa pedra angular que é o Senhor. Existe outro tipo de movimento em nossas vidas: a edificação.

3. Profissão
Podemos caminhar quanto quisermos, edificar muitas coisas, mas, se não professarmos Jesus Cristo, as coisas dão errado. Acabaremos nos tornando uma ONG caridosa, não a Igreja. Quando não caminhamos, ficamos parados. Quando não se edifica sobre as pedras, o que acontece? A mesma coisa que acontece com as crianças que constroem castelos de areia na praia: tudo é levado embora, não há consistência.

Francisco, então, resumiu sua mensagem: "Caminhar, edificar, professar. Mas as coisas nem sempre são tão simples, porque, ao caminhar, edificar e professar, podemos sofrer golpes, encontrar movimentos que não fazem parte da jornada, movimentos que nos puxam para trás. Meu desejo é que todos nós, após estes dias de graça, tenhamos a coragem, sim, a coragem, de caminhar na presença do Senhor, com a Cruz do

Senhor; de edificar a Igreja sobre o sangue do Senhor derramado na Cruz; de professar a única glória: Cristo crucificado. E, assim, a Igreja seguirá em frente."

A eleição do papa Francisco representava, por si só, um sinal inegável de que a grande maioria dos cardeais desejava uma reforma verdadeira na Igreja. Ele estava extremamente ciente desse fato e, por meio das palavras de sua primeira homilia, mostrou para aqueles que votaram nele que os ouvira. Nenhum membro da Cúria, nem mesmo os da velha guarda das nações desenvolvidas, ousaria causar qualquer transformação válida. Aquilo teria de partir do mundo em desenvolvimento. Agora, para muitos no salão, o momento *havia* chegado. Francisco era o homem que traria mudanças e esperança.

O EFEITO FRANCISCO

O potencial impacto da eleição de um latino-americano como papa não deve ser subestimado. O simbolismo da escolha do nome papal de Francisco e sua dedicação à luta contra injustiças sociais e abusos dos diretos humanos o torna extremamente diferente de muitos papas anteriores. Como jesuíta, sua liberdade de opinião e grande compreensão do evangelismo em sociedades em desenvolvimento abriram um mundo de novas oportunidades para a luta da igreja contra o crescimento global do secularismo.

Os Estados Unidos, em específico, continuavam a se afastar da religião. Numa pesquisa conduzida pelo Pew Research Center em 2014, quase um terço de todos os adultos americanos (31,7%) declarou ter recebido uma criação católica, mas 41% deles — o equivalente a 12,9% da população total — não se identificava mais com a religião. Isso faz com que os ex-católicos sejam o quarto maior grupo "religioso" nos Estados Unidos, atrás de protestantes (46,5%), católicos praticantes (20,8%) e aqueles que se identificam como "nada específico" (15,8%). Em termos comparativos, a cada uma pessoa que entra para a Igreja Católica nos Estados Unidos, seis a abandonam, um número chocante. Entre 2007 e 2014, a quantidade de pessoas que não se associam a qualquer religião cresceu 6,7% na população total — cerca de 56 milhões de pessoas. Esse grupo é mais volumoso do que os de católicos e protestantes, com apenas os cristãos evangélicos dominando uma porcentagem maior da população.

Na Grã-Bretanha, a maioria das pessoas com menos de 40 anos afirma não ter religião. Na verdade, nas pesquisas, "sem religião" é uma resposta mais popular do que "cristão". Essa perda de fé não acontece apenas entre cristãos — o secularismo também está crescendo em países com maioria muçulmana. Como Ahmed Benchemsi relatou no *New Statesman*, uma pesquisa em 2012 descobriu que 5% dos cidadãos sauditas — mais de um milhão de pessoas — se identifica como "convertido ao ateísmo", a mesma porcentagem dos Estados Unidos. 19% dos sauditas — quase seis milhões de pessoas — se descreve como "não religioso" (na Itália, esse número é de 15%). Esses números são ainda mais impressionantes quando se considera que muitos países árabes, incluindo a Arábia Saudita, os Emirados Árabes Unidos, o Sudão e o Iêmen, seguem a xaria, que pune a abjuração da fé com a morte.

Esse aumento no abandono da religião no mundo desenvolvido abalou a base da Igreja, mas, mesmo assim, era difícil encontrar uma solução. Ao eleger um homem tão diferente dos papas anteriores, o clima de esperança era palpável. Francisco parecia ter feito o impossível e agradar, no geral, a tradicionalistas e progressistas da Igreja. Em sua biografia, *Pope Francis: Untying the Knots*, Paul Vallely o descreve como um homem cheio de contradições:

> *Jorge Mario Bergoglio é tradicionalista na doutrina, mas reformista no quesito eclesiástico. É radical, mas não liberal. Busca dar poder aos outros, porém mantém um resquício de autoritarismo. É conservador, mas estava na extrema esquerda da reacionária Conferência dos Bispos de seu país. Mistura simplicidade religiosa com astúcia política. É progressista e aberto, mas rigoroso e severo. Ele se opôs ao casamento entre pessoas do mesmo sexo e à adoção homoparental, mas beijou os pés de homossexuais portadores de aids. É do Sul, mas tem raízes profundas no Norte: um latino-americano de família italiana, que estudou na Espanha, na Irlanda e na Alemanha. É um padre diocesano, mas também*

membro de uma ordem religiosa. É professor de teologia, mas um pastor que sabe se relacionar com pessoas comuns. Nele, a humildade e o poder se misturam.

É muito possível que, *graças* a essas contradições, Francisco tenha se beneficiado de um surto de viés de confirmação entre os cardeais eleitores do conclave de 2013. Com base em seus próprios desejos para o futuro da Igreja, eles viam o lado de Bergoglio que preferiam enxergar — algo impossível na eleição do papa Bento, que sem sombra de dúvidas era extremamente conservador. O comportamento enigmático e humilde do argentino, junto com sua quase invisibilidade nas vésperas da eleição, permitiu que os eleitores fizessem suas próprias presunções sobre o tipo de papa que ele seria.

Depois que o furor da eleição se acalmou, entretanto, a realidade de eleger um homem tão paradoxal significava que a Igreja não conseguia prever qual Francisco ocuparia o cargo. Os cardeais e a imprensa agora se viam forçados a se tornar detetives, e cada movimento feito ou palavra pronunciada pelo novo pontífice era analisada de modo microscópico em busca de pistas. Só havia um termo específico que permanecia na mente de muitos daqueles que estiveram sentados na Capela Sistina, observando o mestre de cerimônias perguntar a Bergoglio se ele aceitaria o papado: *pecador*.

9

O PAPA ESTRELA

Talvez as grandes expectativas do público e o incômodo dos conservadores da Igreja tenham sido causados pela combinação do misticismo da chegada de Francisco como um cardeal praticamente desconhecido da América Latina com suas atitudes humildes radicais e suas admissões de pecado no primeiro ano de papado. Como ele poderia permanecer no mesmo ritmo depois desse início fascinante?

Já sabemos que sua decisão de dispensar os luxos dos aposentos papais, as limusines e as roupas extravagantes usadas por seus antecessores tiveram um impacto imediato com muitos fiéis, mas o que realmente fez com que ele se destacasse no primeiro ano foi seu visível entrosamento com as pessoas. Já no primeiro mês, o pontífice seguiu sua tradição de "bispo de favela" ao lavar os pés de 12 pessoas às margens da sociedade durante a Semana Santa. Dessa vez, Francisco foi a uma prisão e incluiu não apenas duas mulheres, mas também dois muçulmanos no grupo. A forma desconfortável como Bento XVI interagia com as pessoas passou a ser uma memória distante, e o novo papa era todo sorrisos e simpatia. Francisco tirou vantagem do holofote que estava sobre ele e mostrou uma determinação sem precedentes em chamar a atenção do mundo para assuntos que acreditava serem importantes. Havia um em especial que pesava em sua mente. Então, em sua primeira visita oficial fora da Cidade Santa, em julho de 2013, viajou para a minúscula ilha siciliana Lampedusa. Localizada a 110 quilômetros da costa da Tunísia, esse pequeno pedaço de pedra, com apenas seis quilômetros de comprimento, praias de areia branca e águas cristalinas, se tornara o foco da crise que se agravava, na qual centenas de milhares de refugiados arriscavam a vida em perigosas viagens marítimas para chegar à costa da Europa — uma travessia a que muitos jamais sobreviveriam.

Numa ilustração comovente dessa catástrofe impiedosa, um navio com mais de 160 eritreus chegara ao porto pouco antes da visita do papa, e no dia anterior a guarda costeira italiana havia resgatado um barco com 120 pessoas, incluindo quatro mulheres grávidas, depois que seus motores pararam de funcionar bem próximo da costa.

Francisco zarpou num bote de resgate para depositar uma coroa de flores amarelas e brancas no mar, em homenagem àqueles que perderam as vidas. Depois, dirigiu-se à multidão de 15 mil pessoas, formada por locais e imigrantes, com uma homilia emocionante e poderosa: "Senti que eu precisava vir aqui hoje para rezar, num gesto de solidariedade, mas também para despertar nossas consciências, para que essa tragédia não se repita. Quem chorou pela morte desses irmãos e irmãs? Quem chorou pelas pessoas que estavam no barco? Somos uma sociedade que se esqueceu de como chorar, de como sentir compaixão, de 'se padecer' com os outros. A globalização da indiferença tirou de nós a capacidade de chorar!"

Francisco repetiu a acusação da "indiferença globalizada" quatro vezes durante o discurso, que pronunciou usando um robe roxo de luto, diante de um altar improvisado com os restos de madeira dos barcos naufragados dos refugiados. Por qualquer critério, aquela era uma declaração política impressionante de um papa que, enquanto expressava seu afeto pelos muçulmanos presentes — os quais começavam seu jejum para o Ramadã —, também implorou por perdão "para aqueles cujas decisões em nível global criaram situações que resultaram nessas tragédias". Sua presença ali não era um golpe de publicidade, e a crise dos refugiados permanece uma das principais causas do papa. Todo ano, ele cobra medidas e viaja para vários locais no centro da crise para continuar chamando a atenção do mundo para o problema. Francisco também criticou a exploração da África e de seus recursos naturais pela elite global, classificando a política do presidente americano Donald Trump de separar crianças imigrantes de seus pais de "imoral" e "contrária aos valores católicos".

Expressou uma "preocupação profunda" após os confrontos violentos consequentes da transferência da embaixada americana em Israel de Tel Aviv para Jerusalém e descreveu Trump como alguém que "não é cristão" por seu desejo de construir um muro na fronteira com o México.

A piedade que ele demonstra com refugiados e pobres também levou a críticas ferrenhas sobre o capitalismo global. No ano em que o Banco Mundial estimava que 767 milhões de pessoas vivem com menos de um 1,90 dólar por dia, Francisco emitiu sua primeira exortação apostólica, intitulada *Evangelii Gaudium* (A alegria do Evangelho), em novembro de 2013, sem se fazer de rogado ao identificar os fracassos das sociedades capitalistas na luta contra pobreza e injustiças. Num estilo um tanto parecido com o de João Paulo II atacando o comunismo, Francisco lançou um ataque furioso contra as economias de "exclusão e desigualdade", nas quais "tudo se resume ao jogo da competitividade e à lei do mais forte, na qual os poderosos devoram os fracos". Mas não se prendeu a tons orwellianos de que "grandes poderes são maus, pessoas pequenas são boas". Francisco pesquisou e identificou exemplos específicos de modelos econômicos que acreditava estarem prejudicando a população global: "Alguns ainda defendem as teorias do gotejamento, que pressupõem que todo crescimento econômico favorecido pelo livre mercado consegue produzir mais justiça e inclusão social no mundo. Essa opinião, que nunca foi confirmada por fatos, expressa uma confiança vaga e ingênua na bondade daqueles que detêm o poder econômico e nos mecanismos sacralizados do sistema econômico prevalecente. Enquanto isso, os excluídos continuam a esperar. Esse desequilíbrio provém de ideologias que defendem a autonomia absoluta dos mercados e a especulação financeira. Dívidas e o acúmulo de juros fazem com que os países tenham dificuldade para entender o potencial de sua própria economia e tiram dos cidadãos seu real poder de compra."

O papa prosseguiu, atacando a corrupção, a sonegação de impostos e "a nova idolatria do dinheiro" como causas da divisão cada vez maior entre ricos e pobres. Ele declarou que as pessoas deveriam dizer "não a um sistema financeiro que manda em vez de servir" e intimou os líderes políticos a implementarem uma "forte mudança de abordagem" para executar reformas financeiras.

Assim como sua campanha em prol dos refugiados, isso não se tratava apenas de uma retórica populista chamativa. Essas questões permaneceram no topo de sua lista de prioridades e serviram como base da implementação de reformas no Banco do Vaticano, cuja corrupção extrema foi exposta no escândalo do Vatileaks. Apesar de algumas críticas inevitáveis, sua posição sobre o capitalismo e as preocupações com o impacto da mudança climática fizeram com que ele ganhasse muito apoio de liberais fora da Igreja, além de seus colegas reformistas. A imprensa amplamente o anuncia como o papa mais popular que o mundo já teve — João Paulo II era, de fato, uma figura muito amada, mas sua popularidade estava mais limitada aos fiéis católicos —, e há quem acredite que Francisco seja mais popular *fora* da Igreja do que entre os membros do próprio clero.

PAPA APENAS NO PAPEL?

Desde seu primeiro discurso na varanda para a eufórica multidão na praça de São Pedro, o papa Francisco se esforça para implementar reformas no papado, e não somente em questões externas, mas redefinindo o status e o papel do próprio pontífice. Por exemplo, durante sua benção apostólica *Urbi et Orbi* em março de 2013, nas cinco ocasiões em que se referiu a si mesmo, usou apenas o termo "bispo de Roma". O papa Bento XVI, por sua vez, experimentou uma série de títulos grandiosos em seus primeiros discursos: sucessor do apóstolo Pedro, pontífice, bispo de Roma, pastor da Igreja Universal, entre outros. Eventualmente, confirmou sua preferência por usar um total de oito títulos, mencionando-os em março de 2006, quando publicou seu *Annuario Pontificio*, o guia estatístico da Igreja Católica que identifica todos os membros de sua hierarquia, lançado todos os anos.

A supremacia do papa é uma parte bem controversa da história cristã e católica até hoje, quando é vista como uma posição estranha de autoridade. Na era moderna, o conceito de infalibilidade papal foi cimentado com os decretos dos papas Pio IX, em 1870, e Paulo VI, em 1964, junto com a carta apostólica *Laetamur Magnopere*, sobre o catecismo da Igreja Católica, emitido por João Paulo II em 1997. Francisco é muito ciente da questão da infalibilidade, mas o paradoxo permanece: se ele tentar implementar qualquer reforma doutrinal, estaria, em efeito, declarando que todos os papas anteriores estavam errados. Além disso, há outro desafio: a situação ambígua do pontífice anterior, o agora papa emérito Bento XVI.

Se um papa renuncia, permanece infalível? Como Sandro Magister, importante jornalista do Vaticano, observa: "O papa é investido com seu poder de autoridade suprema diretamente por Cristo ao aceitar a eleição legítima feita pelo Colégio dos Cardeais." Mas o que acontece depois que ele abdica? Os poderes divinos são removidos? A resposta a esse dilema teológico causou um debate acalorado entre acadêmicos, com alguns, como Enrico Maria Radaelli, em seu artigo de 13 páginas sobre a renúncia de Bento, o declarando como "um golpe assassino contra os dogmas":

> *Renunciar significa perder o nome universal de Pedro e voltar a ser o indivíduo Simão, o que não é possível, porque o nome de Pedro, de Cephas, de Rocha, é dado no plano divino ao homem que, ao recebê-lo, deixa de ser apenas si mesmo, mas "faz a Igreja". Sem contar o fato de que, como o papa que abdica não pode realmente renunciar, o novo pontífice, apesar de suas intenções, não passará de um antipapa. Quem reinará será ele, o antipapa, não o papa verdadeiro.*

Quando Francisco publicou seu *Annuario Pontifico* dois meses depois do esperado, em maio de 2013, muitos especularam sobre os motivos para o atraso e chegaram à conclusão de que houvera um debate sério sobre como lidar com a situação da existência de dois papas vivos. Foi uma surpresa descobrir que o novo pontífice reformara por completo seu status e removera os oito títulos que Bento XVI publicara em sua edição final, menos de um ano antes. Na mesma página do novo *Annuario Pontifico*, nas únicas duas linhas de texto, referia-se a si mesmo apenas como "Francisco/bispo de Roma". As informações biográficas na página seguinte incluem outros títulos, mas esse foi um gesto bastante simbólico, visto por muitos como uma declaração firme que ilustra como ele é diferente de seu antecessor, a quem se refere no texto como "supremo pontífice emérito". Outro ponto importante, como observa Magister, é que, em público, Francisco sempre se refere a Bento como "bispo emérito", de forma que "pode ser presumido que o título de 'supremo pontífice emérito' tenha sido pessoalmente solicitado por Joseph Ratzinger e o papa atual decidiu não se opor".

Francisco pode ter preferido não contestar o pedido do papa abdicante, mas escolhe não o usar. Isso sugere que, a despeito do desejo do Vaticano de passar a imagem de um relacionamento afetuoso e respeitoso entre os dois papas, a coexistência não é tão harmoniosa quanto a Igreja quer que acreditemos. Mas tal conclusão não surpreende, considerando a decisão do autoproclamado supremo pontífice emérito de continuar morando no Vaticano, usando seu robe papal branco, mesmo abrindo mão da *mozzetta*.

Não são só os títulos, as roupas e as acomodações que causaram boatos sobre um racha. Em duas ocasiões, Bento escreveu cartas em apoio a cardeais com quem Francisco se desentendeu publicamente.

Na primeira, o papa emérito preparou um tributo amoroso para o funeral do cardeal Joachim Meisner, em julho de 2017, ainda que Meisner tenha sido coautor de uma carta que criticava o pontífice atuante por sua exortação apostólica sobre a família, *Amoris Laetita* (A alegria do amor), de abril de 2016, que permite que pessoas divorciadas e no segundo casamento recebam a comunhão. Francisco não respondeu a ela nem ao subsequente pedido por uma reunião; os dois cardeais que a escreveram faleceram, e a reposta continua pendente.

Conhecido por sua abordagem política propensa a gafes, Bento mais uma vez conseguiu gerar controvérsias ao escrever um prefácio elogioso para a edição alemã do livro *Dogmática católica: teoria e prática da teologia*, do cardeal Gerhard L. Müller, seis meses após o cardeal perder a posição de prefeito da Congregação para a Doutrina da Fé, cargo que ocupava por indicação de Bento, já que o papa Francisco preferiu substituí-lo pelo vice-prefeito jesuíta do órgão, o arcebispo espanhol Luís

Ladaria, em julho de 2017. O conservador Müller se opôs com firmeza às propostas de Francisco para permitir que católicos divorciados ou no segundo casamento recebessem a comunhão e permanece sendo um crítico ferrenho do pontífice desde que foi removido do cargo.

Os incidentes embaraçosos, todavia, não pararam por aí. Após receber um pedido do monsenhor Dario Viganò, diretor do departamento de comunicações do Vaticano, para escrever outro prefácio, dessa vez para uma coleção de 11 livros chamada *A teologia do papa Francisco*, Bento respondeu, no dia 7 de fevereiro de 2018, com uma carta marcada como "particular e confidencial", na qual recusava o convite. Ao recebê-la, Viganò resolveu divulgar uma versão editada da declaração do papa emérito para a imprensa em 12 de março, sem fazer menção do pedido original para que ele escrevesse o prefácio, talvez para abafar as especulações que poderiam surgir com a publicação de um livro *sem* uma introdução de Bento. Ou talvez tenha sido uma tentativa de equilibrar as coisas no quesito teológico, enaltecendo os talentos de Francisco em comparação com os de seu antecessor ao incluir um elogio entusiástico de um teólogo tão eminente quanto o pontífice emérito:

> *Obrigado por sua gentil carta do dia 12 de janeiro e pelo presente de 11 pequenos volumes editados por Roberto Repole.*
>
> *Aplaudo a iniciativa de se opor e combater o preconceito tolo de que o papa Francisco é apenas um homem prático, sem grandes formações teológicas ou filosóficas, enquanto eu sou apenas um teórico da teologia com pouco conhecimento da vida de um cristão nos dias de hoje.*
>
> *Os pequenos volumes mostram, com razão, que o papa Francisco é um homem de profunda formação filosófica e teológica, ajudando, portanto, a ilustrar a continuidade entre os dois pontificados, apesar de todas as diferenças de estilo e temperamento.*

Quando a imprensa respondeu com pedidos por uma cópia da carta completa, para a publicarem em sua totalidade, o Vaticano disse que não poderia digitalizar a carta original, mas mandaria uma foto dela como *prova* de que as palavras realmente tinham vindo de Bento.

Infelizmente, a mídia logo percebeu que havia alguma coisa errada quando a foto chegou, mostrando não só que um segundo parágrafo fora embaçado de propósito para torná-lo ilegível, mas também um vislumbre da assinatura de Bento na metade de uma segunda página, cujo texto fora encoberto pela pilha de 11 livros, convenientemente posicionados sobre o papel para impedir que a imprensa o lesse. Foi uma decisão bizarra, que enfureceu a imprensa. A Associated Press declarou: "A manipulação mudou o significado da imagem de maneira que viola as regras da indústria do fotojornalismo. A citação insinuava que Bento lera a coleção, concordara com o que fora escrito e lhe dava seu completo aval e apoio."

Dois dias depois, encurralado, o Vaticano foi forçado a admitir que cortara um pedaço do texto e a revelar o trecho embaçado, descrevendo a mensagem como "a carta em sua totalidade". O que parecera uma mensagem positiva de apoio agora se tornara algo completamente diferente. Na verdade, Bento se recusara a escrever qualquer mensagem para o livro, explicando:

Não quero escrever uma passagem teológica curta ou profunda sobre eles porque sempre tive a clareza, durante toda a minha vida, de que só sou capaz de escrever e me expressar sobre livros que li muito bem. Infelizmente, por motivos físicos, não tenho a capacidade de terminar de ler os 11 volumes num futuro próximo, sobretudo porque já me comprometi com outras tarefas.

Não termina por aí, no entanto. Não somente Bento estava ocupado demais para ler e dar apoio aos livros sobre a teologia de Francisco, como também aconteceu de Sandro Magister descobrir outra página censurada da carta, que continha comentários muito duros sobre o autor escolhido para um dos volumes, que Bento considerava ser crítico da autoridade papal. Foi uma humilhação para o Vaticano. Primeiro, haviam escolhido a dedo as passagens divulgadas e enganado a imprensa; depois, mentiram ao afirmar que o trecho anterior era "a carta em sua totalidade". A situação só ficou mais vergonhosa quando a carta completa foi liberada. De novo.

Apenas como um adendo, quero deixar clara minha surpresa diante do fato de que, entre os autores, figura o professor Hünermann, que ficou famoso durante meu papado por liderar iniciativas antipapais. Ele foi uma peça-chave na publicação da Kölner Erklärung *[Declaração de Colônia], que, ao tratar da encíclica* Veritatis Splendor *[O esplendor da verdade], atacou de forma maldosa a autoridade magisterial do papa, especialmente em questões de teologia moral. Além disso, a* Europaische Theologengesellschaft *[Sociedade Teológica Europeia], fundada por ele, a princípio foi concebida como uma organização de oposição ao magistério papal. Mais tarde, o sentimento eclesiástico de muitos teólogos preveniu essa abordagem, permitindo que a organização se tornasse um instrumento normal de encontros entre teólogos.*

Mais uma vez, podemos notar uma Igreja que parece incapaz de aprender que mentiras pequenas se transformam em mentiras maiores, que, então, precisam ser encobertas e, na maioria dos casos, acabam sendo expostas e causando vexames. Fosse por arrogância, fosse por burrice, a publicação de uma imagem adulterada foi um insulto contra a inteligência da imprensa e de 1,28 bilhão de católicos, uma violação absurda da confiança de Bento e um exemplo gritante de fraude deliberada. Não podemos esquecer que essa não foi a primeira vez em que Bergoglio foi pego no flagra adulterando documentos para adequá-los a uma narrativa específica — fato que tornou sua homilia no Domingo de Ramos, somente oito dias depois, mais estranha. Em vez de aproveitar a oportunidade para se retificar em público ou pedir desculpas, Francisco preferiu lançar um ataque levemente velado contra aqueles que considerava responsáveis por propagar uma corrente de fofocas negativas sobre seu pontificado e seu relacionamento com Bento XVI. Magister a descreveu como uma acusação "furiosa" de *"fake news"*. O papa disse: "É o grito que emerge ao sairmos dos fatos e passarmos à sua narração; é algo que surge da 'narração'. É a voz de quem manipula a realidade e inventa histórias para benefício próprio, sem se preocupar em manchar o nome dos outros. Trata-se de uma falsa narrativa. O grito de quem não tem escrúpulos em buscar meios para ganhar poder e silenciar vozes dissonantes. O grito que nasce de "maquiar" os fatos, transformando-os de tal forma que acabem por desfigurar o rosto de Jesus, transformando-O num "criminoso". É a voz de quem deseja defender sua posição, desacreditando especialmente aqueles que não podem se defender."

O discurso era a continuação de uma mensagem publicada por Francisco em 24 de janeiro de 2018 sobre *"fake news* e o jornalismo pela paz" antes do Dia Mundial das Comunicações Sociais, em maio de 2018. Na carta, a "estratégia da serpente" daqueles que espalham informações erradas e *fake news* é comparada às usadas pelo Diabo no Jardim do Éden, declarando que ele, "nos primórdios da humanidade, criou a primeira *fake news* (cf. *Gen* 3:1–15), que levou à trágica história do pecado humano". Na era das batalhas de Donald Trump contra a imprensa, o assunto era oportuno e um tema ousado para um papa, e também estava claro que era uma das preocupações de Francisco. No entanto, o fato de o escândalo das cartas acontecer em meio a essas duas declarações cáusticas sobre jornalismo malicioso e *fake news* deixou muita gente confusa com sua óbvia hipocrisia.

Fazia pouco mais de cinco anos desde que Francisco fora eleito papa, e algumas pessoas começaram a se perguntar se esse evento seria a prova de que problemas estavam começando a surgir. Até então, ele enfrentara todas as muitas tempestades que surgiram em seu caminho, mas não seria surpresa alguma se suas forças estivessem começando a ceder sob as pressões imensas, tanto positivas quanto negativas, que o cercavam desde o começo do papado.

"QUEM SOU EU PARA JULGAR?"

Essas cinco palavras se tornaram sinônimo do pontificado de Francisco. Numa de suas conferências de imprensa mais relaxadas e informais no avião papal, em que aparentemente é aberto a todas as perguntas e demonstra um senso de humor irônico e afiado, ao ser perguntado de onde tira energia para aguentar sua agenda exaustiva, ele respondeu: "A pergunta era para ser 'Que drogas esse cara usa?'." Francisco estava tratando das alegações sobre o chamado *"lobby* gay" na Igreja e das acusações de que o monsenhor Battista Ricca — indicado pessoalmente pelo papa como seu representante dentro do Banco do Vaticano — estivera num relacionamento homossexual com um capitão da Guarda Suíça enquanto vivia na nunciatura da Santa Sé, no Uruguai, entre outras coisas. Ele comenta: "Tanto se escreve sobre o *lobby* gay. Ainda não encontrei ninguém no Vaticano que carregue uma carteira de identidade que o classifique como gay. Dizem que existem alguns. Acredito que, se estamos lidando com algo assim, é preciso distinguir entre o fato de a pessoa ser gay e o fato de alguém formar um *lobby*, porque nem todo *lobby* é bom. Esse não é bom. Se uma pessoa for gay, estiver procurando pelo Senhor e tiver boa índole, quem sou eu para julgar?"

A compaixão expressa por Francisco foi vista por muitos como um verdadeiro divisor de águas nos ensinamentos da Igreja sobre homossexualidade. Mais elogios vieram quando, em abril de 2018, o papa se encontrou com Juan Carlos Cruz, vítima de abuso sexual por um padre chileno, e falou sobre sua homossexualidade: "Sabe, Juan Carlos, isso não importa. Deus o criou assim. Deus o ama assim. O papa o ama assim, e você deveria se amar, sem se preocupar com o que as pessoas dizem."

Comparada com os ensinamentos de seu antecessor, essa declaração era revolucionária. Em 2010, o papa Bento XVI dissera que a homossexualidade era "contrária à essência do que Deus originalmente desejava". Na verdade, essa era uma posição mais branda do que a que mantinha na sua época na CDF, quando classificara a homossexualidade como "um mal moral intrínseco". Bento continuou a contradizer Francisco numa entrevista de 2016 com Peter Seewald, para o livro *Bento XVI: o último testamento*, quando confirmou a existência de um *"lobby* gay", gabando-se por ter desmantelado o grupo com a ajuda de outros colegas. Mas para aqueles familiarizados com os ensinamentos da Igreja, as palavras de Francisco não eram reformas reveladoras da doutrina; apenas seguiam o *Catecismo da Igreja Católica*, de 1992, aprovado e promulgado por João Paulo II. O documento enorme se refere à homossexualidade como "atos de grande depravação, contrários à ordem natural, [e] sob nenhuma circunstância devem ser aprovados", mas também afirma que pessoas homossexuais devem ser "aceitas com respeito, compaixão e sensibilidade. Qualquer ato de discriminação injusta contra elas deve ser evitado".

As diferenças entre o bispo de Roma e o supremo pontífice emérito, portanto, talvez sejam de grau, não de natureza.

Numa matéria de 2013, James Carroll, jornalista do *New Yorker*, comentou: "Muitos observadores insistem que, numa Igreja vista como *semper idem* (sempre a mesma), o máximo que até uma figura aparentemente inovadora como Francisco pode fazer é dar ajustes 'pastorais' na disciplina ou na prática — um abrandamento solidário das regras, mas não sua revogação. Mesmo se ele quisesse, o papa não pode alterar as crenças básicas da Igreja." Também existe a possibilidade de que, se ele de fato pretendesse mudar as coisas, poderia se inspirar no Vaticano II e organizar outro concílio global para discutir o futuro da Igreja. As decisões tomadas no Segundo Concílio Ecumênico com certeza foram revolucionárias na teoria, mas as interpretações das conclusões oficiais divergiram muito, e o Vaticano II consegue dividir as opiniões do clero até hoje. Além do mais, o primeiro e o segundo concílios do Vaticano tiveram um intervalo de quase um século entre si. É improvável que muitos concordem com a organização de outro quando o último acabou há pouco mais de cinquenta anos, em 1965.

Desde que a matéria de Carroll foi publicada, Francisco usou sua posição para modificar a doutrina e se provou forte o suficiente para enfrentar críticas eclesiásticas — como no caso da exortação apostólica *Amoris Lætita*, sobre o amor na família, na qual explicitamente reverte os ensinamentos de seus antecessores e insiste na abolição de condenações contra "todos aqueles em situação chamada 'irregular', [que] vivem em estado de pecado moral, desprovidos da graça santificante".

A tarefa de unir opiniões conservadoras e liberais sob sua liderança é impossível. Os conservadores acham que suas reformas são radicais demais, ao passo que os liberais acham que não são radicais o suficiente. Mas parece que Francisco sabe muito bem que jamais vai conseguir satisfazer a todos e que deve, portanto, tomar decisões sem se importar com sua popularidade, baseando-se apenas no que acredita ser correto. Por outro lado, isso deixou alguns fiéis decepcionados com as opiniões tradicionais do papa sobre questões como casamento entre pessoas do mesmo sexo, ordenação de mulheres padres, aborto e homossexualidade, já que sabem que, se ele acredita mesmo em alguma coisa, defenderá as mudanças necessárias. A ambiguidade dos primeiros dias do papado de Francisco já ficou para trás, e, com ela, as esperanças de muitos que torciam por reformas nesses quesitos.

Seu antecessor, o papa Bento XVI, lutou contra as reformas para adaptar a Igreja às realidades da sociedade moderna: de que as pessoas são gays, mulheres fazem abortos, casais se divorciam, e assim por diante. Mas os fiéis católicos sabiam o que esperar dele e não ficaram surpresos ao vê-lo agarrado aos princípios tradicionais. No entanto, assim como os cardeais eleitores do conclave de 2013, a imprensa e o público observaram o papa Francisco por meio de seu viés de confirmação, ficando decepcionados nas ocasiões em que ele apoia as políticas conservadoras da Igreja.

Por outro lado, Francisco parece ser mais consciente do que a maioria sobre o impacto negativo do escândalo dos abusos sexuais sobre a imagem da Igreja — um impacto impossível de ser amenizado. As pessoas não querem apenas que a Igreja seja melhor; elas *precisam* que a Igreja seja melhor. Na história moderna, ou mesmo em toda a história do catolicismo, não houve teste maior da fé. A liberdade e os privilégios da sociedade moderna significam que muitos católicos estão numa situação inédita: sentem-se confiantes o suficiente para criticar o Vaticano. Assim, o dilema moral de uma instituição que dita como seus fiéis devem viver, mas ao mesmo tempo é confrontada com "sujeira", nas palavras do cardeal Ratzinger, dentro de suas paredes, deixa a Igreja numa posição bastante vulnerável. A franqueza e a compaixão das reações de Francisco combinam com a nova visão crítica dos fiéis, ao mesmo tempo em que também é recebida com acusações de heresia por membros conservadores do clero. Em resumo: é impossível agradar a todos.

Como o biógrafo e jornalista Andrea Tornielli observa: "Uma de suas características mais interessantes é que, quanto mais a imprensa vende a ideia do pontífice como uma estrela, como um papa pop, mais ele tenta provar que é o oposto." O desejo de Francisco de se desassociar do conceito de infalibilidade e supremacia papal o deixou exposto a atos de rebeldia e recriminação que poucos teriam coragem de cometer em público antes, que dirá escrever uma carta aberta de 25 páginas como a que lhe foi entregue no dia 11 de agosto de 2017, na qual 62 membros conservadores do clero declararam que seus ensinamentos e seu comportamento eram, na opinião deles, heréticos e até luteranos.

Como Tornielli aponta: "São os críticos conservadores que gritam mais alto." Talvez por isso a exortação apostólica de março de 2018, *Gaudete et exsultate* (Alegrai-vos e exultai), use um tom mais moderado. Ela não apresenta nenhuma mudança à doutrina nem expressões de revolta em questões diferentes das favoritas do papa. A mensagem geral é de amor, santidade, compaixão e bondade. Mas, apesar de ser impossível classificar o pronunciamento como fraco, há certa escassez em sua mensagem, de modo que é difícil não se decepcionar com o fato de a pressão dos oponentes antiliberais talvez ser capaz de encerrar a batalha prometeica de Francisco.

A quantidade de pressão que o papa é capaz de aguentar continuará sendo alvo de especulações, ainda mais porque Francisco, assim como Bento, nunca quis ser eleito pontífice. Seu plano era se aposentar, e todos os preparativos já haviam sido feitos para isso. Esse tipo de desejo costuma ser profundo e não vai embora com facilidade, não importa o tamanho da honra recebida pela pessoa.

Dois meses após a publicação de *Gaudete et exsultate*, no dia 15 de maio de 2018, o papa, agora com 81 anos, fez um discurso durante uma missa matutina de terça, em sua residência em Santa Marta. A despeito de o Vaticano não ter publicado a transcrição completa do evento, ele parece ter aprendido a lição sobre tentar esconder declarações. Após a homilia, o público presente começou a se perguntar se o papa estava considerando sua própria "grande recusa". Ao ler um trecho do Atos dos Apóstolos, Francisco se referiu à história sobre a decisão de Paulo de abandonar Éfeso e ir para Jerusalém, dizendo: "É uma passagem forte, que toca o coração, e também um trecho que nos mostra o caminho de cada bispo no momento da despedida. Quando leio isso, penso em mim, porque sou bispo e devo me despedir. Penso em todos os bispos. Que o Senhor dê a todos nós a graça de poder nos despedir assim [como Paulo], com esse espírito, com essa força, com esse amor por Jesus Cristo, com essa fé no Espírito Santo!"

Os gemidos de "Ah, não" foram ouvidos pelo mundo todo: "Lá vamos nós outra vez!" Será que ele também vai jogar o solidéu e se aposentar, fazendo com que a aposentadoria papal deixe de ser uma crise e passe a ser a regra? Isso não está fora de cogitação.

Antes, contudo, que se presuma que Francisco está preparando o mundo para o dia em que seguirá o caminho desbravado por Bento, uma avaliação mais atenta de suas palavras também indica que a renúncia só deve acontecer sob a orientação do Espírito Santo. Por enquanto, devemos concluir que essas instruções não foram buscadas nem recebidas.

Mesmo assim, estamos numa nova era da fé, quando tudo parece ser questionável. Agora, a Igreja Católica se encontra com dois guias papais vivos. Um, aposentado, mas com muitos seguidores secretos, dedica-se aos estudos e à contemplação; o outro, na ativa, é quase social ao extremo, capaz de inspirar e cativar mais de 1,28 bilhão de seguidores, orientando-os com demonstrações de humildade, empatia, falibilidade e comentários que viram manchete, trazendo-os de volta para a fé que arde há dois mil anos: a fé de São Francisco, que abriu mão de suas vestes ricas para adotar a nudez da pobreza.

Ser papa é o emprego que ninguém deseja. É um pesadelo ainda maior para um idoso que precisa encarar problemas difíceis e grupos de oposição teimosos. Francisco, ao falar de aposentadoria, sugere que um precedente muito tranquilizador agora foi estabelecido e está disponível. Ainda assim, se ele se aposentasse amanhã, seu legado seria imenso. O homem já abalou o mundo dos ensinamentos de Cristo, pedindo por mais tolerância, humildade e transparência, lembrando aos fiéis que somos todos pecadores, inclusive os dois papas de Roma.

UM CASAL ESTRANHO

Antes de nos despedirmos desses dois senhores, que agora vivem como vizinhos improváveis, quero dizer algumas palavras sobre como, na época em que escrevo isto, eles passam seus dias, revelando um pouco sobre o que se sabe de suas reuniões particulares nos anos desde a eleição de Francisco ao papado, em 2013.

Os dois pontífices trocaram seu primeiro abraço como tais quando o helicóptero papal que transportava Francisco, então ocupando o cargo havia dez dias, pousou no terreno de Castel Gandolfo, onde Bento vive desde que se aposentou.

Bento estava no heliporto para receber e parabenizar seu colega. Ambos usavam os robes e os solidéus brancos que indicavam seu cargo. Eles trocaram beijos, um abraço carinhoso e olhares sorridentes enquanto as câmeras do mundo disparavam, registrando o momento. Que destino fatigante os dois agora compartilhavam, que irmandade estranha com caminhos conectados! O que o destino — ou, se preferir, o plano de Deus — lhes reservava? Que desafios teriam de enfrentar?

Francisco levou um presente naquele dia, uma imagem da Virgem Maria, e disse a Bento que ela era conhecida como A Virgem da Humildade. "Pensei em você", disse. "Por ter dado tantos sinais de humildade e gentileza em seu pontificado." A resposta de Bento? *"Grazie. Grazie."* Então a dupla se afastou das câmeras e entrou.

Quando foram rezar na capela, Bento ofereceu o lugar de honra, um genuflexório diante do altar, para Francisco. Mas este, ao ver o colega se retirar para o fundo, o seguiu e se ajoelhou ao seu lado, dizendo: "Somos irmãos, vamos rezar juntos." Eles rezaram no mesmo banco.

Depois, Bento ofereceu seu voto de obediência ao novo papa, enquanto Francisco lhe agradeceu por seu ministério.

Na sequência, os dois foram almoçar no palácio.

Enquanto conversavam, *de papa para papa*, talvez Francisco tenha soltado a bomba de que não pretendia usar a magnífica mansão como sua residência de verão, já tendo planos para abri-la — pela primeira vez em seus 420 anos de história — ao público, acabando assim com uma velha tradição. Talvez ele também tenha mencionado que não usaria os aposentos papais cheios de candelabros no Vaticano, preferindo permanecer no ambiente agitado da Casa Santa Marta, com suas luzes fluorescentes, onde estava desde o conclave (essas duas promessas foram cumpridas). Talvez ele tenha usado as mesmas palavras que diria mais tarde a um jornalista: "Não consigo viver sozinho, cercado por um grupo pequeno. Preciso estar no meio das pessoas, encontrando-me com os outros."

Primeiro, o Vaticano anunciou que jamais revelaria o teor da conversa entre os dois, mas isso só durou até uma entrevista em 2016, quando o arcebispo Georg Gänswein, que agora é secretário pessoal de ambos os papas, revelou que Bento entregou um dossiê altamente confidencial para Francisco naquele dia. O que muitos suspeitavam erroneamente se tratar da reforma da Cúria era, na verdade, o relatório sobre o escândalo do Vatileaks que Bento solicitara.

Se aquela aposentadoria enclausurada atrás das paredes da Mater Ecclesiae tinha um ar de prisão, talvez o papa emérito também se sentisse assim. Suas esperanças iniciais de voltar para a Baviera a fim de viver com o irmão logo foram por água abaixo quando perceberam que ele não teria proteção lá — com certeza acabaria falando com um monte de gente sem aprovação da Igreja, sendo provocado a dizer coisas que poderiam ir contra as declarações de Francisco. Não. Nenhum papa poderia perambular por aí. Assim, as portas do jardim emparedado se fecharam ao seu redor, escondendo-o de olhares curiosos.

As visitas entre os dois homens costumam ocorrer em dias sagrados — a Páscoa e o Natal — ou em datas comemorativas pessoais, como aniversários. A imprensa mundial geralmente é convidada para registrar o cumprimento carinhoso antes de a dupla entrar. A Sala de Imprensa da Santa Sé às vezes fornece algumas informações. No aniversário de 80 anos de Francisco, 17 de dezembro de 2016, entre os setenta mil e-mails de parabéns, assim como ligações e telegramas de líderes mundiais e figuras religiosas, ele recebeu uma mensagem escrita "muito carinhosa", três presentinhos e uma ligação pessoal de seu antecessor, que foram "especialmente estimadas" pelo atual pontífice.

Quando Bento completou 90 anos, em 16 de abril de 2017, passou o dia no monastério com seu irmão Georg, então com 93. Os dois tomaram um pouco de cerveja, comeram pretzels e assistiram ao noticiário em alemão. Quatro dias antes, Francisco visitara o nonagenário para lhe desejar um feliz aniversário.

Bento ainda vai a Castel Gandolfo no verão. As freiras deixam uma caixinha com pães na beira do lago para que o antigo papa possa alimentar os peixinhos dourados que lá habitam. Ele adora.

Em fevereiro de 2018, Bento XVI, numa rara declaração pública, disse estar frágil, mas em paz com a ideia de morrer. Gänswein confirma isso. Em entrevista recentemente concedida ao jornal italiano *Il Messaggero*, ele disse como Bento às vezes fala sobre o assunto, descrevendo sua jornada como "uma peregrinação a caminho de casa", mas não é obcecado por isso. "Posso dizer", acrescentou Gänswein, "que ele é uma pessoa serena. Sua alma está em paz; seu coração, feliz."

Hoje em dia, o pontífice emérito tem uma boa saúde, apesar de estar cego de um olho e da dificuldade para andar. "Com certeza, já está velho", disse Gänswein. "Tem problemas de locomoção e usa um andador. Não consegue mais estudar seus textos acadêmicos como antes, mas ainda escreve bastante. Recebe uma quantidade imensa de correspondência do mundo todo. As pessoas enviam livros, artigos e cartas. Ele responde."

"Responde"? Como? Em que capacidade? Como papa? Compartilhando opiniões infalíveis? É esse o prometido *silenzio incarnato*? Parte do que deve manter o velho Ratzinger sob controle, de acordo com Gänswein, é a regularidade com que divide seus dias — eles começam, como sempre, com a celebração da missa matinal. Todo domingo, o papa Bento ainda faz a homilia da missa para seus poucos acompanhantes, às vezes apenas quatro pessoas: Gänswein e várias mulheres da Memores Domini, uma comunidade de leigas consagradas associadas com o movimento Comunhão e Liberação. O homem que já foi o líder da maior religião do mundo agora direciona suas palavras para quatro rostos amigáveis. Mas não se arrepende da redução meteórica do seu público. Na verdade, prefere assim.

Ao mesmo tempo, o papa Francisco também faz uma pequena homilia na missa matinal de sua residência em Santa Marta, no Vaticano. As transcrições dos sermões são publicadas, pois se acredita que receba inspiração divina. Seu público permanece imenso, mas as homilias são rápidas. De acordo com suas ordens, nenhum sermão deve durar mais de dez minutos. Diga o que quer dizer de forma clara, breve, e saia do palco. Deixe as pessoas, com os próprios turbilhões de problemas, voltarem para suas vidas, talvez com a fome que carregam dentro de si um pouco saciada.

EPÍLOGO

A aurora da era da descrença

Quando o geneticista Francis Crick destrinchou o código genético da vida, o DNA, tinha tanta certeza de que a ciência enfim derrotara a religião que ofereceu um prêmio para a melhor forma de usar as capelas da universidade de Cambridge no futuro. A ideia vencedora? Piscinas. No entanto, a conclusão de Crick, em 1953, sobre esse destino aquático foi prematura, já que continua sendo impossível dar um mergulho na Casa de Banho da Capela de Santa Catarina. Mas ele estava *errado*?

Em Nova York, perto da esquina da Forty-fourth Street com a Sixth Avenue, há um letreiro digital, do tamanho de um *outdoor*, que ficou conhecido como o relógio da dívida nacional. Ele mostra a dívida externa americana aumentando, com os números brilhantes girando tão rápido que as colunas da direita são indecifráveis, apenas um borrão. Sua intenção é preocupar, chamar a atenção para uma questão tão séria — mais séria a cada milissegundo — que só uma representação visual consegue transmitir a gravidade do problema.

Imagine um relógio parecido — um relógio da fé internacional — calibrado para rastrear a situação atual da *crença*: da crença na existência de um Deus, de uma entidade governadora, dotada de emoções humanas. Imagine Deus como o telefonista de todas as comunicações universais, como a fonte de todo o amor, o progenitor de todas as coisas belas e resplandecentes, que bolou e construiu o Universo. Imagine um relógio desses pendurado sobre a Times Square, ou sobre a praça de São Pedro, ou sobre a praça Vermelha, ou sobre a Trafalgar Square, ou sobre a praça da Paz Celestial. Que notícia ele transmitiria?

Pelo menos no mundo desenvolvido, o aumento da quantidade de pessoas dando as costas para a fé cristã — ou não participando dela — faria com que as colunas da extrema-direita se transformassem num borrão, com o número de fiéis diminuindo, cada vez mais.

Agora está claro: cada vez mais pessoas querem ser livres para pensar o que quiserem sobre questões religiosas e morais. Elas não desejam a orientação de seus templos sobre o que devem fazer nem para encontrar respostas supremas. Preferem seguir rumos diferentes do *axis mundi* tão amado pelo papa Bento. Os anjos não bastam mais; o inferno não causa medo.

Em tempos assim, nunca vistos na história da humanidade, qual é o papel da Igreja Católica, ou de qualquer outra, e qual seria a melhor abordagem para seus líderes supremos se manterem relevantes, vitais, necessários?

Conforme concluo este livro, o que fica claro para mim — e isto não me parecia óbvio no começo — não é como esses dois homens são diferentes, mas quanto têm em comum. *Ambos* cresceram em países sob regimes autoritários de ditadores assassinos, *ambos* foram acusados de observarem brutalidades sem fazer nada. Suas respostas, parecidas, não usam o benefício do retrospecto e da autocrítica para assumir responsabilidade; oferecem somente aquela conhecida barreira do silêncio, que é espelhada pela própria Igreja Católica quando se trata dos casos de abuso sexual. Será que, nesse quesito, os dois foram moldados pela cultura dissimulada da instituição que tanto amam? Ou será que foram tão afetados pela vida real, que, em períodos terríveis, aprenderam que alguns segredos podem ser muito úteis ao lidar com seres humanos?

Apesar de continuarem sendo o *silenzio incarnato* sobre essas questões, é possível notar que se esforçam para se livrar desses votos. A renúncia de Bento, na minha opinião, é uma grande (e talvez nobre) admissão de culpa, cumplicidade e incapacidade. No caso de Francisco, ele quase assumiu sua responsabilidade quando ainda era cardeal, ao presidir a cerimônia do segundo enterro do padre Carlos Mugica. Como ainda não era papa e tinha mais liberdade para falar o que quisesse, fez um discurso marcante e emocionado do púlpito na igreja do falecido padre de favela. Suas palavras foram o mais perto que chegou de assumir culpa por seu papel na Guerra Suja: "Pela morte do padre Carlos, por seus assassinos, por aqueles que planejaram sua execução, pelo silêncio mantido por grande parte da sociedade, agindo como cúmplice, e por todas as oportunidades que nós, membros da Igreja, tivemos de denunciar seus assassinatos, mas não o fizemos por falta de coragem: Tende piedade, Senhor."

No caso de Bento, temos sua renúncia, que valeria mais do que qualquer palavra caso ele não tivesse se pronunciado discretamente, num trecho escondido no seu livro, *Caritas in Veritate*, de 2009:

"A verdade pode ser fundamental, mas, sem amor, ela também é insuportável."

Tende piedade, Senhor.

Os autores de todos os textos sagrados foram poetas. Não devia ser nem debatido, que dirá motivo para guerras, a possibilidade de essas obras — a Bíblia, o Alcorão, os Vedas, o Torá, os Upanixades, os Sutras — conterem apenas verdades inspiradas pelo divino e serem, portanto, puramente literais (as guerras santas, vistas por essa perspectiva, não passam de discussões violentas sobre quem escreveu o melhor poema). Mas permanecem sendo poemas inspirados — odes ao desconhecido, os textos mais duradouros e amados da história humana. Não seria de todo mal se pudéssemos ver o futuro distante da Igreja Católica e descobríssemos que seu destino seria se tornar só um clube do livro sagrado, no qual fãs se reúnem uma vez por semana para conversar sobre seus personagens e capítulos favoritos, entrar em debates acalorados sobre os temas e aplicar em sua vida lições aprendidas com a leitura compartilhada. A lição ensinada por todos esses textos nunca envelhecerá nem perderá sua relevância, já que é simples: seja bom, seja gentil, seja sensível, seja justo, seja respeitoso e cuidem um dos outros. Pelo amor de Deus.

O poeta britânico Philip Larkin, que é ateu, certa vez interrompeu um belo passeio de bicicleta por um pequeno vilarejo inglês para entrar numa igreja vazia, um "bolorento celeiro paramentado", e transformou suas impressões no poema "Church Going" [Indo à igreja, em tradução livre]. Ao encontrar o lugar cheio de mofo, num silêncio que "salta à vista", inspecionou brevemente o altar, o púlpito, a pia de batismo e, depois, o cemitério, onde tantos mortos estavam, concluindo que não valia a pena parar naquele lugar velho, apesar de logo depois admitir que o fazia com frequência. Por que continuar voltando? Em busca de quê? O que permanecia ali que era tão agradável? Uma nostalgia pelo que o lugar foi um dia? Um vazio dentro de si mesmo que um velho instinto afirma poder ser preenchido ali? Larkin não via propósito na religião: "A superstição, como a crença, terá um fim/ E o que permanece quando a descrença se for?" Mesmo assim, admitia que esses lugares nunca serão obsoletos: "Visto que alguém sempre irá se surpreender/ Ao se ver ansiando por uma seriedade maior/ E, assim, gravite para este terreno/ Que, disseram-lhe uma vez, é fértil para o desenvolvimento da sabedoria/ Mesmo que só pela quantidade de mortos que ali descansam."

De fato, o que permanecerá nesta era cética quando a descrença se mostrar inútil? A descrença, diante da curiosidade, também precisa de esforço para ser mantida. A curiosidade e a mágica ainda podem nos surpreender, nos captar, combater nosso cinismo. Com mais frequência do que gostamos de admitir, ainda nos vemos perdidos na contemplação de um momento encantado, inexplicável, quando a única palavra adequada para descrevê-lo é: *Deus*.

Apenas o atual pontífice emérito sabe se os benefícios de sua renúncia compensam, em sua mente e em sua alma, os danos que ele certamente acredita ter causado contra o status imemorial do papado. Independentemente dos motivos por trás de sua decisão, parece óbvio concluir que o papa Bento XVI estava ciente das possíveis consequências, pelo menos na questão de ter um sucessor. Afinal, o cardeal Bergoglio ficara em segundo lugar no conclave que o elegera em 2003 e havia boas chances de ganhar no seguinte. Além do mais, as cartas de demissão de Bergoglio, enviadas duas vezes para Bento e mantidas em arquivo, sem assinatura, sem resposta, sugerem que o papa poderia muito bem tê-lo eliminado da corrida se assim desejasse, reduzindo drasticamente a possibilidade de uma mudança radical na Igreja — mudança contra a qual, de acordo com seu histórico, ele fazia forte oposição. Por que

Ratzinger não assinou as cartas de demissão? Parece muito possível que, após ter se decidido pela renúncia, Bento tenha preferido permitir que a candidatura de Bergoglio fosse pelo menos *possível*, deixando a escolha de quem seria o próximo pontífice a cargo dos cardeais e, é claro, de Deus.

Então, que pensamentos ocupam a mente do papa emérito agora que ele é, na maior parte do tempo, o *silenzio incarnato*? De que se arrepende enquanto caminha por seu jardim no monastério, tira sonecas típicas de um aposentado e escreve à sua escrivaninha até tarde da noite? Será que observa e se surpreende com a popularidade de Francisco, acenando para milhões de pessoas com um ar tão confiante? Será que fica estupefato com o carisma do homem, com as campanhas transformadoras e as declarações chocantes? Ou será que, em vez disso, culpa a si mesmo por criar uma oportunidade para mudanças desnecessárias e prejudiciais, por um pensamento livre e irrefreado, quando, com uma canetada alguns anos antes, poderia ter deixado o cardeal Bergoglio permanecer inofensivo no quarto 13 da casa de repouso eclesiástica na Calle Condarco, 581, em Flores, Buenos Aires?

Acredito que Joseph Aloisius Ratzinger tenha passado muito tempo refletindo sobre as consequências das mudanças que sua renúncia poderia causar e só decidiu se afastar quando ficou em paz com a ideia de Bergoglio, com a realidade de Bergoglio, com a necessidade por Bergoglio e com os riscos de Bergoglio. Talvez esse debate ainda ocupe a mente do frágil papa emérito; ele pode estar ensaiando, em segredo, ambos os lados dos debates teológicos de que sempre gostou tanto, defendendo e argumentando contra uma Igreja *imutável* que prega verdades simples, atemporais; defendendo e argumentando contra uma igreja *dinâmica* que adapta suas regras para se adaptar às necessidades complexas e mutáveis de seus fiéis. A insígnia do papa são duas chaves cruzadas: uma para trancar, outra para abrir; para definir o que é pecado e o que deve ser permitido. Enquanto Ratzinger passou muitos anos segurando e usando a primeira chave, ele deve achar que Francisco fugiu com a segunda e agora está abrindo tudo (só hoje, enquanto escrevo, o papa mudou o ensinamento da Igreja Católica sobre a pena de morte, denominando-a "inadmissível"). Quem está certo? Será mesmo que se a Igreja se casar com as tendências contemporâneas logo ficará viúva? A flexibilidade de Francisco se tornará sua ruína? Ou será sua salvação, transformando-a, com seu alcance e apelo moderno, na mãe de novos milhões, inspirando os descontentes a voltarem para seus braços? O argumento conservador pode ser simplificado de tal forma: um dia, as pessoas finalmente desejarão um mestre monolítico e não se submeterão a nada menos do que isso. As pessoas reverenciam o que é maior que elas. O pensamento liberal segue o caminho oposto: as pessoas se cansam de mestres que não cedem a súplica alguma.

Na minha cabeça, vejo Bento pesando os dois argumentos antes de baixar sua caneta sem tinta. Imagino, sobre sua mesa, as cartas de demissão de Bergoglio, tão astuciosamente nunca assinadas, e só então que percebo que esse velho homem inteligente tomara sua decisão muito tempo antes, quando ninguém no mundo prestava atenção.

Francisco, reconstrua minha Igreja.

AGRADECIMENTOS

Meu agradecimento persistente a Rebecca Cronshey, cujas habilidades de pesquisa são praticamente miraculosas, e a Jane Parkin, por seus primeiros comentários editoriais. Também estou em dívida com Alexander Lucie-Smith, por ter passado seu olhar afiado por estas páginas.

NOTAS

PRÓLOGO

10. "Vi e... grande renúncia": Dante Alighieri, traduzido para o inglês por Allen Mandelbaum, *A divina comédia: Inferno* (University of California Press, 1980), Canto III, pp. 22–23.
13. "Meu papa é Bento": Edward Pentin, "Ex-Nuncio Accuses Pope Francis of Failing to Act on McCarrick's Abuse", *National Catholic Register*, 25 de agosto de 2018.
14. "preconceito tolo": "Benedict affirms continuity with Pope Francis", *The Tablet*, 13 de março de 2018, https://www.thetablet.co.uk/news/8716/benedict-affirms-continuity-with-pope-francis.
14. "ter um avô... casa": Edward Pentin, "Pope Francis on Pope Emeritus: 'The Wise Grandfather at Home'", *National Catholic Register*, 27 de junho de 2016, http://www.ncregister.com/blog/edward-pentin/pope-francis-on-pope-emeritus-the-wise-grandfather-at-home/.

1. CONCLAVE

23. "inflamação aguda... espasmos na laringe": Declaração oficial do porta-voz do Vaticano, Joaquín Navarro-Valls, citado em "Pope John Paul rushed to hospital", *BBC*, 2 de fevereiro de 2005, http://news.bbc.co.uk/1/hi/world/europe/4228059.stm.
24. "[parecendo] estar... cabeça": John Hooper, "Pope Blesses Easter Faithful but Is Unable to Speak", *The Guardian*, 28 de março de 2005.
24. "Na manhã de... extrema-unção": Declaração oficial do porta-voz do Vaticano, Joaquín Navarro-Valls, Sala de Imprensa da Santa Sé, Libreria Editrice Vaticana, 1º de abril de 2005.
24. "o maior sinal... jornalistas": John Allen Jr., *The Rise of Benedict XVI: The Inside Story of How the Pope Was Elected and What It Means for the World* (Londres: Penguin Books, 2005), p. 38.
24. "sereno e lúcido": Stanislaw Dziwisz, Czeslaw Drazek, Renato Buzzonetti, Angelo Comastri, *Let Me Go to the Father's House: John Paul II's Strength in Weakness* (Pauline Books and Media, 2006), p. 86.

24. "uma pequena... esvaía": Ibid.
24. "Eu vos procurei... agradeço": Relato oficial dos últimos dias de João Paulo II, Libreria Editrice Vaticana, 2005.
25. "os *novemdiales*... período de celebração": Francesca Prescendi (Genebra), "Novendiale sacrum", em *Brill's New Pauly*, volumes antigos editados por Hubert Cancik e Helmuth Schneider, edição em inglês por Christine F. Salazar; volumes da tradição clássica editados por Manfred Landfester, edição em inglês por Francis G. Gentry, http://dx.doi.org/10.1163/1574-9347_bnpe825640 (publicado on-line em 2006).
25-26. "Como presente... e traz paz": João Paulo II, Celebração eucarística em sufrágio de sua santidade João Paulo II: Regina Caeli, Libreria Editrice Vaticana, 03 de abril de 2005.
26. "é considerado... entre iguais": Os cardeais da Sagrada Igreja Romana [a partir do Código latim do direito canônico de 1983] — Can. 352 §1., na Documentação Geral do Colégio de Cardeais, Libreria Editrice Vaticana, 17 de fevereiro de 2014.
27. "três sacos... reinado do papa João Paulo II": Allen, *The Rise of Benedict XVI*, p. 59.
27. "termos humanos... metafísicos": Irmã Mary Ann Walsh, RSM, ed., com relatos do Catholic News Service, *From Pope John Paul II to Benedict XVI: An Inside Look at the End of an Era* (Oxford: Sheed and Ward, 2005), p. 23.
28. "do papa... seu desejo": João Paulo, constituição apostólica Universi Cominici gregis, Libreria Editrice Vaticana, 1996.
28. "as chances de um homem... pela imprensa": George Weigel, "The Pignedoli Principle", *The Catholic Difference*, 3 de maio de 2001, https://web.archive.org/web/20151031122412 / http://eppc.org/publications/the-pignedoli--principle/.
29. "uma crise... sacerdotes locais": Michael J. Lacey e Francis Oakley, *The Crisis of Authority in Catholic Modernity* (Oxford: Oxford University Press, 2011), pp. 15–16.
29. "O Vaticano... parecesse 'inacreditável'": Joaquín Navarro-Valls, conferência de imprensa do Vaticano, Libreria Editrice Vaticana, 25 de abril de 2014.
29-30. "a raiva... João Paulo II": David Gibson, *The Rule of Benedict: Pope Benedict XVI and His Battle with the Modern World* (Harper San Francisco, 2006), p. 32.
30. "o secularismo... o centro e a periferia": Allen, *The Rise of Benedict XVI*, p. 80.
31. "um pontífice... um papa": Paul Collins, *God's New Man: The Election of Benedict XVI and the Legacy of John Paul II* (Londres: Continuum, 2005), p. 13.
31. "forçada a deixar o tempo passar... do papa": Ibid.
32. "[havia] um perigo real... relativismo": Ibid., p. 36.
32-33. "Assim que... caminho correto da fé": *Papa Bento XVI, luz do mundo: O papa, a Igreja e os sinais dos tempos: Uma conversa com Peter Seewald* (Lucerna), pp. 4–5 na edição em inglês.
33. "promover... em todo mundo católico": http://www.vatican.va/romancuria/congregations/cfaith/documents/rcconcfaith_pro14071997en.html.

33. "[arrancar] a Igreja Católica... com ele": Collins, *God's New Man*, p. ix.
33. "desenvolveram uma cultura... irrelevante": Joseph Ratzinger, discurso em Subiaco, Itália, 1º de abril de 2005, in ibid., p. 122.
34. "Quanta sujeira... todos os lados": Joseph Ratzinger, Meditações da Cruz, Sexta-Feira Santa, 25 de março de 2005, em John Thavis, *The Vatican Diaries*, p. 292 (Nova York: Penguin Books, 2013).
35. "nota dez... carisma": Walsh, ed., *From Pope John Paul II to Benedict XVI*, p. 82.
35. "'o cardeal italiano'... sobre ele": John L. Allen Jr., *Conclave: As políticas, as personalidades e os processos da próxima eleição papal* (Rio de Janeiro: Record, 2003), p. 201 na edição em inglês.
35. "se incomodarem... internos da Igreja": Collins, *God's New Man*, p. 48.
35. "a grande... décadas": Allen, *Conclave*, p. 169.
36. "ganhou... ditadura brasileira": Embaixada Americana para o Vaticano, "Toward the Conclave Part III: The Candidates", WikiLeaks, 15 de abril de 2005, 05VATICAN466_a, https://wikileaks.org/plusd/cables/05VATICAN466a.html.
36. "rechonchudo e simpático"... João Paulo: Allen, *Conclave*, p. 176; Walsh, ed., *From Pope John Paul II to Benedict XVI*, p. 81.
37. "agora que esses... disso": Sandro Magister, "Progressives, Moderates, Neocons: Notes Before the Conclave", *L'Espresso*, 14 de abril de 2005, http://chiesa.espresso.repubblica.it/articolo/28458%26eng%3dy.html.
37. "Uma única criança africana... Universo inteiro": Allen, *Conclave*, p. 176.
38. "Se elegermos um papa... receptividade": Allen, *The Rise of Benedict XVI*, pp. 82-83.
38. "um comprometimento inabalável... mais tradicionais": Ibid., p. 104.
39. "um clima de... João Paulo II": Gibson, *The Rule of Benedict*, p. 99.
40. "interveio... nem sempre conseguia": Allen, *The Rise of Benedict XVI*, pp. 94-95.
40. "cumplicidade no... 1976": Paul Vallely, *Pope Francis: Untying the Knots* (Londres: Bloomsbury, 2014), p. 1.
41. "desde a... mesa de jantar": Ibid., p. 3.
43. "No livro... guiados pelo Espírito Santo": Gibson, *The Rule of Benedict*, p. 103.
44. *Resultado da primeira votação do conclave papal, 2005*: Anônimo para Lucio Brunelli, *Limes*, http://www.limesonline.com/cosi-eleggemmo-papa-ratzinger/5959 (originalmente publicado em setembro de 2005).
44. "um verdadeiro candidato... 'esquerda'": Ibid.
45. "Seu olhar... comigo'": Ibid.
45. *Resultado da segunda votação do conclave papal, 2005*: Ibid.
46. *Resultado da terceira votação do conclave papal, 2005*: Ibid.
46. "a imagem da tranquilidade": Gibson, *The Rule of Benedict*, p. 105.
47. "De acordo com o correspondente... recomeçar o processo": Anônimo para Lucio Brunelli.
47. "ouviram-se sons... todos bateram palmas": Cardeal Cormac Murphy-O'Connor, entrevista com a BBC, 1º de março de 2013, http://www.bbc.co.uk/news/world-europe-21624894.

47. "queria estar... ninguém": Magena Valentié, "El hogar que ya no espera al padre Jorge", *La Gaceta* (Argentina), 16 de março de 2013, https://www.lagaceta.com.ar/nota/536881/mundo/hogar-ya-no-espera-al-padre-jorge.html.

2. FRANCISCO

48. "Minha memória... avó": Austen Ivereigh, *The Great Reformer: Francis and the Making of a Radical Pope* (Sydney: Allen and Unwin, 2014), p. 13.
48-49. "a maior... de vida": Ibid.
49. "reza a lenda... em Piemonte": Paul Vallely, *Pope Francis: Untying the Knots*, pp. 21-22.
50. "devorador de padres": Ivereigh, *The Great Reformer*, p. 14.
50. "amavam todos... memórias": Vallely, *Pope Francis: Untying the Knots*, p. 22.
50. "um homem animado... presentes": Omero Ciai, "Pope Francis as a Child", *La Repubblica* (Itália), 17 de março de 2013.
51. "quando chegávamos... cozinhar": Andrea Tornielli, *Francisco: A vida e as ideias do papa latino-americano* (Planeta do Brasil, 2013), p. 74 na versão em inglês.
51. "sempre com... livros": Ivereigh, *The Great Reformer*, p. 17.
52. "ser amiga... de Cristo": Os salesianos de Dom Bosco na Grã-Bretanha, http://www.salesians.org.uk/.
52. "Lá, aprendi a estudar... coisas mais fáceis": "Father Bergoglio's 1990 Recollection of His Salesian Education", *Zenit*, 4 de fevereiro de 2014, https://zenit.org/articles/father-bergoglio-s-1990-recollection-of-his-salesian-education/.
53. "brincavam... tardes juntos": Tornielli, *Francisco: A vida e as ideias do papa latino-americano*, p. 77.
53. "sempre gostou... cavalheiro": Ibid.
53. "se você não... padre": Ibid., p. 78.
53. "ousado... um menino": Philip Sherwell e Aislinn Laing, "Pope Francis: Amalia, the Childhood Sweetheart Whose Snub Created a Pope", *Telegraph* (Reino Unido), 14 de março de 2013.
53. "ainda eram... amar": Ibid.
53. "nunca mais... nos separar": Ibid.
53-54. "Sou muito grato... humana": Sergio Rubin e Francesca Ambrogetti, *O papa Francisco: Conversas com Jorge Bergoglio* (Verus, 2013), p. 14 na edição em inglês. Originalmente publicado como *El Jesuita: Conversaciones con Jorge Bergoglio* (Ediciones B: Argentina, 2010).
54. "uma chefe extraordinária": Ibid.
54. "seriedade... duro": Ibid.
54. "por intermédio de... da Igreja": Javier Cámara e Sebastián Pfaffen, *Understanding Pope Francis: Key Moments in the Formation of Jorge Bergoglio as Jesuit*, Luis Fernando Escalante, CreateSpace, an Amazon.com Company, 2015, p. 31.
54. "houve uma época... socialistas": Ibid., p. 32.
56. "foi o... pessoas livres": John L. Allen Jr., *The Francis Miracle: Inside the Transformation of the Pope and the Church* (Nova York: Time, 2015), pp. 121-22.

56.	"Em entrevista... parente moribundo": Uki Goni, "Pope Francis and the Missing Marxist", *The Guardian* (Reino Unido), 11 de dezembro de 2013, https://www.theguardian.com/world/2013/dec/11/pope-francis-argentina-esther-careaga.
56.	"sua inteligência... nossa frente": Ivereigh, *The Great Reformer*, p. 32.
56.	"Ele sempre... explicar": Ibid.
56.	"um militante da religião": Ibid., p. 33.
57.	"Entrei... iria trilhar": Ibid., pp. 35–36.
57.	"Foi a surpresa... encontra antes": Rubin e Ambrogetti, *O papa Francisco: Conversas com Jorge Bergoglio*, p. 34 na edição em inglês.
58.	"solidão passiva": Ibid.
58.	"Vou terminar... com as pessoas": Ivereigh, *The Great Reformer*, p. 36.
58.	"não estavam... inquietação política": Vallely, *Pope Francis: Untying the Knots*, pp. 30–31.
58.	"na defensiva e... ou esquerda": Ivereigh, *The Great Reformer*, p. 28.
59.	"com o objetivo de limitar... instituições religiosas": Ibid., p. 29.
60.	"Você disse... da alma": Vallely, *Pope Francis: Untying the Knots*, p. 30.
60.	"Como percebi... Perpétuo Socorro.": Cámara e Pfaffen, *Understanding Pope Francis*, p. 34.
60.	"Eu sabia... perder suas raízes": Rubin e Ambrogetti, *O papa Francisco: Conversas com Jorge Bergoglio*, p. 37 na edição em inglês.
60.	"Podemos... 12 de dezembro de 1955": Carta do padre Jorge Bergoglio para o padre Cayetano Bruno, 20 de outubro de 1990, publicada em Pe. Alejandro León, ed., *Papa Francisco e Dom Bosco* (Brasília: Editora Edebê, 2014), p. 16 na edição em inglês.
60.	"O padre Pozzoli disse... típico dele": Ibid.
61.	"extremamente chateada... roubada": Rubin e Ambrogetti, *O papa Francisco: Conversas com Jorge Bergoglio*, p. 37 na edição em inglês.
61.	"Bem, se Deus... abençoado seja": Ivereigh, *The Great Reformer*, p. 39.
61.	"Eu a amava muito": Rubin e Ambrogetti, *O papa Francisco: Conversas com Jorge Bergoglio*, p. 14 na edição em inglês.
61.	"um cara... vida": Ivereigh, *The Great Reformer*, p. 48.
62.	"Somos tão... nesse caminho": Jorge Bergoglio e Rabino Abraham Skorka, *Sobre o céu e a terra* (Paralela, 2013), p. 47 na edição em inglês.
62.	"Quando eu era... redescobrir o seu lugar": Ibid., pp. 47–48.
62.	"quando você... nessa direção": Ibid., p. 47.
62–63.	"Para dizer a verdade... foco em trabalhos missionários": Rubin e Ambrogetti, *O papa Francisco: Conversas com Jorge Bergoglio*, pp. 35–36 na edição em inglês.
63.	"Quando ele adoeceu... fosse morrer": Jimmy Burns, *Francis: Pope of Good Promise* (Londres: Constable, 2015), p. 94.
63.	"todos os dias... cicatrização": Rubin e Ambrogetti, *O papa Francisco: Conversas com Jorge Bergoglio*, p. 23 na edição em inglês.
63.	"disse algo... imitando Cristo'": Ibid., p. 24.
63.	"a dor em si... vida realizada é um presente": Ibid., pp. 24–25.

63–64. "Dois anos de noviciado... provação": Ivereigh, *The Great Reformer*, p. 57.
64. "Assumidamente... voltar": Rubin e Ambrogetti, *O papa Francisco: Conversas com Jorge Bergoglio*, p. 158 na edição em inglês.
65. "andar pelas... com as pessoas": Ivereigh, *The Great Reformer*, p. 36.
65. "Os meninos... se cobrir": Ibid., p. 70.
66. "O padre Pozzoli... não disse nada": León, ed., *Papa Francisco e Dom Bosco*, p. 17 na edição em inglês.
66. "Eu não quis... de forma diferente": Ibid.
67. "o evento... do século XX": John W. O'Malley, S.J., *O que aconteceu no Vaticano II* (São Paulo: Loyola, 2014), p. 1 na edição em inglês.
67. "do lado... ao mundo": Ibid., p. 74.
68. "[Bergoglio] tinha uma personalidade... duvidar disso": Elisabetta Piqué, *Papa Francisco: Vida e revolução* (Leya, 2014), p. 55 na edição em inglês.
68. "contra os homens... ou religião": Declaração *Nostra Aetate* sobre a Igreja e as religiões não cristãs, de 28 de outubro de 1965 (Libreria Editrice Vaticana).
69. "Igreja para os pobres": Papa João XXIII, "Radio Message to All the Christian Faithful One Month Before the Opening of the Second Vatican Ecumenical Council", Libreria Editrice Vaticana, 11 de setembro de 1962.
70. "arriscam o surgimento... piores": "Carta encíclica de sua santidade papa Paulo VI sobre o desenvolvimento dos povos", Libreria Editrice Vaticana, 26 de março de 1967.
70. "1.500 padres do... reação compreensível": Vallely, *Pope Francis: Untying the Knots*, p. 43.
70. "a atividade da... delas": Ivereigh, *The Great Reformer*, pp. 95–96.
70. "A opção... Medellín": Jorge Bergoglio, transcrição do interrogatório judicial de 2010, Bergoglio Declara ante el TOF, https://www.yumpu.com/es/document/view/14836117/declaracion-bergoglio-esma-abuelas-de-plaza-de-mayo. Tradução para o inglês em Ivereigh, *The Great Reformer*, p. 95.
72. "uma promoção que... sua idade": Pe. Antonio Spadaro, "Entrevista ao papa Francisco", Libreria Editrice Vaticana, 19 de agosto de 2013.
73. "contradições intereclesiásticas... apostólica": Allen, *The Francis Miracle*, p. 20.
74. "uma limpeza vasta... Buenos Aires": Burns, *Francis: Pope of Good Promise*, p. 135.
74. "sem vítimas, serena e... peronista": Ibid., p. 151.
75. "a morte... desaparecidos": Marchak, *God's Assassins*, p. 155.
75. "Em documentos... subversões": Pe. Allen Harris para o Sr. Bumpus, Sr. Floor – Disappearance Numbers — memorando AT056, 27 de dezembro de 1978, ed. Carlos Osorio, 2006 U.S. Department of State Argentina Declassification Project, 2002), Digital National Security Archive, acesso número NSAEBB185, https://nsarchive2.gwu.edu//NSAEBB/NSAEBB185/19781227%20Disappearance%20Numbers%200000A8B1.pdf.
75. "padres... ajudá-las": Marchak, *God's Assassins*, p. 236.
76. "figuras importantes... eventos públicos": Burns, *Francis: Pope of Good Promise*, p. 171.
76. "durante a Guerra... exilados": Ivereigh, *The Great Reformer*, p. 136.

76.	"Os dois objetivos... seriam considerados suspeitos": Ibid., p. 137.
76.	"era um equilíbrio... pessoas": Ibid.
77.	"Ele terminava de... nossas vidas": Ibid., p. 187.
77.	"contra o reitor... na América Latina": Ibid., p. 173.
78.	"Lembro que... para a Argentina'": Rubin e Ambrogetti, *O papa Francisco: 78Conversas com Jorge Bergoglio*, p. 158 na edição em inglês.
78.	"Foi uma surpresa... na Bavária": Vallely, *Pope Francis: Untying the Knots*, pp. ix–xii.
79.	"espiritualidade e... ao cargo": Ibid., p. 54.
79.	"Deu um branco... sempre errada": Ibid., p. 164.
80.	"Na manhã... Aires'": Ibid.
82.	"Quando ele chegou... é assim": Pe. Tello, citado em "El Papa Villero", *Qué Pasa* (Chile), 20 de fevereiro de 2014, http://www.quepasa.cl/articulo/actualidad/2014/02/1-13835-9-el-papa-villero.shtml/.
82.	"tinha o hábito de ignorar... pagamentos": Ivereigh, *The Great Reformer*, p. 244.
82–83.	"o relatório... a situação": Ibid.
83.	"[Isto é] carmesim... Romana": Documentação geral do Colégio de Cardeais, Sala de Imprensa da Santa Sé, Libreria Editrice Vaticana, atualizado em 17 de fevereiro de 2014.
84.	"Consistório Extraordinário... milênio": João Paulo II, Discurso na inauguração do Consistório Extraordinário do Colégio Cardinalício, Libreria Editrice Vaticana, 21 de maio de 2001.
84–85.	"No mundo moderno... Pais da Igreja": Jorge Bergoglio, "Report After the Discussion, X Ordinary General Assembly of the Synod Bishops", Sala de Imprensa da Santa Sé, 12 de outubro de, 2001 (Libreria Editrice Vaticana), http://www.vatican.va/newsservices/press/sinodo/documents/bollettino20x--ordinaria-2001/02inglese/b2102.html.
85.	"No meio de novembro... Ratzinger": Sandro Magister, "Bergoglio in Pole Position", *Chiesa, L'Espresso* (Itália), 28 de novembro–5 de dezembro, 2002, www.espresso.repubblica.it.
86.	"assumiu um papel... dessas figuras": Eduardo Duhalde, "Aquel Hombre Que Estuvo en las Horas Más Difíciles", *La Nacíon* (Argentina), 18 de março de 2013, https://www.lanacion.com.ar/1564280-aquel-hombre-que-estuvo-en--las-horas-mas-dificiles.
88.	"'fonte confiável'"... Ratzinger": Marco Tosatti, "Ecco Come Andó Davvero il Conclave del 2005", *La Stampa* (Itália), 3 de outubro de 2013, http://www.lastampa.it/2013/03/07/esteri/ecco-come-ando-davvero-il-conclave-del--3TekbdbFe00nzWPyxlJSSP/pagina.html.
88.	"[Bergoglio era] uma... Romana": Luca Brunelli, "Così Eleggemmo Papa Ratzinger", *Limes* (Itália), 23 de setembro de 2005, http://www.limesonline.com/cosi-eleggemmo-papa-ratzinger/5959.
88.	"o que incomodou Bergoglio... dessa divisão": Ivereigh, *The Great Reformer*, p. 285.
89.	"Estou convencido... foi óbvio": Guzmán M. Carriquiry Lecour, "La Revolution de la Gracia", *Tierras de América*, 18 de fevereiro de 2014, http://www.

tierrasdeamerica.com/2014/02/18/la-revolucion-de-la-gracia-asi-preparo-la-
-providencia-el-nuevo-pontificado/.
90. "A diferença entre... o assunto": Burns, *Francis: Pope of Good Promise*, p. 234.
90. "a inveja do demônio... o plano de Deus": Cardeal Bergoglio para as irmãs carmelitas de Buenos Aires, em "La Carta Completa de Bergoglio", 8 de julho de 2010, *Todo Noticias* (Argentina), https://tn.com.ar/politica/la-carta--completa-de-bergoglio038363.
90. "Acho preocupante...'planos do demônio'": Anthony Failoa, "Jorge Mario Bergoglio, Now Pope Francis, Known for Simplicity and Conservatism", *Washington Post*, 13 de março de 2013.
91. "passou muitos anos... universidades": Ivereigh, *The Great Reformer*, pp. 302–3. A informação veio de uma fonte obviamente secreta, que pediu para não ser identificada, já que Ivereigh só se refere a ela como "um padre superior".
91. "moveu-se... feridas": Lucas 10:33.
91. "a decisão... margens": Ivereigh, *The Great Reformer*, p. 305
92. "são oferecidas... no começo de 2013": Ibid., p. 340.
92. "Quero deixar... deste mundo": Vallely, *Pope Francis: Untying the Knots*, p. 125.

3. CONCLAVE

93. "um pouco desamparada": Allen, *The Rise of Benedict XVI*, p. 116.
93. "do silêncio... mas calmo": Cardeal Cormac Murphy-O'Connor, entrevista com a BBC, 1º de março de 2013, http://www.bbc.co.uk/news/world-europe-21624894.
93. "um profeta... civilização": Papa Bento XVI, audiência geral, 27 de abril de 2005 (Libreria Editrice Vaticana), http://w2.vatican.va/content/benedict-xvi/en/audiences/2005/documents/hfben-xvi_aud20050427.html.
94. "Na verdade... a outra": *Papa Bento XVI, luz do mundo*, op. cit., p. 4.
94. "acabado de... para o papel": Thavis, *The Vatican Diaries*, op. cit., p. 23.
95. "Por fim, quando os... novo papa": Allen, *The Rise of Benedict*, op. cit., p. 117.
96. "rottweiler de Deus... 'Papa-Ratzi'": Cardeal Joseph Ratzinger com Vittorio Messori, *The Ratzinger Report: An Exclusive Interview on the State of the Church* (São Francisco: Ignatius Press, 1985), p. 9.
96. "neve funda... que reinava": Cardeal Joseph Ratzinger, *Milestones: Memoirs 1927–1977* (São Francisco: Ignatius Press, 1997), p. 8.
97. "triângulo... Salzach": Ibid., p. 7.
97. "muitas memórias... vida na paróquia": Ibid., p. 9.
97. "os níveis de... as outras": Ibid., p. 8.
98. "cartazes de campanha alarmistas": Ibid., p. 12.
98. "obrigados... atividades": Ibid., p. 14.
98. "avisando e ajudando... perigo": Ibid.
99. "'fórmulas retóricas'... topo": Ibid., p. 16.
99. "verdadeiro lar": Ibid., p. 22.

99.	"seria impossível... dedicação": Ibid., p. 17.
99.	"ninguém cogitava... significado": Ibid., pp. 17–18.
100.	"não ocorreu... amadurecimento": *O sal da terra: O cristianismo e a Igreja Católica no limiar do terceiro milênio — Um diálogo com Peter Seewald* (Imago, 2005), p. 53 na edição em inglês.
100.	"começou a seguir... descobertas": Ibid., p. 20.
100.	"cristão completamente... ele mesmo": Ibid., p. 54.
100–101.	"No dia 12... outros turistas": Ibid., pp. 24–25.
101.	"Nenhum ativista... país ontem": "A Black Day for Germany", *The Times* (Londres), 11 de novembro de 1938.
102.	"Não comprem... seus lares": John L. Allen Jr., *Cardinal Ratzinger: The Vatican's Enforcer of the Faith* (Nova York: Continuum, 2000), p. 15.
102.	"'bons alemães'... não lutaram": Ibid., p. 32.
102.	"'incentivado'... 'vida espiritual'": Ibid., p. 25.
102.	"não era... as filhas, freiras": Georg Ratzinger e Michael Hesemann, *Meu irmão, o papa* (Editora Europa, 2012), p. 102 na edição em inglês.
102.	"Ratzinger se recorda... montanhas ao redor": Ratzinger, *Milestones*, pp. 25–27.
103.	"a guerra... 'Guerra de Araque'": Ibid., p. 27.
103.	"humilhados... rápido": Ibid.
103.	"com uma clarividência... os outros": Ibid.
103.	"fosse só uma... documento": Ratzinger, *O sal da terra*, p. 52.
104.	"os veículos enormes... terríveis": Ratzinger, *Milestones*, p. 28.
104.	"trouxe muitos... militar": Ibid., p. 31.
104.	"ideólogos fanáticos... tempo todo": Ibid., p. 33.
105.	"em dois anos... tempo": Laurence Rees, *War of the Century: When Hitler Fought Stalin* (Londres: BBC Books, 1999), p. 14.
105.	"ouvir os... ao longe": Ratzinger, *Milestones*, p. 33.
105.	"que receberam ordens... assassinos": Ibid., p. 36.
105.	"colocar novamente... nosso prado": Ibid., p. 37.
106.	"especificamente sobre... alemães": David Gibson, *The Rule of Benedict: Pope Benedict XVI and His Battle with the Modern World* (Harper San Francisco, 2006), p. 138.
106.	"estava lendo obras... latim": Allen, *Cardinal Ratzinger*, p. 15.
106.	"aqueles que não... a repeti-lo": George Santayana, *The Life of Reason: Reason in Common Sense* (Nova York: Scribner, 1905), p. 284.
106–107.	"O que a experiência... história": Gibson, *The Rule of Benedict*, p. 137.
107.	"Alemanha melhor... mundo melhor": Ratzinger, *Milestones*, p. 42.
107.	"apesar dos... eternidade": Ibid.
107.	"mais familiarizado... enquanto profissão": Ibid., p. 47.
108.	"Eu ficava... renomados professores": Ibid., p. 48.
108.	"mudanças radicais... e obsoleto": Ibid., p. 57.
108.	"estavam em ruínas... em Fürstenried": Ibid.
108.	"dia radiante de verão": Ibid., p. 99.
108.	"'Não devíamos... certo'": Ibid.
108.	"aprendeu em primeira mão... do sacramento": Ibid., pp. 99–100.

108-109. "Eu precisava passar... por diante": Ibid., p. 101.
109. "treinamento prático... de nossas famílias": Ibid.
109. "Sofri bastante... na paróquia": Ibid., p. 102.
109. "um pequeno ato de rebeldia": Allen, *Cardinal Ratzinger*, p. 35.
109. "considerado... fé católica": *Aeterni Patris: Encyclical of Pope Leo XIII on the Restoration of Christian Philosophy*, Libreria Editrice Vaticana, 4 de agosto de 1879.
109. "qualquer um que... com a heresia": Allen, *Cardinal Ratzinger*, p. 35.
109. "agostiniano convicto": Ratzinger, *O sal da terra*, p. 33.
110. "o fermento intelectual": Allen, *Cardinal Ratzinger*, p. 35.
110. "'o aceitou com entusiasmo'... fevereiro de 1957": Ratzinger, *Milestones*, pp. 107-9.
110-111. "teólogos eram como... *Time*": Gibson, *The Rule of Benedict*, pp. 161-62.
111. "bombas de... incomodados": Ratzinger, *Milestones*, p. 112.
111. "Jovens padres ambiciosos... pessoais": Allen, *Cardinal Ratzinger*, p. 50.
111. "lenda... europeia": Ibid., p. 52.
111. "capaz de ser... começar": Ibid.
111. "que queriam... perdidos": Ibid., p. 57.
112. "Não vejo... [com o passar dos anos]": Richard N. Ostling, "Keeper of the Straight and Narrow: Joseph Cardinal Ratzinger", *Time*, 6 de dezembro de 1993.
112. "extremamente incomodado... mais evidente": Ratzinger, *Milestones*, p. 134.
113. "Quase do dia para a noite... marxismo": Ibid., p. 136.
113. "A destruição... ameaçado": Ibid., p. 137.
113. "Aquilo foi extremamente... resistir de novo": Allen, *The Rise of Benedict XVI*, p. 151.
113. "sabia o que estava... sua integridade": Ratzinger, *O sal da terra*, p. 78.
113-114. "se os princípios... invalidá-los": Gibson, *The Rule of Benedict*, p. 172.
114. "permanece verdadeiro... turba?": Ibid.
114. "As pessoas sempre... Inquisidor-geral de Roma": Hans Küng, *My Struggle for Freedom: Memoirs*, John Bowden, trad. (Londres: Continuum, 2003), p. 457.
114. "a apoiar a... católico": Allen, *Cardinal Ratzinger*, p. 50.
114. "controvérsias testemunhadas... que o aguardava": Ibid., pp. 137-40.
115. "O padre Ratzinger... o concílio terminasse": Ralph M. Wiltgen, *O Reno se lança no Tibre: O concílio desconhecido* (Permanência, 2007), p. 285 na edição em inglês.
115. "uma época... teológico": Ratzinger, *Milestones*, p. 149.
115. "porta-estandarte conservador"... observa: Gibson, *The Rule of Benedict*, p. 173.
116. "Eu não... um bispo": Ratzinger, *Milestones*, p. 151.
116. "com uma desculpa qualquer... hospedado": Ibid., p. 152.
117. "dizia-se que... difícil": Allen, *Cardinal Ratzinger*, p. 120.
117. "as semanas antes... prejudicada": Ratzinger, *Milestones*, p. 152.
117. "conservador jovem e inteligente": Allen, *Cardinal Ratzinger*, p. 121.
117. "profunda religiosidade... compartilhavam": Ibid.

117-118. "muito marcado... da Polônia": Ibid.
118. "simples, pastoral... Segundo Concílio do Vaticano": Collins, *God's New Man*, p. 167.
118. "fez um alerta... da esquerda": Allen, *Cardinal Ratzinger*, p. 122.
118. "o papa sorriso... *Accepto*": Jason Evert, *São João Paulo, o Grande: Seus cinco amores* (Editora Quadrante), p. 54 na edição em inglês.
118. "Senhor, salve-me": A primeira radiomensagem do papa João Paulo I, 27 de agosto de 1978 (Libreria Editrice Vaticana).
118. "Meu nome é... vindo": Jason Evert, *São João Paulo, o Grande*, p. 54 na edição em inglês.
120-121. "não haveria... viessem": Allen, *Cardinal Ratzinger*, p. 130.
121. "tentativas... o trabalho": Ibid.
121. "Quando alguém... convicções anteriores?": Ibid., p. 51.
121. "que buscava... mudanças sociais": Allen, *The Rise of Benedict XVI*, p. 155.
121. "perversão da mensagem cristã": Joseph Ratzinger, prefeito, Instrução sobre alguns aspectos da "teologia da libertação" Sagrada Congregação para a Doutrina Da Fé, XI.1, 6 de agosto de 1984 (Libreria Editrice Vaticana), http://www.vatican.va/roman_curia/congregations/cfaith/documents/rc_con_cfaith_doc_19840806_theology-liberation_po.html.
122. "falível": Gibson, *The Rule of Benedict*, p. 197.
122. "o método... líder": Collins, *God's New Man*, p. 177.
122. "propensão... inflexibilidade": Allen, *Cardinal Ratzinger*, p. 260.
123. "ataques intelectuais": Ratzinger, *O sal da terra*, p. 92.
123. "O paradoxo... conferência": Gibson, *The Rule of Benedict*, p. 207.
123. "ignorado com... timidez": Ibid., p. 210.
123. "Alguns líderes... receptivas'": Collins, *God's New Man*, p. 68.
124. "devido ao nosso carinho... universal": papa Paulo VI, Carta Apostólica, *Apostolica Sollicitudo*, 15 de setembro de 1965 (Libreria Editrice Vaticana).
124. "A teoria da... do papa": Allen, *Cardinal Ratzinger*, p. 57.
124. "determinou... ensinamentos": Ibid., p. 63.
125. "o maior problema... dioceses": Ibid., pp. 43, 45.
126. "Era muito irônico... crianças": Nicholas P. Cafardi, *Before Dallas: The U.S. Bishops' Response to Clergy Sexual Abuse of Children* (Mahwah, NJ: Paulist Press, 2008), p. 63.
128. "forte tendência... intrínseca": Cardeal Joseph Ratzinger, Carta sobre a cura pastoral das pessoas homossexuais, 1º de outubro de 1986 (Roma: Congregação para a Doutrina da Fé, Sala de Imprensa do Vaticano), http://www.vatican.va/roman_curia/congregations/cfaith/documents/rc_con_cfaith_doc_19861001_homosexual-persons_po.html. Heng Sure, "Pope Benedict XVI's Buddhist Encounter", *Dharma Forest* (blog), http://paramita.typepad.com/dharmaforest/2005/04/popebenedictx.html.

4. O PAPA RELUTANTE
129. "até então... vigor": Walsh, ed., *From John Paul II to Benedict XVI*, p. 102.
129. "Cinco dias após... passar desapercebido": Gibson, *The Rule of Benedict*, p. 217.

130.	"a arquitetura local... papa": Citação em Sandro Magister, "The 'Reform of the Reform' Has Already Begun", *Chiesa*, *L'Espresso* (Itália), 28 de abril de 2005, http://chiesa.espresso.repubblica.it/articolo/29626%26eng%3Dy.html. O papa Bento XVI é citado como tendo feito essa declaração ao mestre de cerimônias.
130.	"Orem por mim... humana": Papa Bento XVI, Homilia de sua santidade Bento XVI, Libreria Editrice Vaticana, 24 de abril de 2005.
130.	"sinal... milênio atrás": Collins, *God's New Man*, p. 198; Gibson, *The Rule of Benedict*, p. 218.
130.	"papa noel... roupa de papai noel": "'Santa Pope' Woos Vatican Crowds", *BBC News*, 22 de dezembro de 2005, http://news.bbc.co.uk/1/hi/world/europe/4551348.stm; Jonathan Petre, "Pope Delights Crowds with Santa Look", *Telegraph* (Reino Unido), 22 de dezembro de 2005, https://www.telegraph.co.uk/news/worldnews/europe/italy/1506119/Pope-delights-crowds-with--Santa-look.html.
131.	"verdadeiro plano... do Senhor": Papa Bento XVI, Homilia de sua santidade Bento XVI, Libreria Editrice Vaticana, 24 de abril de 2005 (Libreria Editrice Vaticana), http://w2.vatican.va/content/benedict-xvi/pt/homilies/2005/documents/hf_ben-xvi_hom_20050424_inizio-pontificato.html.
131.	"ditadura do relativismo": Cardeal Joseph Ratzinger, Missa, Pro Eligendo Romano Pontifice, Libreria Editrice Vaticana, 18 de abril de 2005.
131.	"a verdade... de pessoas": Chris Gowans, "Moral Relativism", em Edward N. Zalta, ed., *The Stanford Encyclopedia of Philosophy*, verão de 2018 ed., https://plato.stanford.edu/entries/moral-relativism/.
131.	"a dissolução... direitos humanos": Cardeal Joseph Ratzinger, discurso para a faculdade de jurisprudência LUMSA, Roma, 10 de novembro de 1999, http://www.ewtn.com/library/Theology/LAWMETA.HTM.
132.	"A maioria... fatores": Ibid.
132.	"todo aspecto... crise": Gibson, *The Rule of Benedict*, p. 257.
132.	"seduções sutis... verdade": Cartas do cardeal Ratzinger para Gabriele Kuby, 7 de março de 2003, https://www.lifesitenews.com/news/pope-opposes-harry--potter-novels-signed-letters-from-cardinal-ratzinger-now; Gibson, *The Rule of Benedict*, p. 257.
132.	"propenso a gafes... próximo": Nick Squires, "Pope Benedict XVI Resigns: A Papacy Marred by Crises and Controversies", *Telegraph* (Reino Unido), 11 de fevereiro de 2013.
132–133.	"graves pecados... gay'": "Instrução sobre os critérios de discernimento vocacional acerca das pessoas com tendências homossexuais e da sua admissão ao seminário e às ordens sacras", 4 de novembro de 2005 (Congregação para a Educação Católica, Roma), http://www.vatican.va/roman_curia/congregations/ccatheduc/documents/rc_con_ccatheduc_doc_20051104_istruzione_po.html.
133.	"Quero deixar... povos": Papa Bento XVI, Audiência Geral.
133.	"estruturas da fé na Bíblia": Discurso do Santo Padre, *Fé, razão e universidade: Recordações e reflexões*, Aula Magna da Universidade de Ratisbona, 12 de setembro de 2006 (Libreria Editrice Vaticana), http://w2.vatican.

va/content/benedict-xvi/pt/speeches/2006/september/documents/hf_ben-xvi_spe_20060912_university-regensburg.html.
133. "o relacionamento essencial entre fé": Papa Bento XVI, Encontro com os representantes da ciência, Universidade de Ratisbona, 12 de setembro de 2006 (Libreria Editrice Vaticana).
133. "Apenas Shakespeare... pontificado": Paul Badde, *Benedict Up Close: The Inside Story of Eight Dramatic Years*, traduzido para o inglês por Michael J. Miller (Inondale, Alabama: EWTN Publishing, 2017), p. 62.
134. "sinceramente se arrepende... suas intenções": Declaração oficial da Sala de Imprensa da Santa Sé, 16 de setembro de 2006.
134. "'insatisfeito'... vinte anos": Vallely, *Pope Francis: Untying the Knots*, pp. 9–10.
134. "missão de diálogo... oriental": Viagem apostólica do papa Bento XVI à Turquia, Libreria Editrice Vaticana, 28 de novembro – 1º de dezembro de 2006.
135. "florescer impressionante... confiança mútua": Ibid.
135. "o genocídio... ideologia nazista": Discurso do papa Bento XVI por ocasião da projeção do filme "Karol, um homem que se tornou papa", Libreria Editrice Vaticana, 19 de maio de 2005.
135–136. "Aquilo que... prejudicial": Carta do Santo Padre Bento XVI aos bispos que acompanha o "*Motu Proprio*" *Summorum Pontificum* sobre o uso da liturgia romana anterior à reforma realizada em 1970, Libreria Editrice Vaticana, 7 de julho de 2007, http://w2.vatican.va/content/benedict-xvi/pt/letters/2007/documents/hf_ben-xvi_let_20070707_lettera-vescovi.html.
136. "Estamos extremamente... momento errado": Jason Burke, "Pope's Move on Latin Mass 'a Blow to Jews'", *The Guardian* (Reino Unido), 8 de julho de 2017.
137. "mostravam... câmaras de gás": Richard Williamson entrevistado em 2008 no Uppdrag Granskning, SVT (Suécia), 21 de janeiro de 2009.
137. "As ações do... indivíduo": Declaração do padre Federico Lombardi, chefe da Sala de Imprensa do Vaticano, 24 de janeiro de 2009, publicado por Philip Willan; "Pope Readmits Holocaust-Denying Priest to the Church", *Independent* (Reino Unido), 25 de janeiro de 2009, https://www.independent.co.uk/news/world/europe/pope-readmits-holocaust-denying-priest-to-the-church-1515339.html.
137. "a maior catástrofe... tempos modernos": Olivia Balch, John Hooper, e Riazat Butt, "Vatican Crisis over Bishop Who Denies the Holocaust", *The Guardian* (Reino Unido), 7 de fevereiro de 2009, https://www.theguardian.com/world/2009/feb/07/vatican-pope-holocaust-bishop.
137. "Ao receber... João Paulo II": Shira Medding, "Pope Outrages Jews over Holocaust Denier", *CNN*, 26 de janeiro de 2009, http://edition.cnn.com/2009/WORLD/europe/01/26/pope.holocaust.denial/index.html.
138. "Se uma decisão... forma eficaz": Declaração de Angela Merkel, 3 de fevereiro de 2009, http://www.dw.com/en/merkel-urges-pope-to-reject-holocaust-denial/a-3998869.
138. "Contaram-me... e união?": Carta de Sua Santidade Bento XVI aos bispos da igreja católica a propósito da remissão da excomunhão aos quatro bispos con-

sagrados pelo arcebispo Lefebvre, Libreria Editrice Vaticana, 10 de março de 2009.
139. "Resumo... seus objetivos": Embaixada Americana no Vaticano, *The Holy See: A Failure to Communicate*, WikiLeaks cable: 09VATICAN28_a, datada 20 de fevereiro de 2009, 16:00, https://wikileaks.org/plusd/cables/09VATICAN28a.html.
139-140. "O relatório também... más notícias": Ibid.
141. "profundamente perturbado... problema regional: Carta pastoral do Santo Padre Bento XVI aos católicos na Irlanda, Libreria Editrice Vaticana, 19 de março de 2010.
142. "interesses pessoais e políticos": John Allen Jr., "Puccini Meets Watergate in 'Vatileaks' Scandal", *National Catholic Reporter*, 27 de fevereiro de 2012, https://www.ncronline.org/news/vatican/puccini-meets-watergate-vatileaks-scandal.
142. "Uma das ironias... conteúdo das informações": Ibid.

5. A RENÚNCIA DE UM PAPA
144. "Caros Irmãos... tarefa": Papa Bento XVI, Declarito, Libreria Editrice Vaticana, 10 de fevereiro de 2013, http://w2.vatican.va/content/benedict-xvi/pt/speeches/2013/february/documents/hf_ben-xvi_spe_20130211_declaratio.html.
145. "Os cardeais... tristeza": John Hooper, "Pope Benedict XVI Announces Resignation—As It Happened", *The Guardian* (Reino Unido), 11 de fevereiro de 2013, https://www.theguardian.com/world/2013/feb/11/pope-resigns-live-reaction.
145. "o papa nos pegou de surpresa": John Hooper, Pope's Resignation—Eyewitness Account, *The Guardian* (Reino Unido), 11 de fevereiro de 2013, https://www.theguardian.com/world/2013/feb/11/pope-resigns-live-reaction.
146. "não se pode descer da cruz": Philip Pullella, "Pope's Sudden Resignation Sends Shockwaves Through Church", *Reuters*, 11 de fevereiro de 2013, https://www.reuters.com/article/us-pope-resigns/popes-sudden-resignation-sends-shockwaves-through-church-idUSBRE91A0BH20130211.
146. "Quando o perigo é... renunciar": *Papa Bento XVI, luz do mundo*, p. 29.
147. "Na verdade, achei que... árduos": Ibid., p. 3.
148. "num colégio para meninas": Memorando vazado publicado pelo *The New York Times*, 25 de março de 2010, https://www.nytimes.com/2010/03/26/world/europe/26church.html.
148. "tratamentos psicoterapêuticos... maneiras": Ibid.
148. "Sem dúvida... bispo local": Entrevista com o Dr. Werner Huth, "What the Pope Knew", *Panorama*, BBC, 13 de setembro de, 2010.
148. "emitiu... revista": *The New York Times*, 25 de março de 2010, https://www.nytimes.com/2010/03/26/world/europe/26church.html.
149. "Sinto um arrependimento... causa dela": Nicholas Kulish e Rachel Donadio, "Abuse Scandal in Germany Edges Closer to Pope", *The New York Times*, 12 de março de 2010, https://www.nytimes.com/2010/03/13/world/europe/13pope.html.
149. "'bobagem'... proteger o papa": Ibid.

149. "evidente que... fracassaram": "Vatican Sees Campaign Against the Pope", *The New York Times*, 13 de março de 2010, https://www.nytimes.com/2010/03/14/world/europe/14pope.html.
149. "convidado"... da mira": Conny Newman, "Was Munich's Vicar General Forced to Serve as Ratzinger's Scapegoat?", *Der Spiegel* (Alemanha), 19 de abril de 2010, http://www.spiegel.de/international/germany/catholic--abuse-scandal-was-munich-s-vicar-general-forced-to-serve-as-ratzinger-s--scapegoat-a-689761.html.
151. "o motivo real... da Igreja": *Papa Bento XVI, luz do mundo*, pp. 27–28.
152. "animais selvagens", excomunhão: "Instruction on the Manner of Proceeding in Cases of Solicitation", Da Congregação para a Doutrina da Fé (Vatican Press Office, 1962), http://image.guardian.co.uk/sys-files/Observer/documents/2003/08/16/Criminales.pdf.
152. "um mapa para mentiras e encobrimentos": Anthony Barnett, "Vatican Told Bishops to Cover Up Sex Abuse", *The Observer* (Reino Unido), 16 de agosto de 2003; "Instruction on the Manner of Proceeding in Cases of Solicitation", obtido pelo *The Observer*, https://www.theguardian.com/world/2003/aug/17/religion.childprotection.
152. "A princípio, Roma tentou... católicos": Paul Collins, *God's New Man*, pp. 93–94.
152. "o pior... definitiva": *As normas do Motu Proprio*, publicação oficial da Congregação para a Doutrina da Fé (Vatican Press Office, 2010).
152–153. "aconselha os sacerdotes... anos": Jeffrey Ferro, *Sexual Misconduct and the Clergy* (Nova York: Facts on File, 2005), p. 107.
153. "após analisar... quaisquer detalhes": Cardeal Joseph Ratzinger, "Carta aos bispos e aos ordinários e hierarcas da Igreja Católica interessados sobre os delitos mais graves", Congregação para a Doutrina da Fé, Vatican Press Office, 18 de maio de 2001.
154. "Não existe... se mudando": Pe. Tom Doyle, em "Sex Crimes and the Vatican", *Panorama*, BBC, 1º de outubro 2006.
154. "é pesada a cabeça que carrega a coroa": William Shakespeare, Henrique IV, Parte 2, ato III, cena 1.
155. "uma erupção... Igreja": Jerome Taylor, "Italy Hails 'an Outbreak of Modernity in the Church' as Pope Benedict XVI Announces He Will Resign Because of Ill Health", *Independent* (Reino Unido), 11 de fevereiro de 2013, https://www.independent.co.uk/news/world/europe/italy-hails-an-outbreak-of-modernity--in-the-church-as-pope-benedict-xvi-announces-he-will-resign-8489837.html.
155. "O teólogo... papado": Marco Ventura, professor de legislação e religião na Universidade de Siena, Itália, citado em "See You Later", *Economist*, 16 de fevereiro de 2013, https://www.economist.com/news/international/21571864--papal-resignation-ecclesiastical-earthquake-how-church-interprets-it-will.
155. "a mesma simplicidade... terra": Breve saudação papa Bento XVI aos fiéis da diocese de albano, Libreria Editrice Vaticana, 28 de fevereiro de 2013.

6. CONCLAVE

158. "transmitisse essa ideia... governo": Rachel Donadio e Elisabetta Povoledo, "Successor to Benedict Will Lead a Church at a Crossroads", *The New York*

158. *Times*, 11 de fevereiro de 2013, https://www.nytimes.com/2013/02/12/world/europe/with-popes-resignation-focus-shifts-to-a-successor.html.
"Um homem com... esperado": John L. Allen Jr., "Papabile of the Day: The Men Who Could Be Pope", *National Catholic Reporter*, 11 de março de 2013, https://www.ncronline.org/blogs/ncr-today/papabili-day-men-who-could-be-pope.
161. "fofocas... gera": Andrea Tornielli citado em ibid.
162. "dois cardeais... freiras": John L. Allen Jr., "Papabile of the Day: The Men Who Could Be Pope", *National Catholic Reporter*, 25 de fevereiro de 2013, https://www.ncronline.org/blogs/ncr-today/papabili-day-men-who-could-be-pope-6.
163. "de longe a... cardeais": Allen, "Papabile of the Day: The Men Who Could Be Pope" *National Catholic Reporter*, 11 de março de 2013, https://www.ncronline.org/blogs/ncr-today/papabili-day-men-who-could-be-pope.
164. "um candidato tão... papais": John L. Allen Jr., "Papabile of the Day: The Men Who Could Be Pope", *National Catholic Reporter*, 2 de março de 2013, https://www.ncronline.org/blogs/ncr-today/papabile-day-men-who-could-be-pope-11.
165. "à noção de... Sul": John L. Allen Jr., "Papabile of the Day: The Men Who Could Be Pope", *National Catholic Reporter*, 19 de fevereiro de 2013, https://www.ncronline.org/blogs/ncr-today/papabile-day-men-who-could-be-pope-0.
165. "guerreiro dos conservadores de Cape": Peter Popham, "Cardinal Peter Turkson: Conservatism's Cape Crusader", *Independent* (Reino Unido), 15 de fevereiro de 2013, https://www.independent.co.uk/news/people/profiles/cardinal-peter-turkson-conservatisms-cape-crusader-8497539.html.
165. "se fosse a vontade... europeu": Lizzy Davies, "Catholic Church Ready for Non-European Pope, says Ghanaian Cardinal", *The Guardian* (Reino Unido), 13 de fevereiro de 2013, https://www.theguardian.com/world/2013/feb/13/catholic-church-pope-ghanaian-cardinal.
165. "os sistemas africanos... tendências": Samuel Burke, "Meet the Man Who Could Be the First Black Pope", *CNN*, 12 de fevereiro de 2013, http://amanpour.blogs.cnn.com/2013/02/12/meet-the-man-who-could-be-the-first-black-pope/.
166. "Grande Esperança... Romana": John L. Allen Jr., "Papabile of the Day: The Men Who Could Be Pope", *National Catholic Reporter*, 22 de fevereiro de 2013, https://www.ncronline.org/blogs/ncr-today/papabile-day-men-who-could-be-pope-3.
169. "Prepare-se, meu amigo": Elizabetta Piqué, *Papa Francisco: Vida e revolução*, p. 23 na edição em inglês.
170. "após muitos... Santa Sé": Matthew Fisher, "Canada's Marc Ouellet Came Close to Becoming Pope, Media Reports Say", *Global News* (Canadá), 15 de março de 2013, https://globalnews.ca/news/409907/canadas-marc-ouellet-came-close-to-becoming-pope-media-reports-say/.
170. "parecia muito... acontecimentos": *Associated Press*, "So What Really Happened Inside the Papal Conclave that Selected Pope Francis? Here's a Cardinal's-Eye View", *New York Daily News*, 14 de março de 2013, http://www.nydailynews.com/news/world/papal-conclave-article-1.1288950.

170. "sentiu uma paz... dia": Antonio Spadaro, S.J., "A Big Heart Open to God: An Interview with Pope Francis", *Jesuit Review*, 30 de setembro de 2013, https://www.americamagazine.org/faith/2013/09/30/big-heart-open-god-interview-pope-francis.
171. "Acho que não havia... nos olhos": *Associated Press*, "So What Really Happened Inside the Papal Conclave?"
171. "Não se esqueça dos pobres": Cindy Wooden, "Pope Francis Explains Why He Chose St. Francis of Assisi's Name", *Catholic News Service*, 17 de março de 2013, http://www.catholicnews.com/services/englishnews/2013/pope-francis-explains-why-he-chose-st-francis-of-assisi-s-name.cfm.
171. "Aceitas... Assis": Ivereigh, *The Great Reformer*, p. 363.

7. UM SEGREDO COMPROMETEDOR

172. "não seguiria... desapareceram": Telegrama do embaixador Americano na Argentina, Robert Hill, para o Secretário de Estado, Henry Kissinger, "Ambassador's Conversation with Admiral Massera", 16 de março de 1976, U.S. Department of State Argentina Declassification Project (1975–1984), 20 de agosto de 2002 (Digital National Security Archives, acesso número NSA-EBB185), https://nsarchive2.gwu.edu//NSAEBB/NSAEBB185/19760316%20Ambassadors%20conversation%20with%20admiral%20massera%200000A005.pdf.
172. "provavelmente o golpe... Argentina": Telegrama do embaixador Robert Hill, "Vileda's Moderate Line Prevails", 30 de março de 1976, U.S. Department of State Argentina Declassification Project (1975–1984), 20 de agosto de 2002 (Digital National Security Archives, acesso número NSAEBB185), https://nsarchive2.gwu.edu//NSAEBB/NSAEBB185/19760316%20Ambassadors%20conversation%20with%20admiral%20massera%200000A005.pdf.
172. "Não importa quantas chances eles [a junta] têm de dar certo": Citações tiradas do U.S. Department of State Argentina Declassification Project (1975–1984), 20 de agosto de 2002 (Digital National Security Archive, acesso número NSA-EBB185), https://nsarchive2.gwu.edu//NSAEBB/NSAEBB185/19760326%20Secretary%20of%20Stet%20Kissinger%20Chariman%20apgesl%201-9%20-%20full.pdf.
173. "Por exemplo... grêmio": Marguerite Feitlowitz, *A Lexicon of Terror: Argentina and the Legacies of Torture* (Oxford: Oxford University Press, 1998), p. 79.
173. "as prisões... pessoas": Ibid., p. 17.
173. "Heil Hitler": Daniel Feierstein, "Political Violence in Argentina and Its Genocidal Characteristics", *Journal of Genocide Research 8*, nº 2 (junho de 2006): 151.
173. "Eles tocavam... torturavam": Uki Goni, "Pope Francis and the Missing Marxist", *The Guardian* (Reino Unido), 11 de dezembro de 2013, https://www.theguardian.com/world/2013/dec/11/pope-francis-argentina-esther-careaga.
174–175. "incentivasse o Vaticano... direito": mensagem confidencial para o Departamento de Estado da embaixada americana em Buenos Aires, "The Tactic of Disappearance", 26 de setembro de 1980 (National Security Archives,

Washington, D.C.), https://assets.documentcloud.org/documents/3010645/Document-08-Department-of-State-The-Tactic-of.pdf.

175–176. "dada a sua amizade... pude": Sam Ferguson, "Pope Francis and the 'Dirty War,'" *New Republic*, 19 de março de 2013, https://newrepublic.com/article/112692/pope-francis-and-argentinas-dirty-war-video-testimony.

176. "Sabemos... subversão": Vallely, *Pope Francis: Untying the Knots*, p. 68.

177. "Não me contem... encontrar": Transcrições do interrogatório publicadas em "Bergoglio, a Witness in the ESMA Supertrial", *Clarin*, março de 2013, https://www.clarin.com/pope-francis/bergoglio-witness-the-esma-supertrial_0H1Prwg9swQe.html.

177. "sofrendo uma pressão... argentina": Vallely, *Pope Francis: Untying the Knots*, p. 74.

177. "ele [Bergoglio]... decidido": Ivereigh, *The Great Reformer*, p. 158.

178. "muito formal... sério": Transcrições do interrogatório publicadas em "Bergoglio, a Witness in the ESMA Supertrial."

179. "quase certeza... desagradável": Ferguson, "Pope Francis and the 'Dirty War.'"

179. "Eu já contei... sei": Ibid.

179. "Veja bem, Massera... apareçam": Ibid.

179. "uma das testemunhas... informações": Daniel Satur, "Jorge Bergoglio, la dictadura y los desaparecidos", *La Izquierda Diario*, 24 de março de 2017, https://www.laizquierdadiario.com/Jorge-Bergoglio-la-dictadura-y-los-desaparecidos.

179–180. "Zamora:... marinha": Ferguson, "Pope Francis and the 'Dirty War.'"

180. "alguma denúncia.. eclesiástica": "Bergoglio, a Witness in the ESMA Supertrial."

181. "No dia 15 de novembro de 1976... questão": Cardeal Jorge Mario Bergoglio, ed., *Iglesia y democracia en la Argentina* (Conferência Episcopal Argentina: Buenos Aires), 6 de março de 2006, p. 652.

182. "Ao contrário do... pronunciou": Sergio Rubin e Francesca Ambrogetti, *El Jesuita* (Ediciones B: Argentina, 2010), p. 191.

182. "objetivo da reunião... não oficial": Memorando completo publicado por Horacio Verbitsky, "Omisiones e Intenciones", *Página/12* (Argentina), 11 de abril de 2010, https://web.archive.org/web/20130316043549/http://www.pagina12.com.ar/diario/elpais/subnotas/143711-46189-2010-04-11.html.

183. "No começo... além disso": Rubin e Ambrogetti, *El Jesuita*, p. 188.

183. "abandonar... leigos: Vallely, *Pope Francis: Untying the Knots*, p. 56.

183. "isso causaria... colocou lá": Horacio Verbitsky, "Preguntas sin respuesta", *Página/12* (Argentina), 6 de maio de 2012, https://www.pagina12.com.ar/diario/elpais/1-193425-2012-05-06.html.

184. "seus interrogadores... soubesse": Vallely, *Pope Francis: Untying the Knots*, p. 81.

184. "Não tenho... contrário": Horacio Verbitsky, *L'isola del silenzio: Il ruolo della Chiesa nella dittatura Argentina* (Roma: Fandango Libri, 2006), p. 61.

184. "tendo... sem parar": Vallely, *Pope Francis: Untying the Knots*, p. 80.

185. "O silêncio de Bergoglio... julgamento?": Estela de la Cuadra, citada em "El silencio de Jorge Bergoglio", *Página/12* (Argentina), 4 de setembro de 2007, https://www.pagina12.com.ar/diario/elpais/1-90784-2007-09-04.html.

187. "Ele [de la Cuadra]... ajudá-lo": Carta de Jorge Bergoglio para Mario Picchi, 28 de outubro de 1977, publicada por Daniel Satur, "La Carta Que Oculta Bergoglio", *La Izquierda Diario* (Argentina), 20 de setembro de 2014, http://carga.laizquierdadiario.com/La-carta-que-oculta-Bergoglio.

187. "Seu superior era o coronel Ramón Camps": Camps virou chefe da Polícia Federal argentina e acabou sendo considerado culpado por 21 acusações de assassinato premeditado, 21 acusações de cárcere ilegal e 28 acusações de tortura durante o julgamento dos generais militares em 1986. Ele foi condenado a 25 anos de prisão, mas cumpriu apenas três antes de ser, surpreendentemente, perdoado pelo presidente Carlos Menem em 1989.

188. "Os pecados... filhos": Marcela Valente, "RIGHTS-ARGENTINA: Priest Faces Judgement Day", *Inter Press Service News Agency*, 9 de julho de 2007, http://www.ipsnews.net/2007/07/rights-argentina-priest-faces-judgement-day/.

188. "A posição da... salvou": Testemunho citado em Alexei Barrionuevo, "Argentine Church Faces 'Dirty War' Past", *The New York Times*, 17 de setembro de 2007, https://www.nytimes.com/2007/09/17/world/americas/17church.html.

189. "Não, deve ter sido... [que começou em 1985]" Mark Dowd, "Pope Francis and Argentina's 'Disappeared,'" *BBC News Magazine*, 11 de abril de 2013, https://www.bbc.co.uk/news/magazine-22064929.

190. "as ligações telefônicas de Bergoglio... controlada": Elisabetta Piqué, *Papa Francisco: Vida e revolução*, p. 92 na edição em inglês.

190. "o homem... louco": Cámara e Pfaffen, *Understanding Pope Francis*, p. 149.

190. "Passei... em Córdoba": Pe. Antonio Spadaro, "Entrevista ao papa Francisco", Libreria Editrice Vaticana, 19 de agosto de 2013.

190. "O que mais me magoa... aprendi": Rubin e Ambrogetti, *El Jesuita*, p. 47.

191. "uma época de... interior": Cámara e Pfaffen, *Understanding Pope Francis*, p. 151.

191. "Entre sentimentos... essa esperança": Ibid., p. 153.

191–192. "Meu autoritarismo... decisões": Spadaro, "Entrevista ao papa Francisco".

192. "a falta de... [entre homens e comunidades]": Cámara e Pfaffen, *Understanding Pope Francis*, p. 184.

192. "a graça do silêncio": Jorge Mario Bergoglio, "Silencio y Palabra", in *Reflexiones en Esperanza* (Buenos Aires: Ediciones Universidad del Salvador, 1992), p. 143.

8. HABEMUS PAPAM... ITERUM

193. "Ainda não estamos no Carnaval": *Papa Francisco: Vida e revolução*, p. 31 na edição em inglês.

194. "Ele nos recebeu... muda": Cardeal Timothy Dolan, "Inside the Conclave", *GoodNews* (Reino Unido) 225, maio/junho de 2013, http://www.ccr.org.uk/old/archive/gn1305/parta.pdf.

194. "trocando votos... um pelo outro": Vallely, *Pope Francis: Untying the Knots*, p. 164.

195. "Irmãos e irmãs... recepção": "Primeira saudação do papa Francisco", Libreria Editrice Vaticana, 13 de março de 2013.

195. "Primeiro... o guarde": Ibid.
195. "Agora, quero... por mim": Ibid.
195. "É impossível imaginar... um de nós": "Secrets of the Vatican", *Frontline*, PBS, 25 de fevereiro de 2014.
196. "Obedecer aos... seus passos": *Regula primitiva*, São Francisco de Assis (Encyclopædia Britannica, 1999).
196. "um dos santos... profunda humildade": São Francisco de Assis, F. L. Cross e E. A. Livingston, eds., *The Oxford Dictionary of the Christian Church* (Oxford: Oxford University Press, 2005), p. 636.
197. "O cardinalato... dentro de si": "Careerism and Vanity: Sins of the Church", *La Stampa*, 24 de fevereiro de 2012, https://www.lastampa.it/2012/02/24/vaticaninsider/careerism-and-vanity-sins-of-the-church-pSPgcKLJ0qrfItoDN5x35K/pagina.html.
198. "Viemos... juntos": Vallely, *Pope Francis: Untying the Knots*, p. 166.
198. "Que Deus... gargalhada": Lizzy Davies, "Pope Francis Eschews Trappings of Papacy on First Day in Office", *The Guardian* (Reino Unido), 14 de março de 2013.
198. "Funcionários chocados... comemorações": Vallely, *Pope Francis: Untying the Knots*, p. 171.
199. "precisava dar um bom exemplo": Declaração do porta-voz do Vaticano, Pe. Federico Lombardi, citado por Peter Walker, Paul Owen e David Batty, "Liveblog: Pope Francis—First Day After Election", *The Guardian* (Reino Unido), 14 de março de 2013, https://www.theguardian.com/world/2013/mar/14/pope-francis-first-day.
199. "Caminho... consistência": "Homilia do papa Francisco", Libreria Editrice Vaticana, 14 de março de 2013.
199–200. "Caminhar, edificar... frente": Ibid.
200–201. "Os Estados Unidos... da população": "America's Changing Religious Landscape", *Pew Research Center*, 12 de maio de 2015, http://www.pewforum.org/2015/05/12/americas-changing-religious-landscape/.
201. "convertido... não religioso": Ahmed Benchemsi, "Invisible Atheists", *New Republic*, 24 de abril de 2015.
201–202. "Jorge Mario Bergoglio... poder se misturam": Vallely, *Pope Francis: Untying the Knots*, p. xi.

9. O PAPA ESTRELA
204. "Senti que eu... chorar!": "Visita a Lampedusa — Homilia do Santo Padre Francisco", Libreria Editrice Vaticana, 8 de julho de 2013.
204. "para aqueles... tragédias": Ibid.
204–205. "imoral... valores católicos": Philip Pullella, "Exclusive: Pope Criticizes Trump Administration Policy on Migrant Family Separation", *Reuters*, 20 de junho de 2018, https://www.reuters.com/article/us-pope-interview/exclusive--pope-criticizes-trump-administration-policy-on-migrant-family-separation--idUSKBN1JG0YC.
205. "preocupação profunda": "Audiência Geral do papa Francisco", Libreria Editrice Vaticana, 6 de dezembro de 2017.

205.	"não é cristão": Jim Yardley, "Pope Francis Suggests Donald Trump Is 'Not Christian,'" *The New York Times*, 16 de fevereiro de 2016, https://www.nytimes.com/2016/02/19/world/americas/pope-francis-donald-trump-christian.html?hp&action=click&pgtype=Homepage&clickSource=story-heading&module=first-column-region&region=top-news&WT.nav=top-news.
205.	"No ano em que... e injustiças": Banco Mundial, *Poverty and Shared Prosperity 2016: Taking on Inequality* (Washington, D.C.: Banco Mundial, 2016), https://openknowledge.worldbank.org/bitstream/handle/10986/25078/9781464809583.pdf.
205.	"exclusão e... os fracos": Exortação apostólica Evangelii Gaudium do Santo Padre Francisco, Libreria Editrice Vaticana, 24 de novembro de 2013, capítulo 2, p. 53.
205.	"Alguns ainda... poder de compra": Ibid., capítulo 3, pp. 54 e 56.
205-206.	"não a um sistema... abordagem": Ibid., capítulo 3, pp. 55–57.
207.	"O papa é... Cardeais": Carlo Fantappiè, "Papacy, Sede Vavante, and 'Pope Emeritus': Ambiguities to Be Avoided", *Chiesa, L'Espresso* (Itália), 9 de março de 2013, http://chiesa.espresso.repubblica.it/articolo/1350457bdc4.html?eng=y.
207.	"Renunciar significa perder... verdadeiro": Professor Enrico Maria Radaelli, "Perché Papa Ratzinger-Benedetto XVI Dovrebbe Ritirare le sue Dimissioni: Non è ancora il tempo di un nuovo papa perché sarebbe quello di un antipapa", *Aurea Domus*, Seção 8–9, 18 de fevereiro de 2013; republicado em inglês por Sandro Magister, "Last-Ditch Appeal: The Pope Should Withdraw His Resignation", *Chiesa, L'Espresso* (Itália), 20 de fevereiro de 2013, http://chiesa.espresso.repubblica.it/articolo/1350437bdc4.html?eng=y.
208.	"Francisco/bispo de Roma": *Annuario Pontifico 2013*, p. 23, em Magister, "Vatican Diary: The Identity Cards of the Last Two Popes." *Chiesa, L'Espresso* (Itália), 23 de maio de 2013, http://chiesa.espresso.repubblica.it/articolo/1350523bdc4.html?eng=y.
208.	"supremo pontífice emérito": Ibid., p. 1.
208.	"bispo emérito... não se opor": Ibid.
209.	"Obrigado por... temperamento": Edward Pentin, "Vatican Reveals Full Text of Benedict XVI's Letter to Msgr. Viganò", *National Catholic Register*, 17 de março de 2018, http://www.ncregister.com/blog/edward-pentin/full-text-of-benedict-xvis-letter-to-mons.-vigano.
210.	"A manipulação mudou... e apoio": Nicole Winfield, "Vatican Doctors Photo of Benedict's Praise for Francis", *Associated Press*, 14 de março de 2018, https://apnews.com/amp/01983501d40d47a4aa7a32b6afb70661?__twitter_impression=true.
210.	"a carta em sua totalidade": Pentin, "Vatican Reveals Full Text of Benedict XVI's Letter to Msgr. Viganò".
210.	"Não quero... tarefas": Ibid.
211.	"Apenas como um adendo... teólogos": Ibid.
211.	"furiosa... news": Sandro Magister, "Two Popes, Two Churches, the 'Fake News' of Francis and Benedict's Big No", *Settimo Cielo, L'Espresso* (Itália), 1º de

abril de 2018, http://magister.blogautore.espresso.repubblica.it/2018/04/01/two-popes-two-churches-the-fake-news-of-francis-and-benedicts-big-no/.

211-212. "É o grito... defender": "Celebração do Domingo de Ramos e da Paixão do Senhor — Homilia do papa Francisco", Libreria Editrice Vaticana, 25 de março de 2018.

212. "fake news... pecado humano": "Message of His Holiness Pope Francis for World Communications Day", Libreria Editrice Vaticana, 24 de janeiro de 2018.

212. "A pergunta era... usa?'": Nicole Winfield, "Reflections on Pope Francis from 35,000 Feet", *Associated Press*, 8 de setembro de 2015, https://www.businessinsider.com/ap-reflections-on-pope-francis-from-35000-feet-2015--9?IR=T.

213. "Tanto se escreve... para julgar?": "Encontro do Santo Padre com os jornalistas durante o voo de regresso, visita apostólica do papa Francisco ao Rio de Janeiro por ocasião da XXVIII Jornada Mundial da Juventude", Libreria Editrice Vaticana, 28 de julho de 2013, http://w2.vatican.va/content/francesco/en/speeches/2013/july/documents/papa-francesco_20130728gmg-conferenza--stampa.html.

213. "Sabe... pessoas dizem": Delia Gallagher e Hada Messia, "Pope Francis Tells Gay Man: 'God Made You Like That and Loves You Like That,'" *CNN*, 21 de maio de 2018, https://edition.cnn.com/2018/05/21/europe/pope-francis--gay-comments-intl/index.html.

213. "contrária à essência... desejava": *Papa Bento XVI, luz do mundo*, p. 152 na edição em inglês.

213. "um mau moral intrínseco": Cardeal Joseph Ratzinger, "Carta aos bispos da igreja católica sobre o atendimento pastoral das pessoas homossexuais", Libreria Editrice Vaticana, 1º de outubro de 1986.

213-214. "atos de grande... ser evitado": Catecismo da Igreja Católica aprovado e promulgado por João Paulo II, parte três, seção dois, capítulo dois, artigo 6, 2357 e 2358, Libreria Editrice Vaticana, 15 de agosto de 1997.

214. "Muitos observadores... Igreja": James Carroll, "Who Am I to Judge? A Radical Pope's First Year", *New Yorker*, 23 e 30 de dezembro de 2013, https://www.newyorker.com/magazine/2013/12/23/who-am-i-to-judge.

214. "todos aqueles... graça santificante": "Exortação Apostólica sobre a chamada à santidade no mundo atual do Santo Padre Francisco — Capítulo oito/301", Libreria Editrice Vaticana, 19 de março de 2016.

215. "Uma de suas... oposto": Andrea Tornielli, "Pope Francis: An Intimate Portrait", *Sunday Times* (Londres), 16 de abril de 2017, https://www.thetimes.co.uk/article/pope-francis-an-intimate-portrait-0rx6nbs6h.

215. "O desejo de Francisco... luteranos": *Correctio Filialis de haeresibus propagates*, 11 de agosto de 2017, http://www.correctiofilialis.org/wp-content/uploads/2017/08/Correctio-filialisEnglish1.pdf.

216. "São os críticos... mais alto": Tornielli, "Pope Francis: An Intimate Portrait."

216. "É uma passagem forte... Espírito Santo!": Susy Hodges, "Pope at Mass: Be Bishops for Your Flock, Not for Your Career", *Vatican News*, 15 de maio

218. de 2018, https://www.vaticannews.va/en/pope-francis/mass-casa-santa-marta/2018-05/pope-mass-santa-marta-bishops-flock.html.

218. "Pensei em você... prontificado": *Associated Press* e *Agence France-Press*, "Pope Meets Pope: Francis Tells Benedict 'We're Brothers,'" *Telegraph* (Reino Unido), 23 de março de 2013, https://www.telegraph.co.uk/news/worldnews/europe/vaticancityandholy see/9949839/Pope-meets-Pope-Francis-tells-Benedict-Were-brothers.html.

218. "Não consigo viver... outros": "Press Conference of Pope Francis During Return Flight."

219. "Bento entregou um dossiê... solicitara": Edward Pentin, transcrição em inglês da entrevista do arcebispo Gänswein para a EWTN da Alemanha, *National Catholic Register*, 5 de julho de 2016, http://www.ncregister.com/blog/edward-pentin/full-english-transcript-of-archbishop-gaensweins-interview-with-ewtn-german.

219. "no aniversário de 80... pontífice": *Catholic News Agency*, "Pope Francis Visits Benedict XVI to Wish Him a Happy Birthday", *Crux Now*, 15 de abril de 2017, https://cruxnow.com/vatican/2017/04/15/pope-francis-visits-benedict-xvi-wish-happy-birthday/.

219. "Quando Bento completou... aniversário": John L. Allen Jr., "Benedict XVI Shares a 90th Birthday Beer with Family and Friends", *Crux Now*, 17 de abril de 2017, https://cruxnow.com/vatican/2017/04/17/benedict-xvi-shares-90th-birthday-beer-family-friends/.

220. "uma peregrinação a caminho de casa": Carta do papa emérito Bento a Massimo Franco, datada de 5 de fevereiro de 2018, publicada por Corriere della Sera, reimpressa por Joseph Ratzinger–Benedict XVI Vatican Foundation, 7 de fevereiro de 2018, http://www.fondazioneratzinger.va/content/fondazioneratzinger/en/news/notizie/la-lettera-di-benedetto-xvi-al-corriere-della-sera.html.

220. "Posso dizer... feliz": Pe. Georg Gänswein entrevistado por Franca Giansoldati, "Padre Georg Gänswein: Benedetto, grande Papa che non è stato ascoltato", *Il Messaggero*, 14 de abril de 2017, https://www.ilmessaggero.it/pay/edicola/benedetto_grande_papa_non_ascoltato-2379824.html.

220. "Com certeza já está velho... ele responde": Ibid.

EPÍLOGO

223. "Pela morte... piedade, Senhor": O discurso de Bergoglio é citado em "Carlos Mugica, the Martyr of the Villas Miserias", *La Stampa* (Itália), 11 de maio de 2014, http://www.lastampa.it/2014/05/11/vaticaninsider/carlos-mugica-the-martyr-of-the-villas-miserias-HjIuvlyHfCKya8ZPNviq4M/pagina.html.

224. "Visto que alguém... descansam": Philip Larkin, "Church Going", *The Less Deceived* (Hessle, Reino Unido: Marvell Press, 1955).

Este livro foi composto na tipologia New Caledonia LT Std,
em corpo 11,5/15, e impresso em papel offwhite,
no Sistema Cameron da Divisão Gráfica
da Distribuidora Record.